WHEN LOVE COMES TO LIGHT

Bringing Wisdom from the Bhagavad Gita to Modern Life

瑜伽與愛的真相

引領《博伽梵歌》之智融入現代生活

著 理察．福禮緩RICHARD FREEMAN
瑪麗．泰樂MARY TAYLOR

譯 湯乃珍、陳薇眞

獻給

利他的對話與無止盡的提問

Contents

第二部

《博伽梵歌》

Contents

第三部

實修

譯者導讀

菩提本無樹
明鏡亦非台

湯乃珍

二〇二〇年初，理察與瑪麗老師告知我本書的英文版即將完成，我隨即欣喜地加入了中文翻譯的行列，讚嘆教法再現於新冠病毒席捲全球的即時性，祈願有緣與您一同見、修、行，讓危機轉化為覺醒的契機。在本書中，兩位老師融會貫通了奉獻畢生的靈性精華，再透過淺顯易懂又活潑平實的語言，讓「Gītā 神曲」的智慧融入生活。宛若奎師納的甘露化現，喚醒並滋養我們純淨的本質愛與智慧明性。

《博伽梵歌》（Bhagavad Gītā）是印度史詩《摩訶婆羅多》（Mahābhārata）中最著名的部分，被視為是印度的聖經，也是瑜伽傳承中最受歡迎的文本。故事開場於身陷兩難的阿周納（Arjuna），懇求摯友與上師奎師納（Kṛṣṇa）傳授他瑜伽。阿周納的問題在於他處於不完美的社會，與不完美的規範中。而無論他所作為何，都將造成無可避免的痛苦。於是在「實相為何？」「有為或無為？」「到底如何為之？」「讓我看看你（我）的實相」等不斷的提問中，娓娓宣說出瑜伽各派的修行法門。而如《摩訶婆羅多》等的神話故事，往往演繹著層層疊疊的隱喻，旨在喚醒我們在日常生活中逐漸淡忘的深層情感與古老經驗。往往在聽完故事後，我們仍無法斷定一個終極的視角或結論。而或許心智能因此暫時鬆開執取「我與我見」的習氣，一窺內在的明晰，與當下寬廣的無限性。

奎師納從明辨智破題，傳授了瑜伽的究竟智慧。但數論（Samkhya）的哲學系統複雜深奧，一時難以理解，更何況是在生死交關下的阿周納。於是，承接著比較人性化的教導，奎師納開示了行動瑜伽的藝術，與冥想、調息法、體位法練習等瑜伽的實修路徑，旨於練習中體悟「**不生不滅，不垢不淨，不增不減**」《心經》的純意識。

而有火必有煙，任何的行動，都有其不完美之處；所有的修行，也都有其盲點。於是永遠有最燦爛笑容的奎師納提醒，無論行動為何，我們都應一而再、再而三的放下行動的果實，將所有灰燼、連同一切概念心，奉獻回純意識的火中。對完美主義者而言，或許就著「不完美」的餘煙，來調整接下來的行動，再毫不保留的奉獻回源起，並無限的繼續下去。一直到行動的本身，成為一門無我的純淨藝術。而也正是當放下了所有建構完美的概念心，才能在瑜伽的體位法裡，即生命中，領會圓滿。

我們生命中兩難的場景，或許多半沒有阿周納的際遇危急，但也日復一日不斷的上演著大大小小的戲碼。例如：在瑜伽體位法的練習中（生活中），我們是該充滿熱誠的奮力並罔顧疼痛？還是一昧的守著舒適圈、完全不挑戰呼吸的疆界？如果勉力而為，我們可能受傷；如果耽溺於感覺好，我們可能蒙蔽在夢幻的狀態中，欺騙了自己，也錯失了瑜伽深刻的喜悅與真正的光輝。初學時的心智渙散或昏沉，氣脈也仍有障蔽與垢染，練習是個過程，而修持主在培養覺知——「**身是菩提樹，心如明鏡台，時時勤拂拭，莫使惹塵埃。**」（禪宗神秀大師）

漸漸的，內在深層的心智模式，小我、感知與氣，都在覺知中開放的自由流動，修行主在保有心智明晰的當下感，無沾黏的「放生一切」。而對成就的瑜伽士而言，因為拙火能量喚醒，氣無礙地進入中脈，所謂的「練習」（修無修），即是品味合一的至善至美——「**菩提本無樹，明鏡亦非台，本來無一物，何處惹塵埃？」（禪宗六祖）**

Gītā 點出了我們生命中所有經驗的神祕性，與試圖從有限的角度解釋經驗，所衍生的問題。伴隨著心智在試圖化解的過程中，又再產生的更多難題。從古到今，無數開悟的法門，心性的指引，聽聞了再詳盡的敘述後，我們與阿周納都仍時有「到底該怎麼做？」的疑惑。如果我們能本著覺知，不落入機械性的行動，成就藝術，但該如何分享過程與內在深刻之美的體驗？就像學習音樂或繪畫，老師能教我們各種技巧，但終究仍無法透過一個方法，讓我們搖身一變成為莫札特或是畢卡索等偉大的藝術家。

於是，Gītā 的故事在第十一章（值得讀一千遍！）進入了爆發性大高潮。奎師納化現出無窮盡的形象，讓慧眼大開的阿周納，渾然「忘我」，切身體驗神祕的「實相」，從而深深地震撼也轉化了他的生命，但他隨即再次惶恐，因為知道這代表「自我」與「已知」，將徹底的消融。

「瑜伽練習的每個階段，都有其困難，而它也值得我們去經歷與穿越。無限的愉悅，在你進入深層的核心，進入中脈，感受是如此的赤裸裸、直接、欣喜。於是心智對於世界的概念，對『你是誰』的想法，都不再重要了。因為實相是千百萬倍的更加精彩！所以心智害怕了，因為早自無始之初，它已編織了無數的夢想，深深的欲望，縝密的計畫，用來折磨你的一生。」

——理查 · 福禮縵

阿周納的危機，最終在純淨的愛與奉獻中得到化解——這是 Gītā 的主軸，也是各種瑜伽修行與經驗的核心。教旨直接從情緒點切入，因為身而為人，我們都擁有深刻感受的能力。直到感受被喚醒與了解之前，它都容易在下意識的狀態中，混亂我們的視聽。奉愛的精髓，在溫柔喜悅的安置摯愛於我們的心中。摯愛快樂，我們也快樂。如同在人世間的菩薩，菩提心、愛與力量，都源於對真相的信心，通達**「一者，上合十方諸佛，本妙覺心，與佛如來同一慈力；二者，下合十方一切六道眾生，與諸眾生同一悲仰。」（《楞嚴經》〈觀世音菩薩耳根圓通章〉）**

然而，奉愛之道也有其缺失。心智在嘗試了解之際，可能膚淺地將摯愛縮減至某個特定的形象與概念，可能落入偶像崇拜、基本教義主義，或是試圖透過包裝奉愛來謀利。

最終，奎師納說「走向我」—— 放下當下一切的感受、經驗、技巧，直接連結本質愛。所以，實際上 Gītā 的重點不在於提供修行的公式或技巧，祂提醒我們，愛，是一切技巧與練習所精煉出的本質，是當下超乎言喻的體現，即「我是誰」的實相。

翻譯與出版本書中文版的的發心，乘著愛，連結了摯愛的上師奎師納， 兩位老師與您。感謝老師與您給我這個機會，讓我在新冠疫情的日子裡，因為全職全心翻譯，有幸蒙受教旨貫穿，感動至深，也在煩惱熾盛之際，得以豁然解脫。謝謝選書人 Alice，一葦文思總編輯 Autumn，翻譯 Joanna，各自奉獻所長，圓滿出版的願行。謝謝媽媽的支持，讓我無後顧之憂的致力愛與智慧的分享。

OṀ~

湯乃珍敬上

作者序

一起尋找覺醒的時機

理察・福禮縵
瑪麗・泰樂

在二十一世紀身而為人的意義為何？極端現象席捲全球，富人和窮人、受教育者和白丁、健康者和無法獲得醫療資源者間分裂加深。在國家、宗教、性別間的巨大歧異和內在衝突，甚至也存在於緊密相連的家人之間。隨著科技進步，我們比過往任何時候都更容易溝通和見面，但矛盾的是，許多人卻感到無比的孤獨，而我們應對的方法，是透過社群媒體不斷地宣揚自己是多麼的聰明、特別，又超凡出眾。我們擁有大量的資訊，然而，許多人出於無恥的欲望而持續曝光，為謀求一己之利而扭曲事實或欺騙他人，使我們愈來愈難辨別該相信誰的話。也許有朝一日，當回首過去，我們將視這個極端的世代為迅速催生洞見的新紀元，因為在撕裂我們之混亂和分離的表象之下，也交織著我們對連結感、真實性和永續性的強烈渴望。

有趣的是，儘管我們可能擔心世界已經墮入了歷史上最黑暗的時期（某些日子的確感覺如此），但在許多方面，現代和歷史中的生命並沒有什麼不同。總有騙子與小偷、聖人和罪人、自滿且無知的人，伴隨著熱切地尋求意義和真理的人。人類的苦難，連同其希望和良善，也非首見。的確，細節已改變，然而，於此非凡的星球，擁有殊勝的人身，我們所面對的潛在困難和喜樂，與過往並無二致。

我們來到這世界，認為自己是宇宙的中心（從某些方面來說的確如此）。我們發現「自我」，並開始感到完整。但是，某一天大多數人都被狠狠敲醒了，明白有無數人也認為他們是世界的中心。我們對自己的無所不能和重要性種下了懷疑的種子：「這怎麼可能？」然而，當我們又回到慣性的思維模式，我們便對這個問題不再理睬。我們繼續編故事，那些其他人都難以忍受、無趣的「我的故事」——堅實的重返焦點。我們掙扎、質疑、痛苦、歡笑和愛。我們擁有絕佳的洞察力與好運氣，在自我感覺良好的順利時光，就歸功小我，將過錯與疏失合理化。而當事與願違，我們也許變得憤怒、心胸狹窄或頑固不化。在生命流動裡，嘗試在逃避、拒絕接受或試驗，到處尋覓舒適區，載浮載沉地擺盪於衝動和欠缺計劃的夢想，直到我們孤立的小我宇宙，衍生噁心與厭煩。當失去連結的狀況變得嚴峻，在全然絕望的時刻，我們甚至可能全盤放棄，聽令於虛有其表的權威人士、毒品、自信的騙子、某個系統或公式。

而如果夠幸運，我們會在某個時機點覺醒。我們體驗了矛盾的悖論：包裹在被稱為「我」的皮囊中獨自生活，同時也認知到自己存在於一個無限、相連、精細的完整網絡之中，是多麼不可思議與美妙。我們偶然地嘗到了以開放的心胸和心智去信任生命過程的花蜜，意識到我們是中心，卻也是整體的一部分。獨立，但一點也不分離。覺醒並超越自我沉溺與痛苦的前景令人著迷，也同時令人困惑、充滿啟發和挑戰。如果我們不敢冒險，可能會遭受更大的痛苦，而且容易對自己和他人造成傷害。無論是清醒還是夢遊過一生，我們的出生、生活和死亡模式，以及人類處境所既有的內在混亂，都是萬花筒中部分的圖騰。

現今與荷馬史詩時代如出一轍，也可預見未來將會是如此。

儘管內在的混亂可能令人不安，我們仍很可能找到並依循一條道路，以平息內在的不滿足。擺脫苦痛、通向自由之道，最終是一個學習信任的過程，放下心智、感知和情緒的習慣模式，因為這些模式使我們不斷陷於自我沉溺的分離中，循環不已。我們對幸福的強烈渴望是關鍵，也是促使我們前進的動力。決定「是時候擺脫苦難了！」——是我們必須採取的第一步，而身體力行後，我們會立即發現途徑近在咫尺。這一切都始於真誠的發心，不懈地培養慈悲心，擦亮敏銳的明辨智，並真切地祈望所有人皆離苦得樂。

人類渴求這種自由並不是什麼新鮮事。「幸福」，有史以來一直是宗教和偉大的思想家沉思的主題，而人類於解決存在問題的過程裡，產生了戰爭、君主制、文化規範、教條和傳統。而同樣的，也因為世世代代的夢想家和神祕思想家——那些為了覺醒而大膽質疑和冒險的人，湧現了神話的意象和錯綜複雜的故事、淒美的詩詞和燦爛的詠歌。

《博伽梵歌》（通常簡稱為「神曲 Gītā」）就是這樣一部作品。它是著名印度史詩《摩訶婆羅多》的一部分，其歷史可追溯至西元前八或九世紀，其完整的教旨在日後被傳頌成扣人心弦的故事，故事中的故事層層相疊，充滿了欺騙和勇敢、愛與背叛、困惑和悖論，使之成為印度教徒和探索離苦之人的經典著作。這個神話在許多方面批判了宗教的極端主義、種姓制度和社會無正義，聖賢毗耶娑（Vyāsa）向其早期門徒們講述了這個神話，並由象神（Gaṇeśha）記錄下來。這是俱盧（Kaurava）和般度（Pāṇḍava）兩族的故事，以及他們在戰爭中，為了爭奪土地和勝利所面臨的複雜考驗。

Gītā，在這部史詩的中段，宣說所有引領開悟的方法，最終都登峰造極於奉愛（bhakti）或愛。故事透過般度族的戰士阿周納在戰場上面臨的難題，因為對立的兩邊，都有自己所愛和景仰的人。這引人入勝的動人故事，講述了阿周納如何面對自己的懷疑和恐懼，同時也質疑著傳統、職責、文化價值，甚至他自己的觀點和教義本身。他摯友和老師奎師納（恰好是代表慈悲的印度教神祇），仔細地引導阿周納走向洞見、蛻變、愛和慈悲。

然而，當我們發現自己徘徊在危機或困境的兩難時，Gītā 也為我們提供了指引。我們應該行動還是不行動？若是採取行動，正道為何？世代以來，這個古老的經文已成為瑜伽傳承的基礎指南，不僅能幫助孜孜不倦的學生理解阿周納所面對之混亂困境，或許更引領了我們在覺醒之際所面對的複雜難題。

翻譯 Gītā 的智慧為現代所用，是我們長久以來的夢想。在本書的第一部分中，我們依循經典原文先後的揭示，陸續地探索教旨，同時交織了 Gītā 在當今複雜世界中的相關性，以及如何作為實用指南的洞見。第二部分是完整文本全新的逐段翻譯。由於 Gītā 教導的重點之一在於具體的實踐，使人們能透過具冥想特質的練習體會與領悟教旨，因此，第三部分也提供了 Gītā 重點主題的體現練習，例如，無常，變化的本質，以及幫助身心平靜穩定的簡單練習。我們希望這些練習不僅闡釋教旨，也能有助於面對日常生活的挑戰，藉由實用的方法來保持專注、穩定和安住當下。

第一部

愛的真相大白

愛是對萬事萬物敞開的接納和連結

第一章

良知和危機的兩難

日常中總有衝突的時刻，當又必須採取行動時，就如阿周納在戰爭即將開始之際感受到的兩難，看似混亂的瞬間，可能就是覺醒的契機。只需相信直覺，回到當下。

想像一下，在又長又深又舒服的睡眠後，你於早晨醒來。深吸一口氣、伸懶腰、打了個大哈欠，你逐漸進入這一天。但是，接著你聽到遠處憤怒的鼓譟聲。集中注意力，你辨認出熟悉的聲音在謾罵，穿插嘈雜的腳步聲、咳嗽聲、笑聲和閒聊聲。光線比平日此時明亮甚多，你逐漸意識到自己根本不在床上，四周是泥濘的道路，身邊還有一大群人盯著你醒來。

你和最親密的朋友在一起，處於混亂對峙的中心，局勢顯然一觸即發。你的朋友似乎很鎮定、清明、堅強，但是你被懷疑和恐懼的浪潮完全淹沒，感到汗涔涔、噁心與呼吸困難。你捏了自己一下，看看能否逃離現場，這一定是場噩夢。但是你仍在這裡！這不是夢，不是錯覺，也別無出路，如果不盡快採取行動，你知道自己即將死於戰爭中。

戰場的一邊，你看到摯愛的家人、親密的朋友和社群內受人尊敬的成員。另一邊是你的遠親，與你這些年來的老師們。你憶起這個衝突是源起於既有的政治歧見。而你曾以為能夠透過談判解決的衝突，現下已變成迫在眉睫的戰爭。克服困惑、悲傷和恐懼後，你很明白這不是夢，你前所未有地警醒於危機的中心，岌岌可危地立於行動與否的懸崖上。

無論所做為何，我們所敬愛的人都會被殺死，這可怕的局面遠比大多數人在日常生活中的極端情況更為嚴峻。然而，陷入任何危機時，我們同樣會經歷感覺無法克服的難題：家庭爭執、緊急情況、苛刻的工作環境，或受到他人的攻擊、虐待或冤枉指控。當面對任何兩難的推擠和拉扯，尤其是當領悟到生活的無常、牽一髮動全身的生命本質時，我們可能會浮現困惑、悲傷和絕望的感受。對於應該採取何種行動，很難有一個簡單、明確的答案。相反地，當愈仔細審視所遇到的困境，我們愈清楚自己有諸多可行的選擇，而其中也必然會有互相矛盾之處，但是要走出去就必須選擇一個方向。

覺醒的旅程，開啟

處於分裂的情況下而且必須採取果斷行動時，我們就來到了岔路口——有機會「醒來」並全然投入生活經歷，體驗互相依存的關係。如果我們因應狀況並鬆綁先入為主的觀念和傾向（即使只是片刻），就有機會獲得洞見，也或許能顧全大局的伺機而動，而非被慣性的模式、自我中心與妄自尊大的意圖而驅使。

然而，在這些緊要關頭中佔上風的，往往是懷疑、恐懼和困惑，我們通常忍不住衝動地逃避困難，再次沉睡於自我的舒適妄念，自視分離或高於一切——認為自己的存在是全然的獨立現象，顧自扮演渺小故事的主角，甚至活在想像中的個人祕密小宇宙。而這正是在 Gītā 史詩的開端，主角阿周納的處境。他開始了一段覺醒的旅程，思考著：

「我的人民（軍隊）和般度之子們狀況如何？集結成群，渴望在法和行動之域而戰？」（1.1）

許多印度文本或教導，會在起始時（有時甚至是開頭的字句）提點經文要旨的線索，而 Gītā 的第一節詩句也是如此。當阿周納進入正法與行動之域（dharmakṣetre kurukṣetre），他訝異地看到兩方敵對軍團，全副武裝地準備為王國的權利而戰。阿周納與他的好友戰車御者奎師納共乘一車，他血脈賁張，想像著在戰爭中履行責任的快感。身為一名戰士或統治階級——剎帝利（Kṣatriya），他畢生的準備就是為了此刻。我們可以想像他抽出他可靠的弓，撥弦測試確保校準。他聽到敵方在遠處吹響了數以千計的海螺，因此他和奎師納也吹響了他們的海螺，昭告戰鬥就緒。

而於此同時，阿周納也更清晰地看見了整個場景，他猶豫了，要求奎師納將戰車駛到雙方陣營之間，以便更仔細地評估局勢。他看到朋友、家人、老師和親信們排成一列，組成他的陣營。他很快意識到，敵方陣營中也有許多親戚，以及他敬佩和愛戴的人。想到所有人都將上陣廝殺的恐怖局面，阿周納的手掌汗涔涔、開始發抖，他感覺雙腿顫抖、皮膚似火燒、嘴巴乾燥、毛髮豎起。

從故事一開始，阿周納就意識到心慌意亂，渾身不對勁。如果他們獲勝，他的兄長會成為國王，阿周納的權力將是一人之下、萬人之上。但是，他並不想「在戰爭中獲得勝利」。反之，他知道殺戮毫無意義，傷害他想與之共享國土的朋友和家人是荒謬的。他看破了權力和財富的誘惑，而這對任何人來說都難以抗拒，尤其是有關個人利益的引誘。

好比說，假設你即將有份更好的工作，該職位需要經常出差並大量加班，但你想：「至少我會賺很多錢，並且能夠買得起大房子。」而後來你意識到，如果接受這份新工作，你將毀了與家人的關係，因為你永遠無法在家陪伴他們。你每周工作七天，每天工作二十小時，飛到世界各地。你可能覺得自己很特別，對自己擁有的職位、財富和權力感到非常滿意，但那些你欲與之同享大房子和上流社會的人，卻將覺得痛苦。

因此，就像是這份新的工作，Gītā 一開始的教旨展示出——所有這些爭取主權的計劃，肇因於小我所欲求的某種王國，而征服的行動，終將破壞我們的關係，與共享成果的初衷。這是現代唯物主義者經常遇到的情況。在世界各地，眾多文化中的人們在經濟上獲致成功，尤其是在資本主義國家，但卻破壞了人際關係。他們何樂之有？「噢！我的現代豪宅有私人游泳池。太遺憾了，我已經離棄了所有的朋友，也沒有人會來拜訪。我孤獨一人。」

同理，隨著全球推動無限經濟擴張，人類其實也在破壞這個允許我們享受的環境。如果我們決定使用工業化農業來種植更多的糧食，破壞環境，使無數代子孫無法享受高品質的食物或生活，那麼我們就是目光短淺且相對愚蠢的。為了獲得更多的自我欲求，任何破壞自他關係與所棲息之地的有機體，都將自食惡果。因此，從某種層面來說，阿周納實際上看到了這種源於小我的自我實現方法，是有害且愚蠢的。他抵達戰場，立即意識到關係的重要性。阿周納不為私利著想。他領悟愛。他的直覺告訴他，這種情況絕對是錯誤的。然而，由於他的文化、成長經歷與懷疑，他無法信任自己的直覺。

阿周納告訴奎師納，如果他們上陣，他預見的是惡兆和不義的結果。在這種痛苦與巨大的衝突下，即使阿周納的心明瞭戰爭是不道德的，他卻也牢牢地執守於自己戰士的身分，因此陷入了兩難。他應該殺人嗎？他問自己：「**天啊！我們竟然決心犯下滔天大罪，為了貪圖王國之樂而殘殺自己的人民。如果持國（Dhṛtarāṣṭra）之子們用武器殺了我，我也寧可手無寸鐵，不會抵抗，這對我來說將是至福。**」（1.45-46）了解戰爭毫無意義，阿周納告訴奎師納，宣稱他寧願死於和平主義，也不願殺人。在這裡，第一章接近尾聲，曾經充滿活力的年輕戰士倒在戰車的座位上，弓從手中摔落，因不確定性而凍結，無法行動。

請記住，在印度神話中，弓箭代表著和諧的身與心。心智就像弓一樣，射出思想的箭。透過瑜伽體位法（āsana）、冥想（meditation）和調息法（prāṇāyāma）來調節身體的氣（此即感知，prāṇas），心智就會逐漸清晰，靈活地遊走於思想與反思、痛苦和冷靜、行動和不行動之間。透過這個專注又饒富彈性的心智，我們的思考也會益加精確，銳利智慧和專注的箭，從而清楚如何採取善巧的行動。而Gītā的故事，就從阿周納全然的混亂中起始，展開了他靈性、智慧和個人等層面的覺醒。

這正是為何神話的場景設置於法（dharma）與行動的戰場。法這個詞有很多含義，但在此脈絡中，首先它表示責任或法性職責的範疇，即阿周納應該做的事情。此外，它也代表理想或概念的領域，以及結構、認知和技術所涵蓋的疆域。法可以指根本教旨或事物的宇宙秩序，它定義了人在世上的個人目的，並隱含了明辨力，以指引德行。當我們對自己的目標或法性職責非常熟悉時（它必須是由我們自身的狀況所定義），便能開始看見存在的終極結構，是恆變的也永遠根植於關係之中的。當我們培養了融入脈絡的智慧，就自然而然地生起仁慈、相互連結與慈悲的行為基礎。從這個層面上來說，法就是連結萬事萬物的凝聚膠。

另一個戰場的特性是行動：阿周納應該做什麼，又或者一旦確定某種情況下的行動方針之後，我們到底該怎麼做？無論我們在衝突或情境的細節中多麼煎熬，不管如何謹慎權衡最佳的行動方案，直到真正邁出第一步時，我們的行動才算數。這一步是真相揭露的時刻，在付出努力之後，成功或失敗才見方曉。當然，在我們全力以赴的行動之際，等同重要的是保持專注和警醒，傾聽回饋，明辨出適當的下一步（有時與起初設想的最佳方案完全相反）。例如，假使你是汽車、車輪或輪胎的設計師，直到汽車實際上路被測試之前，一切都沒有意義。

如果輪胎飛散或汽車撞成了熊熊火球，你就會意識到設計不正確且必須重新設計。因此，行動之域（kurukṣetra）指的不僅只是行動，更精確地來說，是邁入行動時的明辨力。這代表因時制宜的行動：穩定覺知於你的道德基礎上（即你的生命意圖），使你的動機和行動能夠反映並順應意圖。如此一來，你會清楚地知道，在每個當下特殊的行動方針，以及相對應的適當時機點。

覺醒時必然要面對的危機

在這個非比尋常的場景中，Gītā 揭幕了，如此重大的對質勢在必發。這些要旨不會設定在如玫瑰園等的田園美景，而是刻意設定在戰場。這種極端的局勢代表著每個人真正開始覺醒時所面臨的危機，當置身於世上錯綜複雜的關係之際，我們以開放的心智與坦誠的胸懷來回應難題。仔細觀察，我們發現實相、知識、耐心、行動、信任、仁慈——愛的本身，都是行動的指引。屆時，我們開始覺醒，而如果夠幸運，我們依止於所謂法與行動的疆域，或者一個能和諧法與行動的架構，心住於法而行。而事實證明，誠如 Gītā 中所教導的，在所有人皆面對的困境中，無論任何情況，我們的行動都被不能簡化成單一的法或單一的公式、技巧或風格。然而，我們仍必須從某個地方開始，邁出關鍵的第一步。

雖然 Gītā 中的奎師納是老師，卻是由拒絕戰鬥的阿周納提出了初步深刻的教旨，理應撼動人心。然而，奎師納立即指正阿周納的猶豫完全肇因於無知，從而以更有趣的方式確立了要旨。身為讀者，大多數人一開始都應和阿周納對貿然衝入戰場與無情殺戮的抗拒，尤其對那些已練習瑜伽一段時間的人特別是如此，因為我們認同帕坦伽利（Patañjali）在《瑜伽經》中提出的第一則持戒（yama）（或道德原則）——不傷害。

我們已經更加柔和，對他人更寬容，更可能成為素食主義者，因為不願危害有情眾生。見到阿周納崩潰，丟下心愛的弓，並暴露他的脆弱，宣布自己不願意殺戮，奎師納不但沒有嘉勉阿周納是個優秀的瑜伽行者，卻是露出燦爛的笑容說：「**你一面談論智慧，而另一面卻又悲傷那些你不該為之悲傷的人。智者不會為生者或逝者而哀悼。**」（**2.11**）因此，奎師納一開場就非常惹人厭，這也很有趣。故事為什麼如此刻畫奎師納？出於這個原因，許多學者（印度教徒和佛教徒都如此）都屏棄了 Gītā，因為他們認為奎師納和 Gītā 鼓勵無謂的殺戮。乍看之下，奎師納的確是建議阿周納漠視自己的良知——他的道德標準，強力武裝他起身戰鬥與廝殺。的確，他告訴阿周納，在戰場上殺人並不重要，因為一切都是無常。總之，他們無異於死。「**那些自認殺人者，與那些認為這可以被摧毀者；兩者皆無知，祂不會殺也不會被殺。若瞭知此乃不滅、永恆，無生、無毀的人，能夠殺誰？誰能被殺？**」（**2.19；2.21**）若思考接下來的全文所傳達的啟示，很顯然，奎師納要教導的要義極為複雜，不僅僅是鼓勵阿周納盲目履行自己身為戰士的職責而進行殺戮。

如果我們過於執著於細節——Gītā 的神話故事，那麼就很容易忘記，這個教導旨在為所有人獨特之處境所提供指引。某種意義上來說，這是任何人面對危機時都會發生的內在衝突，而在危機時刻，我們都必須起身迎戰。從隱喻的角度來思考 Gītā，我們可以想像自己的身體即是一生中承載我們的戰車。奎師納代表我們的智慧——覺智（buddhi）和理解複雜情況與其緣由的能力，因此，根本上，他代表純意識（paramātman），在印度神話中被視為是「至上或原始的大我」。從這個層面上來說，我們內在的奎師納是見證者、朋友、摯愛——他者。在神話傳說中，他駕馭著戰車，而戰車代表阿周納的身體。拉戰車的馬匹象徵感官，而胸有成竹的奎師納掌握著韁繩，代表著心智統御當下感官的必要性，以免被四處拉扯。既為純意識，奎師納代表著智慧，而且他選擇與阿周納的現況合作——阿周納真誠、熱切，對理解世界開始有更深刻的醒覺，但目前仍受到思想和感官的束縛。與其扮演上帝這個強大角色，或者扮演一個強迫推銷傳統、教條甚至真理的老師，奎師納選擇了僕人和嚮導的角色。這本身就是個教導，對吾等有興趣成為老師的人來說特別受用。

吹響海螺，回到當下

阿周納代表所謂的自我或自我意識，稱為 Jivātman。我們和他一樣，都非常熟悉個人的自我意識，因為這是我們獨特的思維建構能力，包括微妙或粗略的思緒、欲求和厭惡，以及身體、心智和感官間的互動體驗。自我意識是我們想像中的真正自我，肉體接續著肉體、此生到來生、各種境遇的流轉。它不斷提醒著我們在具相世界的獨特體驗，而同時，這種體驗也必需與較為隱微的、直覺的、神祕的、無常和相連性的無我感知，對話交流。當我們在兩種體驗之間找到平衡時，也就是我們既作為個體生命（即 jivātman），又作為超越肉體和想像的自我（即 paramātman，至上意識）之共同存在，於是認同與分別心的掙扎便開始消退，而這就是隨著故事進展，逐漸發生於阿周納身上的狀況。

奎師納陪同阿周納來到戰場，他準備引導親愛的朋友再次憶起、重新熟識他的所知——與生俱來的人性和本自具足的慈悲心。如此一來，從一開始，奎師納也教導我們所有人，透過直接體驗全面的相連，而非透過理論與疏離的教條，來找到自己根本的真實、意義和真誠的慈悲（我們的法）。

至於如何將 Gītā 的教導運用到自身的經驗，從故事一開始，我們發現了兩個非常重要的隱含要旨。第一，是面對危機時保持清明的、具身的（embodied），與穩定扎根的重要性。當阿周納和奎師納進入戰場時，他們感受到了極大的振奮感，也就是今日我們說的腎上腺素激增。養兵千日，就是要用於此時！雙方成員吹響的海螺激動人心，表明戰鬥的開端，所以奎師納和阿周納也吹響了自己的海螺。

吹螺通常在印度傳統儀式中用來表示許多事物的開端或結束，大多在寺廟祭祀使用。此聲響是與大眾溝通的一種方式，可聚精會神。吹螺需要集中注意力與深長平穩地吐氣，其效果實用又立即的喚醒吹螺者。因此，由於音頻和吐氣的扎根效果，吹螺者必然沉浸於身體的覺受。無論是吹奏還是聆聽，海螺聲都會喚醒我們回到當下，重新聚焦游離的心智（我們的 citta vṛttis）以及消弭注意力散亂的狀態，而這些狀態經常使我們無法活在當下。

Gītā 的故事，在阿周納吹響了海螺後，教導也隨之展開。他猶豫了，要求奎師納將戰車駛至雙方敵營之間，想看看「**那些為了滿足持國邪惡之子，集結成群、蓄勢待發的戰士們。**」（**1.23**）

正是此時，阿周納開始提出質疑。也許他的猶豫是因為海螺的音頻使他回到身體的感知，而深長的吐氣使他連結地氣並回到當下，他的心瞬間變得平靜。此時此刻，他開始覺醒，而他覺醒的故事（我們的故事）也逐漸揭露。因此，從文本的一開端，我們學到了停頓的必要性，以專注於感官的內在體驗，找到沉穩於當下的方法。吹響海螺代表著相信我們全面、具體的經驗和直覺（良知），在面對危機和困境時的重要性。

以印度哲學傳統理解矛盾

在 Gītā 第一章的尾聲，我們發現阿周納無法動彈，受困於其搖擺且未馴服的心智、狂亂的感官，以及他無法超越小我——身為戰士的知見。儘管他直覺有些不對勁的，但他的心智仍不放鬆箝制，更不給他足夠的時間去充分探究自己的疑慮。阿周納昏厥了，奎師納因而了解他必須一步一步地帶領阿周納，理解自己故事的矛盾處。

奎師納見證阿周納在困境中掙扎（正如同我們一般），無法決定的行動方向。因此，他向阿周納和讀者層層揭示洞見與自由之道——阿周納（以及我們）的信念和道德根基都不應依照規範、公式或斷見。相反地，它們應該深植於對「我是誰」與「我的法性職責」之清晰認識，在關係恆變的特質中，隨著時與勢，整體納入考量。因此，奎師納開始謹慎地引導他摯愛的學生阿周納，親身理解法與行動的複雜性和息息相連。

但是阿周納才剛剛開始覺醒（順便提醒，奎師納實際上正暗自慶幸阿周納不願戰鬥，因為這是他洞悉相連性的徵兆），奎師納不能單刀直入全文的重點，在阿周納崩跌於戰車內時，直接告訴他慈悲和愛才是答案。如果他說：「好！你是對的。殺戮是殘暴的，我們現在應該去喝咖啡！」那麼阿周納將無法直接體驗處境的複雜，或許也不會學習到如何將教導應用至未來的危機和困境中。更糟糕的是，他的殺人魔堂兄（敵軍的領導人）可能會使無數眾生陷入深沉的痛苦。因此，當我們進入 Gītā 第二章時，奎師納就阿周納當下的狀況，給出了一個簡單的答案，讓阿周納訓練有素、傳統的心智，容易找到立足之基。他提醒阿周納身為戰士，戰鬥乃責任之所在。

當這方法不管用，他轉為訴諸數論（Sāṁkhya，印度的第一個哲學傳統），以及在一個不斷變化、交相影響的體系中，無常的觀念，試圖說服阿周納必須採取明晰的行動。在第二章第十一至十三的詩節中，奎師納以一種不客氣的方式告訴阿周納，偽善的他滿口智慧，卻還對那些即將死在戰場上的人感到悲痛。奎師納指出那些具真智慧的人知道，儘管身體在某個時候會逝去，但我們以輪迴進入新生命、新肉體，並再次朝著洞見和正覺前進。實質上，他告訴阿周納清醒一點，運用他的智慧！

簡單來說，數論的基本理論是，實相有兩個層面：至上意識（puruṣa）是神聖的意識或純意識；創造勢能（prakṛti）是創造的能量或其顯化的一切。從這個角度來看，在一個生命個體（jivā）中，至上意識和創造勢能與促成個人體驗相關。人們的經驗常常被錯誤地解釋為實相的全部，然而實際上，數論揭示經驗僅是心智無常的造作。在數論中，純意識或至上意識存在於時間和空間之外，恆久存在且永無止境。任何物質顯像和／或被感知到的事物，包括個人、我們的思想、大自然的力量，以及我們思考、感覺、感知或想像的所有一切事物，都只是創造能量或創造勢能的一種形式。所有的創造勢能都是無常的，因此從絕對角度而言，並非真實。

奎師納繼續指出生命（至上意識）無始也無終，因此我們無論殺或不殺某人，並不重要。眼見阿周納在試圖理解這些概念的困惑與茫然的眼神（順便一提，這是當我們開始嘗試了解無常的真相和數論時，每個人的典型反應），於是奎師納試著進一步的解釋。他說，是的，我們出生時就具有肉身，從這個有限的角度來看，我們活著與死去。他進一步澄清，事實上，智者了解，至上意識披上不同的肉身，而這些肉身最終會被捨棄，就像人們每天脫掉的衣服一樣。至上意識、神聖意識或從西方觀點的靈性，才是永恆的。

數論提出，由創造勢能構成的細微身，肉身至肉身的遷徙，而死亡或某個被殺害的身體，正如同被丟棄的一件衣服。數論會說，以某個肉身形式顯現的創造勢能會死亡，但底層的細微身卻會遷移，而純意識、至上意識，則絲毫無損。因此，從邏輯上「殺死」一個身體不會傷害純意識。當然，從個人的角度來看，這種觀點存在嚴重的問題，在稍後的文本，奎師納提出了在這個世界生而為人的意義。

奎師納向阿周納灌輸了數論的基本宗旨，先奠定他應對困境的理解基礎，接著，奎師納揭示了，在決定如何善巧和正直地行事時，必須考量緣起背景的脈絡。最佳行動很少僅基於單一的觀點或法，而是來自多種觀點和愛的具體展現。對於許多學習 Gītā 的人來說，得知本文的基本要旨是愛，而非無謂的殺戮，是令人感到欣慰的。然而，由於慣性思維模式的驅使，小我很可能在此時趁虛而入，突然間，我們發現自己想要了解愛、以便征服愛，藉由完全掌握確切的做法，來避免下次危機的發生。相較於信任未知，「知」，有著無比的誘惑。在這種情況下，我們欲知未知。

如果繼續讀下去，我們將像阿周納一樣，從教義中學習到，為了要熟悉以愛為基礎的行動，一個人必須在生命中累積足夠的經驗，才能從更寬廣的脈絡中體會愛的真諦。遠深於讓我們感到緊密相連、墜入愛河的狂喜經驗，真正的愛是溫柔、慈悲、寬容，是一種能如實地看見他人的能力，而非來自我們認為他人為何的故事。愛是對萬事萬物敞開的接納和連結，它源自於我們內在深處，不再有自我的幻想與對愛的定義。就像莫比烏斯環[1]一樣，真愛沒有起點也沒有終點，完全沒有身分認同。因此，在第二章的開頭，奎師納帶領他摯愛的學生阿周納邁出了第一步，穿越自己的懷疑、恐懼、理解和誤解，直到最終他全盤領略，在生命不可避免的危機中，採取行動所牽涉的複雜性。

1　Möbius，是一種只有一個面和一條邊界的曲面，由德國數學家、天文學家莫比烏斯和約翰．李斯丁於一八五八年發現的。莫比烏斯環沒有起點與終點，也僅有一面的特性，為日後的藝術與科技帶來許多啟發。

第二章

和諧的本質 不二，非一

所謂的良知，即我們的道德、倫理、人際關係與生態的指標，在事情不對勁時會發出警告，當不對勁感受出現，採取行動之前，必須要學會識別，然後暫停、傾聽內在違和與失調的感受。

Gītā 的第二章，起始於阿周納良知的危機。受困於矛盾的觀念，與面對必然的死亡前景而陷入的絕望狀態，他發現自己限於進退之兩難——行動亦是不行動。他身為戰士，也是個堅強、正直、滿懷慈悲的人，但是卻沒有一個明確的行動方針，似乎沒有一條合宜之道能夠結合他的特質，使他能依自己的意義與真實行事。阿周納對戰場上的人們感到痛苦和同情，但也被戰士的責任所束縛，他問奎師納他如何合理的殺死對手德羅納（Droṇa），因為德羅納是戰場上幾乎每位戰士所景仰的老師。更糟糕的是，他無法理解殺死有史以來最偉大的戰士之一——他的叔叔毗濕摩（Bhīṣma）——有什麼好處，而毗濕摩恰巧也是這場戰爭的對手。阿周納面對著這不可能的事，而他的困境也為貫穿本文的教導，奠定基礎。他被絕望打倒，帶著慈悲說：**「我的四肢沉重，口乾舌燥，渾身顫抖，寒毛豎立。甘提瓦（Gāṇḍīva，**

阿周納之弓）從我手中掉落，我的皮膚發燙。我無法站穩，我的思緒潰散。」（1.29-30）

阿周納生動地描述了在精神、情緒和身體上被撕裂的感覺，這是我們被拋入複雜的良知危機中心時，所熟悉的感受。當發現自己再也無法否定認知和／或道德的失衡，我們可能手足無措。而 Gītā 描述的正是這種人性的無助和困惑——當面對危機，因為恐懼、憤怒，或其他失衡的情緒，我們將自己從局勢全面的考量中抽離，而這種疏離感，也逐漸嵌入我們與世界所有關係中。

文本仔細地提出了一個多面向的方法來看穿這種反射性的行為，在生命相互交織的模式中，戳破我們層層堆疊所編寫的故事。提醒我們應即刻暫停、退後一步，放寬視野——檢視形成自己獨特經驗的觀點和成見，與他人、世界之間，其看似分離，卻也相連的親密性。如果我們容許自己適應這種矛盾的觀點，便可以在困難情況下，培養出更清明與滿載智慧的行動力。有鑑於此，整部 Gītā 鼓勵我們一再仔細地觀察錯綜複雜、層層交疊的觀念、歷史、理論、情緒、關係、教條、智慧和幻想，以產生洞見，找到或許最有益且危害最小的行動方針。

每個人都會遇到的困境

當我們一心一意的沉溺於某個故事情節，意識通常是粗淺的。阿周納在 Gītā 的出場故事，始於在戰場上尋求親愛的朋友奎師納的指引。阿周納強烈地認同自己作為王子和戰士的地位，與身為統治階級的一員，但因為他對於愛和尊敬對象的情感依戀，加上天生的道德和慈悲性格，使他幾乎無法採取行動。隨著故事進展，阿周納屢次始於理論上執取局勢的廣度和複雜度，而又一再地失去理解的線索——識破自己的理論和情感，回到當下。於是他被一波又一波的懷疑和恐懼淹沒，壓抑了行動的能力。

阿周納危機的故事也是我們的故事，它代表了所有人在複雜的現代世界生活中遇到的許多危機，也許是面臨政治、個人或全球的衝突，也許是職場要求我們做出似乎不可能的決定，挑戰我們的基本信念和道德觀念，也可能是遭逢失去摯愛、甚或是自己的死期。不管是什麼，危機發生的當下，它就一躍成為我們故事的主軸，強烈要求我們的注意力。即使情況混亂，而行動的後果也影響至深，我們還是痛苦地明瞭自己行動的必要性。像阿周納一樣，或許因為強烈的不確定性，還是由於行動將有違本性，我們進退兩難、無法動彈。

我們無法主宰情勢，甚至可能被迫做出造成傷害的行為。也許我們受到自我認同、責任和地位等概念的驅使，使我們落入自己片面的故事情節——例如，對他人的影響、可能的代價，觀念和行為的動機。欲望、野心、情緒或恐懼可能制約著我們，使我們看不清楚，與他人維持偽裝的連結與責任的假相。在危機的痛苦掙扎裡，人們常常感到孤立無援或迷失。因此，Gītā 是每個人的故事，這是身為凡人都將遇到的困境：因「無知」的桎梏而想像出分離的自己，被小我驅使，與受到習慣和情緒的主宰。

領略愛的普世主題

Gītā 第二層的教導是對印度傳統哲學觀點的檢視，例如：智（jñāna）、業（karma）、愛（bhakti），以及它們如何反映阿周納的情況。仔細觀察我們的生活，我們也可以看到你我皆具的哲學立場，以及隨著個人獨特觀點的演化，創造出為了理解自己故事的大綱與情節。除非我們的看法源自於某宗教、或是一些具有盛行理論的團體，否則我們的哲學很可能並不正式，因此，相較於正規的哲學思想流派，我們作為生活導航工具的觀點多半未經錘鍊，甚至可能被視為是不合宜的哲學。儘管如此，當我們思考時，我們傾向哲理化，而思索生命的過程，本身就是一項哲學的嘗試。儘管這層的理解——各家傳統流派和學說，尋求洞見和解脫的概述——有時被視為是 Gītā 的首要教旨，而更深而言，斟酌相關於阿周納（我們）個人故事情節的哲學見地，也是非常有趣。這些哲學的看法，以及它們如何與更潛在、更普世的主題交流，就構成了第三層次的要旨。

無論研究 Gītā 或我們的生活，這個第三層的普世主題都至關重要。例如，無常的真理、體現的力量，以及擁抱深層意義的必要性（例如：信任、愛和慈悲）。我們可以將「普世主題」定義為根深蒂固的倫理、道德、美感和知識指標，這些指標是猶如北極星般的導航系統，指引我們穿越似乎無可避免的危機和衝突的水域，幫助我們根植當下，透過所提供的非個人觀點，成為明辨智的基礎。在深厚的信念和意義感的支持下，我們可以開始識破自己的思想和建構的角色身分，使明晰與合乎正道的行動變得自然而然。

在 Gītā 的故事中，我們感同身受的跟隨著阿周納經歷了精采的過程，了解無常、連結性和慈悲的必要。奎師納亦步亦趨地指導，在基本真理或普世主題所蘊含之哲學理論的滋養下，來回、穿越、逐步深入阿周納的個人故事和經驗，以獲取洞見。而阿周納之所以能有全盤的理解，就在他一步一腳印的態度，於緩慢的過程中，反覆地先建立暫時的理解，一段段地、一層層地，然後也再三地，折返當下經驗，感到困惑，繼續熱切地提問。例如，阿周納生動地意識到自己的故事——皇家戰士應盡的責任。奎師納呼應強調了一個哲學的背景觀念——生命的無始無終。

於是，在身為戰士王子的法性職責或哲學立場脈絡中，正因阿周納交織了他個人的故事——「愛」的普世主題，與面對敵人時油然而生的慈悲，他才終於開始思考該如何行動。

我們一次又一次地在 Gītā 中發現這種方式的教導：普世主題的貫穿

帶領，回到阿周故事的具體細節，再隨著故事情節深入，揭示古典思想流派的學說，以探討與生命和存在之本質相關的謬論和洞見，接著再次闡明當下的經驗和故事本身。我們發現層層教導一次次地彼此交織、扭轉和迴繞，指引可行的路徑，探索更深入、更細微的層次，以催生新的洞見。從某種意義上而言，這個故事是我們每一個人的困境，因此我們發現，為了能在個人生活層面上，充分吸收教導的內容、主旨，以得到具體認知的體現，循序漸進的行動是必須的。無論好日子或壞日子，我們該如何充分的參與生活，道之以德，充滿喜悅和慈悲？故事告訴我們，這種清晰地觀察與採取行動的過程，通常需要耐心、理解的決心，以及為了窺見新的觀點而放下成見的能力。

思考開啟覺醒的過程

在個人故事情節、哲學和普世主題等交織的模式中，探索相互連結的自性本質，即是人生的目的。隨著我們成熟，我們的基本信念和道德價值觀（我們個人的普世主題），成為幫助我們航行生命水域的舵。如果我們在保持開放態度的同時鍾鍊與提升它們，我們將變得益加清明、堅強和慈悲。反之，如果我們忽視它們，它們就會被偏見籠罩而窒息，甚至可能消失。當上述情況發生時，我們會失去道德的內在指導和方向感，並開始陷入小我和局限的個人故事，從而愈來愈脫離整體的世界。當我們喪失了與他人的連結，以及與生命中更深層意義的連結，我們的生命將日漸枯竭，我們的心——人性良善與慈悲的根源——也開始關閉。

在個人信念與哲學的基礎中，當我們思考與自身生老病死等真相相關的故事情節，我們自然開始覺醒。當然，「覺醒的過程」並不總是那麼容易和舒服，因為至少在某些階段，從定義上講，它不符合我們的成見和慣性的行為。但是，如果我們在局勢進展的危機關鍵保持穩定，就有可能獲得洞見。這也許是 Gītā 最重要的訊息之一：在我們的故事情節中，透過積極參與身、心、靈交織的過程，我們能找到希望，不但有轉機創造自身的幸福，也將為他人的幸福做出貢獻。於此，我們便有機會讓生活圓滿、慈悲，以關係為基石。

直至 Gītā 第二章結束，除了知悉阿周納的故事（他的兩難和危機的細節），我們也歷經數論學派之原則的漫長討論，在連結性、無限性、悖論之美等的主題中，一窺洞見。奎師納亦認同了其他哲學理論和 Gītā 的普世主題。隨著文本進展，透過了層層的故事線、哲學基礎和普世主題，教導主旨被再三討論——先單獨呈現，再交匯整合，藉以呈現自然學習的過程。若要真誠地尋求覺醒之道，我們必須慢慢地理解，使其相互交織地建立於多面向的基礎上。然後，我們必須暫時擱下它，以便從更深的、或是不同的角度，再次地審視它。這個「暫置」的步驟是不可或缺的，它幫助我們理解、發展，最終秉持著信任放下所有一切，信任它是存在之相互蘊合過程的一部分。

而從 Gītā 一書開始，我們就看到了這種教導的模式。奎師納建議我們研究哲學的古典學派，指出它們是吠陀的古典經文的一部分，但他警告我們不要被這些教義束縛，形成封閉的思想。他說：**「三屬性（guṇas，具創造性能量的三種變化）的諸活動乃吠陀經的領域。阿周納啊，超脫這三屬性的束縛。永遠依止真理，超脫二元性，不要在乎獲取和執有，保任真我。」（2.45）**

他鼓勵阿周納穩定堅守智慧（洞見和我們所談到的普世主題），但不淪為教條化；他期勉阿周納質疑哲學體系、概念和結論，以避免拘泥於任何特定的觀點。實踐不固守教條的方法，在於培養穩定與體現的愛。而當我們堅持不懈地尋求意義時，也是如此。重要的是，當我們察覺自己因個人需求和小我執著而偏離真理之際，能夠一次又一次地放下。如此一來，也許我們能透過充分體現所謂「真我」的認知，品嘗自由，而真我一切皆是，無所不在。一旦浸潤於此一真理，我們可能會發現純粹的幸福，而不再需要有讓小我分散注意力的東西和執著。奎師納接著提供了一個美好的隱喻，將這概念帶入觀想的領域：**「就如同洪水全面注滿水井，真正了悟至上的人，通透所有吠陀經（儀式）的內涵。」（2.46）**

透過內心感知生命中的連結

在 Gītā 的初始，我們發現最重要的基本主題之一，是催生我們覺醒（後來稱為瑜伽）的一切事情，都有恩典和慈悲的助緣，於此，就是奎師納的恩典（kṛipa of Mādhava），等同於真誠開放的心、純意識的臨在，或佛教徒可能稱的「空」（śūnyatā）。缺少了臣服，什麼都無法發生與改變。這是奉愛（bhakti）的態度，即奉獻的態度，你可能在閱讀 Gītā 時吸收並展現出來。若試圖了解故事情節及其錯綜複雜的教導，卻不願臣服，身為讀者的我們終將沒有全面理解的希望。換句話說，普世主題是：儘管你必須有意願去理解，但生命的領悟和洞見並非源於自我意志力的驅使。唯有臣服於「你無法理解的悖論真理」，才能得到更深刻的了悟與真知。生命是如此的神祕而讓人費解，當你終於臣服，你將意識到，相較於拚命去理解，你必須信任，也因信任，你允許了心智的觀念和理論、轉化為純意識和當下的直接體驗。屆時，你才會突然頓悟，並且愉悅地安住於知識的悖論，與其源起之無從得知的燦爛背景裡。無論多麼不舒服，學會在無所知的情況下繁榮茁壯，對真正的了悟和最終的解脫，都至關重要。

在故事中，當阿周納開始質疑並覺醒於眼前的現實時，他看到戰爭普遍的巨大悲劇，也明白所有參戰者的人性，如同，身為父母的你靜下來思考戰爭，開始真正理解，所有士兵都是有父母的孩子，而他們可能是你的孩子。你可能洞悉此一情況的深度：這些士兵中，每個士兵都可能擁有像你一樣的父親或母親。他們可能有家庭和孩子，而每個受影響的人都擔心死了！雙方的士兵都在祈禱，就像 Gītā 中的戰士向同一位神祇祈禱，即隱喻了這位神祇是書中所有角色之父。而大乘佛教也宣說，你曾為現在相遇的眾生之母，而在其他時候，他們曾是你的母親。但這並不止於此，大乘佛教也和 Gītā 對無常和因緣相應的觀點相同，奎師納在 Gītā 開始時告訴阿周納他應該戰鬥，因為生命沒有開始，也沒有結束。

因此，你與相遇的眾生，有著各種可能的關係組合（女兒、朋友、敵人、情人等等）。畢竟，我們「由星塵構成」，乃是自從地球形成以來一直存在的粒子，而它們將比我們存在的更長久。毫無疑問的，從這個理論或神祕的觀點而言，可感知的世界是相互連結、相互蘊合、永無止境的。深深地看著另一個人的眼睛，不管是誰，你會看到無限。你可以透過內心，而非理論，感知到生命中無限交織的連結模式。

那就是阿周納在 Gītā 開始時的處境。很幸運的，他有可信賴的朋友奎師納相伴。奎師納恰好是有史以來最偉大的瑜伽士之一，如同任何真誠的瑜伽練習者一樣，奎師納守持了帕坦伽利（Patañjali）在《瑜伽經》中，所描述的持戒（yamas）道德大誓言（mahāvrata）。第一戒律是不傷害（ahiṁsā），它也是所有其他持戒的基礎，然後是誠實（satya）、不偷竊（asteya）、梵道（brahmacarya，或者不剝削關係），最後是不執著（aparigrahā）。人們常常忽視了這最後一項持戒，但我們所有人都很容易成為它的犧牲品：「我需要這個，我想要那個，我應得到最好的，我、我、我，我的、我的、我的。」持戒是瑜伽士的道德誓言，立誓要避免我們的天生傾向，不成為「我的故事」的奴隸。

相信直覺順應真實

每項持戒都建立在「不傷害」的思想基礎上，當試圖使自己擺脫小我故事情節的束縛時，特別要深入研究這點。當我們的行動動機完全（甚或只是主要）從「對我最有利」的角度出發時，無可避免地，我們將以有害的方式行事，不僅傷害他人，最終也傷害自己。因為，如果我們視自己是獨立自主的，從定義上而言，我們已經忽略了相互連結的基礎真理。在我們意念的前景中，必須持守不傷害的誓言，而不傷害也正是整體脈絡的主軸。從個人的角度來看，不傷害和既有的連結性似乎是自相矛盾的，因為我們認為「我」是一個不會傷害他人的人。很快地，這種有限的觀點就會脫離背景脈絡。如果對它的定義和應用變得僵化，那麼不傷害的概念就會立即以有害的方式呈現出來。

面對局勢，阿周納對不傷害的承諾，早已深植心中，這是造成他困境的主因。他是統治階級的貴族成員，也充滿愛心，但他的法性職責是成為一名戰士。你可能遭遇如阿周納的處境，在指引生命的法和信念之間，行動失據。一旦宣誓了不傷害，若需要採取可能傷害他人的行動，你或許將有道德上的違和感。尤有甚者，若你的工作使你為了幫助或保護他人而產生了傷害，該怎麼辦？舉例來說，你是警察，根據定義，在職業生涯的某個時刻，你可能會為了保護他人的安全而限制（即使沒有傷害）某人的自由。如果你是不贊成暴力或「軟弱」的警察，別人可能會把你踩在腳底下。為了提高工作效率並保有警察一職，你必須要有點強悍。「怎麼辦？噢天啊！我希望有份不一樣的工作。」

無論我們的法性職責如何「主宰」，無論是在所選的職業中，或於生命的處境裡，都可能發生這種困難的情況。若要善巧地行動，我們必須確定並維繫對自身道德基礎的覺知，即品德、價值觀、意圖和動機等的導航系統。它們不僅使我們在世上航行保持於正途，而當偏離軌道時，也成為我們內在感知上的警示指標。如同阿周納在戰場上的遲疑，起源於他直覺的「不對勁」感受。無論你是警察、政客，或父母，在採取行動之前，必須要學會識別，然後暫停、傾聽內在違和與失調的感受，尤其是在發生衝突或危機時。從某種意義上來說，這些指標就是所謂的良知，即我們的道德、倫理、人際關係、生態的指標，它們在事情不對勁時會發出警告。

如果我們由於粗心、對教條的執念，或因情況超出控制範圍，就一再忽視良知（例如，老闆要求我們做違背道德的事情，對我們覺得不應該保密的事情守口如瓶），我們內在警報系統（道德指南針）的訊號，就會變得愈來愈微弱。最終，我們將失去與自己的連結與信任，直到自己（或關心我們的人）發現良知早已蕩然無存。讓事情更複雜的是，當我們不專注和不穩定，陷入情緒、思想和感官的漩渦泥沼，將會扭曲我們對事物的理解方式，從而使我們漠視直覺。

因此，簡單地說，「秉承我的道德信念」的見地，需要平衡以誠實的態度，盡所能地綜觀整體局勢。而當自己落入自欺、否認、耍心機、情緒爆衝的熟悉模式，因而扭曲了清晰的感知力時，我們更要正視自己。這些類型的自我朦騙和內在慌亂，孤立、分離，甚至被迫害的感覺，將導致更嚴重的混淆和誤解。如果我們要相信自己對事物的直覺，那麼它不應該只源於我們所建構的道德基礎，我們還必須願意誠實的、一次又一次的，評估我們的個人遁辭，因其所具有的人性基本特徵（例如，執著或對知曉的需求等等），可能會模糊或塑造我們的觀點。透過信任生命的過程與其相互連結的本質，一旦我們建立了富饒的根基，便會自然而然地產生洞見與和諧感，從而導引至更明確的行動方向——願它是本於利他，也順應我們的真實。

第三章

行動
意圖、執著和放下

要放下執著是不容易的，可以透過專注，以及對儀式和奉獻的理解，掌握不執著的概念，使我們穩定於心之所向，透過一遍又一遍地，為儀式和所有行動，注入嶄新的焦點和好奇心。

早在一九七五年，美國廣告主管蓋里．達爾（Gary Dahl）創造了完美寵物的概念——石頭寵物（Pet Rock）。你的新寵物會在幾天之內寄達，包裹在稻草窩中，安全地放在通風良好的盒子中。這隻寵物無需你餵食、洗澡或清潔，最重要的是，你知道你的這個朋友將比你長壽，你永遠不會因牠逝世而悲傷。請注意，這事件遠在網路發明前，在網路世代，新奇的事物轉瞬即逝。在發想這個概念的幾個月後，達爾成為了百萬富翁，以僅四美元的微薄價格將他的「寵物」賣給了那些「需要」的人。這是個聰明的主意，也許不僅僅證明了資產階級在資本主義世界裡的怪誕變異現象，也證明了我們是具有強大心智力量的物種，執念頑強。

當心智鮮活地聚焦在如石頭寵物之類的標的物上，無可避免地，它的強度將逐漸增加，我們開始相信心智針對我們對該物件——無論是需求或厭惡——而構建的故事。注意力凝聚之所在，我們就建造了一個封閉的系統。逐漸地，所捏造的故事情節轉變為「真相」，就像貨運火車沿著軌道行駛，我們的想像決定了行動。如果我們無法放下對概念或結果的執著，在缺乏開放的態度、與忽視相關重要訊息的影響下，這列火車終將脫軌。打從心智開始，延伸到整個具體化的經驗和我們的行為（業力），終將回應並加強我們所編造的故事。

了解執著的本質，保持開放的心態

放下對衝動或成見的執著，就像在房子裡打開窗戶一樣。當你無所執（或是「不執著於執著」）時，整個頭顱就會有一種寬闊的品質，彷彿智慧的微風，徐徐地在心智的架構中循環。而窗戶緊鎖的密閉空間，就如同根深蒂固的思維和作風，你不會感到自由。想像拜訪一位年邁的朋友：打開前門，迎來的是一堵凝滯空氣的厚牆，充斥著玫瑰香芬或前夜晚餐的滯氣，加上與世隔絕多年的惡臭。置身其中，你逐漸適應了氣味。但當重返室外，新鮮的空氣讓你再次記得，自己所處的更大世界。

了解執著的本質，與我們所有人都息息相關。若要保持開放的心態，以利擺脫慣性的看法和互動模式，我們必須與整個世界進行溝通，同時調伏癱瘓的、個人的觀點。當我們沉迷於由感官觸發的想法或「需求」時，就如同將自己關在一棟房子裡，周圍環繞的盡是過往生命的遺跡，無法感受當下，錯失與萬事萬物相互依存的連結。從印度和佛教的角度來看，這種對存在的誤解——所有事物都是自身獨立存在的認知，稱為無明（avidyā），或無知、邪見。我們都欲離苦得樂，而無明即是苦難的根源。

身為人類這個物種，我們傾向將快樂，等同於自己對事物（物體或觀念）的執念。矛盾的是，只有放下執著——尤其是放下對自己行動成果的執著，才有助於在混亂中找到穩定力。這份穩定，能讓我們深入了解自己的本質，找到自由，從而找到快樂。藉由培養這種平和的沉穩，我們可以充分體驗自己的執著，甚至欣賞它們、並從中獲得動力，輕鬆地識破，並放下它們。「放下對行動成果執著」的必要性，是 Gītā 的另一個普世主題。整篇故事揭示了——執著，是建立和鞏固小我的主要催化劑，導致了分離的感受，最終造成痛苦。

奎師納向阿周納解釋，執著的問題，在於它很容易沖昏心智。當執著於事物，我們編織故事，虛構的情節使我們沉溺於混淆的想像世界，而這即是痛苦的真正淵藪——輪迴（saṃsāra）。例如，我們因想要或不想要某事物，於是我們就想抓住它或推開它——我們因而受苦。或者當事與願違，我們就生氣、煩惱，無法窺見自身的欲望背後更大的的因果脈絡。若忽視來龍去脈，也就是整體的相互連結性，無可避免地，我們與眾生皆將受苦。奎師納向阿周納強調這一點：「**若心繫於感官的對境，即生執著；執著生欲望，欲望生憤怒。憤怒生妄覺，妄覺渙散正念。渙散的正念破壞覺智（buddhi）。覺智喪失，人亦迷失。**」（**2.62-63**）

放下，臣服和擁抱未知

但是，如同任何有執著經驗的人（也就是我們所有人）所知，要真正擺脫執著，尤其是對行動成果的執著，是不容易的。就阿周納而言，也是如此，而且這正是使他感到困惑和癱瘓於戰場的重大因素。他受到自己想法的束縛，認為自己應該戰鬥，不僅因為他被戰場的激情吸引，也因為他定義自己為戰士。他無法看穿這些執著，感到動搖和不穩定，進退失據。隨著故事進展，奎師納仔細地為阿周納編織了洞見的安全網，彷彿阿周納爬上一棵自己所有觀念所形成的樹，就像孩子熱情的爬上了棵蘋果樹，突然間發現自己已經接近樹頂，無垠的天空與無限已近在咫尺，但他感到四肢虛弱，而颼起的風提醒他可能會摔死和無常。他僵住了，他沒法下來。

如果阿周納突然放手，背棄他的職責、家人和朋友，那將造成問題。但是，重新定義他的角色和行為（從某種意義上來說，從樹梢爬下來是他想像中的當務之急）也是一個挑戰。奎師納像是在地面上的父母，支持地說：「從原路爬下來。」溫柔地引導阿周納，放開執著於事物和觀念的四肢，使他可以重新仔細地全面評估，安全地找到返回實相與幸福的方法。奎師納解釋，透過紀律的練習，我們才能找到幸福：**「然而，透過擺脫欲求和厭惡，一個自覺、自制的人，即使感官接觸了感官對象，也能保持清晰和平靜。於此寧靜的澄明之境，一切痛苦終止。明悉的心，能快速建立覺智。一個沒有與瑜伽連結的人，無法獲得非凡的覺智，也無法深沉的冥想，而無法冥想的人，就沒有平靜。一個沒有平靜的人，何來幸福之有？」**（2.64-66）

事實上，隨著故事進展、直到最後，都在在提醒我們「放下」，是一個拆解的過程，拆開無限層次的理解、誤解、洞見、成見、教條、想像。放下，最終是信任與重新衡量的能力，在對當下一切所生的清晰認知中，臣服和擁抱未知。放下行動的成果，將帶來很多不確定性，而這會導致恐懼——直到我們了解，在心智風暴席捲之際，保持穩定，於適當的時機點放下，即是最善巧和最安全的行動。這種行動不僅有助於我們健全的進化，也通往解脫。它提醒我們，往往是因對於感知的執著，使我們無法動彈或卡住。**「當遊蕩的感官持續地驅動一個人的心識，它就帶走了般若智，就像風吹走水上的船隻。」**（2.67）

專注地尋找真我

奎師納看見阿周納的困惑，就暫時迴避談論放下行動成果的抽象思想，嘗試另一種技巧來幫助阿周納掌握不執著的觀念。他解釋說，智者（瑜伽士）訓練心智在平靜中自在舒適，而這種平靜的狀態，則支持他們在未知的情況中保持自在舒適。

這個教導是，透過瑜伽，心智能因專注於一件事而變得平靜，而非聽令於感官而衝動的反應。透過這個過程，逐漸明顯的是，雖然我們不斷受到感官的轟炸，但感官所偵測到的，多半是意想不到的、未知的。在我們觀察到感知領域裡升起資訊的同時，我們選擇將專注力維繫於一處——像是呼吸，最終我們也會注意到，藉由不立即反應感知所升起的訊號，它隨即就轉變成另一種意想不到，未知的呈現。我們開始注意到，不隨便的回應，使我們在觀察時的感知能力更清晰，因此，在需要採取行動時，可以更輕鬆地辨別最佳行動方案。你可以聚焦於任何專注的對象，像是呼吸、聲音、來來去去的念頭模式，但最究竟的建議，是聚焦於真我（ātman）——一開始，可以視其為萬事萬物相互連結本質中之純意識。當然，我們很難將連結性作為專注的焦點，因為「真我」不是一個獨立的特定事物，而是萬物的真實本質。

《瑜伽經》和其他經典著作提供如何練習冥想的細節，它們建議我們選擇一個可以安頓心智的客體或領域。幸運的是，由於萬事萬物相互連結，因此透過專注於正在發生的事物，我們就引導心智休憩於整體相連模式的一部分。如果我們這樣練習得夠久，萬物相互蘊合的模式，終將揭示——眾生與萬物的實相：喜悅、滿足、純意識——這即是真我。佛教徒用「空」的概念描述，在數論裡，它是所有創造能量的開放本質。因此我們發現，透過將注意力集中在選定的領域上來訓練心智，是我們放下行動成果的第一步。

研究 Gītā 時，我們發現，如同集中心智一樣，事實上所有事情都是循序漸進的過程，從個人的故事情節、各派的哲學理論，乃至於放下執著的能力。觀察這些過程、而非緊抓它，是需要練習的。對於大多數人而言，在感官受刺激而產生衝動時，練習自制一些、延遲享樂，會比實踐不執著的觀念更容易些（而成癮症就不盡是如此，它屬於相關但獨立的範疇）。

識破執著，減輕痛苦的第一步

一般而言，相較於對理論的執著，若感官客體引發的是更明顯的內在身體反應，就更容易引起情緒或精神上的依附。當然，所有執著形成的過程皆同。心智衝動的遷流而逐漸陷入執迷幻想；伴隨著與當下實際情勢互動的逐漸遞減。最終，理論或慣性反應，成為左右一個人行動的決定性因素。在 Gītā 中推薦的瑜伽練習，是留意會誘發執著之升起的感受。這樣一來，行動的選擇——回應與否——就成為有意識的選擇，因為在當下所生一切的整體背景中，它立基於明辨。這是所謂「識破執著」的意義，也是為減輕痛苦所邁出的重要一步，利己也利人。

當我們讓自己的信念、看法和行為脫離背景，視其為分離的事物，從而視自己為分離的個體時，就會產生痛苦。這種想像的分離性，伴隨著我們對覺受本能的反應，二者形成的狡詐力量，能主導我們的行動——這份觀察，若非令人尷尬的，則非常具有啟發性。當執念堅固，我們很容易受到偏見和傾向的驅使，忽略事情不對勁的警訊，也很可能錯失來自他人和當前情況的反饋。然而，如果我們留心——對執著的衝動；對想相信自己故事情節（圍繞著想像的概念和執著）的衝動，或許則可減輕痛苦。記住所有生命都是神聖的，並將一切（甚至是我們的執著）視為我們生活和環境中的神聖示現，亦可減輕痛苦。

如果我們將執著視為痛苦的根本原因之一，那麼我們會發現，執著本身，無論表象形式為何，實為無形。它出現在與世界互動的過程中；它是生命之謎的一部分，從這個角度來說，它們也是神聖的。也許我們多半體驗過，因執著於念頭或某些刺激，而衍生的身體內在覺受。

這個過程本身，其實沒有任何壞處。問題在於，當心智困於單一焦點的衝動或想法中，不能越過卡點。心智就像是老式黑膠唱片機中，所使用的精良鑽石唱針頭。有時，針會被卡住，重複播放一段相同的音樂，直到留聲機的唱臂被輕輕壓一下，提醒唱針越過唱片凹槽。當我們訓練心智聚焦回到當下發生的一切，我們就不會成為感官的奴隸。就像在留聲機的唱臂上施加適當的壓力，以保持音樂順暢地流動。付出讓心智穩定的努力是必要的，同時也配合放下的感覺，才能讓因慣性而重複的反應，妥當落入我們生命整體的樂章。

要超越卡住的困境與思緒迴路，除非我們真正體驗了陷入執著的過程，也誠心經歷了放下執著的渴求，否則，所謂「放下行動的成果」，將只是強制性與公式化、為了達到目的而進行，也帶有放棄、怨懟或自我犧牲的意味。反之，在無私奉獻中，全然擁抱我們所面對的處境，同時保持幽默感——這對放下執著有至關重要的作用。隨著 Gītā 開展以及進一步的理解，在儀式和奉獻的教旨中，奎師納為阿周納提供了洞悉其利弊的真知灼見，也探討我們為了達到欲求的傾向——將旨意教條化、或變成基本教義者的立場。

儀式和奉獻的作用

我們很難定義健全的儀式和犧牲，特別是在現代。新聞上，我們聽到恐怖分子做出極端的犧牲與殉道，在擁擠的市場中儀式性地引爆自殺炸彈，以某種名義殺害許多人。有些商業交易或戰爭行為，是朝著不人道的方向發展的，犧牲多數人的利益，以換取少數人的利益。在迂腐的層面上，人們可能會每天「犧牲奉獻」的實現夢想，或是達到如美麗或健身之類目標，即「一分耕耘，一分收穫」。然而，無私的、不計算回報的健康奉獻，是本能且無條件的，其根本的動力是愛，就像父母願意為挽救孩子而犧牲生命。

當我們放下行動的成果，這就是我們渴望實現的奉獻。然而，因為對概念執著的傾向，讓我們很容易掉入儀式性行為，從表面上看，我們似乎沒有執著，而事實上，或許不知不覺中，我們受到行動成果的驅使，從而影響了我們的行為。除非我們真誠的實踐所執，並且放下所執，否則充其量只是卡在自我中，尤有甚者，我們會以儀式作為一種實現預期結果的手段。僅有在背景脈絡之中，以及沉穩地培養明辨的妙觀察，儀式和奉獻才是朝向解脫邁出的步伐。即使在相互連結的脈絡下，心智仍很容易創造一個分離的自我，明辨的妙觀察即是一種能夠與之抗衡的能力。

儀式和奉獻的作用，在於喚醒我們，而非使我們昏昧。它們作用的方式，是將意識帶入特定的行動，同時使我們穩定於心之所向。透過奎師納謹慎地提點阿周納關於執著的本質，我們開始看到，在最基本的角度上，儀式就是我們所做的事，而奉獻定義了我們的行動。兩者都可以帶來解脫，但若執著於結果，或藉機擴張自我，或是以無知或以了無啟發的方式進行，儀式和奉獻就成為一種無意義的束縛手段。儀式和奉獻，能使心智從慣性的思維中得到釋放，但也能瞬間翻盤讓心智變得僵固，在言行舉止裡，埋下更甚於往昔的劣習種子。就像生命和瑜伽中的許多事物，儀式和奉獻都容易使人因不慎而失足。

在印度的傳統中，「yajña」這個重要名詞的意思是「獻祭」、「奉獻」或「透過儀式提供的無私奉獻」。印度教最常見的祭祀儀式是火祭（homa），在火祭中，酥油、米和梵咒等具有象徵性價值的物品，被獻給火神阿格尼（Agni），再由祂將祭物傳遞給其他神靈。在吠陀時代，據說阿格尼具有無上的轉化力量，祂以火的形式存在於大地，以閃電形式存在於大氣，以太陽形式存在於天空，祂具有神祕的煉金術力量，可以將水變成氣體，從固體變成灰燼等等。最終，阿格尼代表的，是存在之千變萬化本質、和生命的本身，再隱喻於火祭的儀式。

火祭儀式在佛教活動中也很重要，有時以阿格尼火之王子的形式出現（Agni-kumara）。值得慶幸的是，佛教徒率先棄絕了活體獻祭的這種古老跨文化觀念，因為殺戮違背其合一、善良與慈悲的基本宗旨。

放下執著的訓練

任何儀式的最大好處，是它組織、安排了複雜的情況、信仰或人際關係。儀式創造出一種穩固的狀態，形成行動的穩定基礎，從而也讓心智平靜。從瑜伽的角度來看，儀式能引導我們直接體驗當下所發生的一切，並暴露出心智對其之抓取、抗拒、創造和混淆等的傾向。無論是火祭儀式，或是每天早上邊看新聞邊喝咖啡的簡單日常儀式，在「儀式」過程中，有意識地覺知個人當下情況的細節，例如，舉起咖啡杯靠近嘴巴時聞到的濃郁香氣，就是將日常生活的習慣變成洞察力的時刻。

帶著覺知執行我們的儀式（不論是細微的或複雜的），提醒了我們一個事實——生命萬物，皆處於恆變的模式中，也非常神聖。執行儀式的根本好處，在於使我們的注意力集中在轉化、無常和改變等的經驗上。但是，如果我們的儀式變成例行公事，缺乏敬意，它們將毫無用處——這就是重點。我們是儀式性的存在體，計劃與否，我們都會進行如早晨來杯咖啡的儀式，因此訣竅在於，透過一遍又一遍地、重複再重複地，為儀式和所有行動，注入嶄新的焦點和好奇心，以迎合我們儀式化的天性。健康的儀式和奉獻，基於利他，而非習慣、自以為是的展示手段、或達成目標的方式。它們提醒我們，要有超越小我結構束縛的遠見，領會人際關係的重要性。它們幫助我們更明悉，感受連結，本能地表達慈悲。相反的，若是依機械般的慣性、僵固、死氣沉沉的方式，儀式和奉獻反將障蔽知見，成為通往真正快樂與幸福的絆腳石。

將儀式和奉獻作為放下執著的訓練基礎，這個概念深植於Gītā的教導中。在第三章開頭，奎師納開始教授「行動」（karma），並且探索了以真誠、開放的心態，將思想、信念和願望等所有一切，都奉獻給純意識之火的重要性——在遠超越自身的脈絡之中，透過最誠摯的表現，覺知地放下。他對阿周納說：**「整個世界都受制於行動，除非行動的目的與其本身就是奉獻。噢，貢蒂（Kuntī）之子啊，為奉獻而行動，擺脫執著。」（3.9）**

從這個角度來看，奎師納暗示了從根本而言，事實上生命中所有的行動，皆是奉獻和犧牲。我們會在稍後的教導中了解到，真正的奉獻就是愛。甚至老虎在叢林中聞到某種氣味而選擇轉向跟隨，也是犧牲了對其他路徑的選擇。為了得到某事物，你必須創造一條路徑，並且，根據定義，犧牲其他的路徑，或是你所遇到的其他對象與行動，才能到達目的地。由於我們可能是比老虎更有意識的生物，我們的動力不只是來自於動物的本能，而且，理論上來說，是出於某種形式的智慧和對他人的慈悲，我們也為世界做出犧牲奉獻的行動。這就是決策的本質。

在叢林中與日常生活中做出的犧牲之別在於，在叢林中，犧牲通常比較簡單，理論上自我沒有顧己失彼的考量。叢林決策通常是快速的生物生存反射。然而，在日常生活中，我們已被設定成最起碼得展現成功的表象，在最糟的情況下，我們相信自己是獨立的、有權力又優越的，這種設定使小我的故事足以左右我們的選擇，促使我們為了獲得回報而採取行動和做出犧牲，而非出於對全體的愛。

這類疏離性犧牲的盲點，在於我們不願在萬物相互影響的背景中，付出自己的責任。即使是我們最微小的行動，也會持續地造成更大的結果，影響其餘無數眾生。我們的犧牲奉獻可以從簡單的事情開始，例如，為了保持健康而不再放縱自己，這還不錯。但是，一旦利己或對結果的執著，成為小我犧牲之輪的動力，我們永遠有忽視大局與罔顧眾生的風險。自私自利是人類的天性，而觀照他人的能力，則讓我們超越自我中心。如果忽略了一切依緣而生的事實（創造勢能相互的作用）；忽略了洞察犧牲了什麼與其整體的影響，那麼當我們面臨犧牲自己之價值觀與道德觀的誘惑，或因一己之利，犧牲真理、關係或他人，而再次回到人類殘酷的獻祭形式，也許不會那麼血腥，但可能如某些古文明中所進行的獻祭一樣地有害！

第四章

適時而知

開始思考人是否真的是「獨立」個體？事物真的恆常不變？在Gītā的故事中我們若能透過更仔細地審視，藉由放下我們對法、成見和自我中心的執著，我們能憶起嬰兒時的歡愉，那些欣喜於未知的感受。

當幼兒剛剛連結起因與果，他們的興奮之情是如此地具有感染力。就算他們年齡非常小，你也能感受到。他們渾身表達著喜悅，舞動著手臂、腿和身軀，吐出舌頭任意捲動，或者在他們靜靜地研究著並率性移動自己的手指時，所表現出的全神貫注。對於嬰兒來說，每一天似乎都因與生命互動和覺醒、帶來了新的歡樂。在他們的體驗中，自己與所連結互動的世界，幾乎毫無區別，是直到後來，他們才開始了解自己的與眾不同。漸漸地，他們是宇宙中心的虛幻泡沫，毫無疑問地破滅了——通常是透過哥哥姊姊的幫忙。

詩人和心理學家一直主張，當我們識破自己是宇宙中心的假象時，純真便劃下終點了。但，這是真的嗎？有沒有可能，其實每個人都是宇宙中心，而且中心不只一個？時間與空間的整體建構被稱為因陀羅的寶石網（Jeweled Net of Indra），在網中，每個心智和行動的交點，都是一顆多切面的寶石，它反射並涵蓋了所有其他的交點。當我們了解它時，將不再執取感官之「對境獨存」的幻識，也能從網中解脫。因此，會不會其實是——當停止看見我們每個人都是中心（每個人皆為宇宙其餘部分的神聖化現）時，我們的純真消逝而無知升起呢？阻礙我們的幻識並非「我是宇宙的中心」，而是「我是唯一的中心」，並且認為我們在宇宙中的行動是獨立的。

探索，回到嬰兒時的歡愉

奎師納在 Gītā 中教導並鼓勵我們深入探索，以了解我們在一個相互連結、相互依存的世界之中，如何安身立命。走進房間，然後想著「我打開了燈」是很容易的事，因為你打開了電源開關。但是，如果更仔細地觀察，你會發現轉暗為明的其實不是你，你做的只是打開電源。若沒有電源開關，沒有一位電工將開關的電源連接到電燈，以及在發電廠工作的人們，你將處於黑暗之中，更遑論那些設計、製造並將燈具送到你家，以及發現如何取得電力和動力的古人。Gītā 的訊息是，透過更仔細地審視，藉由放下我們對法、成見和自我中心的執著，我們能憶起嬰兒時的歡愉，那些欣喜於未知的感受——當完全專注於眼前的事物，首先我們發現了萬物似乎和諧共處，而這種相互的影響，為我們帶來了無限的連結和對世界的洞見。

Gītā 的故事中，我們一次又一次地看到，當阿周納幾乎領會了在開放的覺知領域中保持心智穩定、放下期望和執著等的觀念，也又隨即被「需要確知」所打倒。無論是在故事的開頭，他被自己的疑惑擊敗，不清楚該在戰場上做什麼，或是在故事中段，當他試圖了解關於行動和奉獻的複雜教導時，他堅持要確知：**「噢！奎師納，您讚揚捨棄行動，但又讚揚瑜伽。在這兩者之中，何者更好？請明確地告訴我。」**（5.1）

阿周納對「知」的需求可能是我們大多數人熟悉的狀態。這是人類的自然傾向，渴望獲得明確答案，即便我們可能明白如此將在解脫之途形成阻礙。要學會有置身未知的自在，我們需要看透小我，並釋放所有小我自創的獨存知見。這也意味著我們需要重新評估一種幻念——我可以完全掌控事情的發展。難怪我們會反抗。當我們重新調整視角，看見小我的幻念，以及我們的行動並非獨立而生，而是深深地鑲嵌在相連的因陀羅網中，導航生命經驗的小我就式微了。我們的思想、情緒、法性職責，甚至是性格，都無法定義我們。相反地，儘管我們確實有責任引導從構思到完成的行動，但它們並不是「我們」，它們是宇宙力量與宇宙力量交互的作用。正是我們的誤解——自己與萬物分離，以為我們的行動（以及其結果）全然取決於意志力，無關背景因緣或後果——於是終結了純真，開啟了偏見、憤世忌俗和痛苦。

了解創造萬事萬物的三屬性

充分理解相互連結性的觀念，重視其中的小我——視之為神聖，但也小心謹慎地將其放置於一旁，即是如前所述的「創造勢能相互的作用」，這是數論哲學的基本主題之一。三屬性（變性、惰性和悅性）被定義為創造萬事萬物的三種自然特質。變性（rajas）是一種能啟始和推動事物的屬性，例如：大自然中的強風、人類的憤怒或力量，或是烹飪使用的辛辣胡椒。惰性（tamas）是懶惰、雜亂無章且具有破壞性的屬性，主導如一潭死水、沮喪和優柔寡斷等的情緒，如肉類、酒精等死滯的食物、或是過度加工的食品。悅性（sattva）是平衡、甜美或良善的屬性，例如：在大自然中波光粼粼的山間溪流、人們感受的愛，或者所有香味協調化作天堂般的美食。

所顯化的一切事物，皆謂由此創造勢能的三個面向持續變化而組成，它包含、散發自心智的各個層面，因此，從某種意義而言，這三屬性可以被描述為思想的運作，與創造能量透過活動而轉化的過程。

惰性是單一視角，變性是反視角，而悅性則和諧地整合了所有視角與其反視角（主題、對照、整合）之間的關係。當運作良好時，細膩調伏但假想的自我，能藉由臣服於此三屬性交互的流暢性，做出創造性的選擇。

如此，產生了一個全像（holographic）的視野，可以輕鬆地隨機應變，並在行動和意識的所有層面上無縫銜接。在此過程中，惰性的黏滯性能因變性的勢能而開始行動，走上悅性的平衡狀態，逐漸地穩定下來，久而久之直到停滯，成為惰性狀態，從而再次開始整個循環。在相互作用的能量鏈中，如果我們在任何時間點，干擾流動並從背景中抽出某些東西，即使只是理論上，都會造成轉變過程（事實上即是生命本身）的停滯不前。

當我們信任揭現於前的關係，無論的考量而何，我們都將成為其有機的一部分，自然而然地，也更容易放下執著、與對悉知或控制的需求。特別是當我們銘記這種放下的形式，並非打發、否認或斷絕，而是留心觀察在我們面前展現與轉變的萬物。然後，如科學家般，我們可以研究世界上千變萬化的顯像，並注意到這三屬性的互補性。它們交互作用的過程，反映於萬物，從情感起伏到政治依附和哲學教條。如果我們清楚地看到這一點，透過洞察當下升起的現象，便可以自發地放下我執以及對悉知的需求。如此，世界就敞開為一個多面向的奧蹟，無論取角為何，我們都會在關照的主題中，看見勢能間交互的作用，無止盡地倒退（或前進）。透過對未知的信任而獲得的洞見，將允許我們切身體驗與萬事萬物相互的緣起與依存。我們不但沒有微不足道之感，相反地，我們將受到鼓舞。

領悟未知的價值

奎師納在 Gītā 開頭就點出了三屬性，觸機即發地把這個想法拋給了阿周納，彷彿冒險地試試看能否讓他靈光乍現，幫助他解決困境，並了解若恪守二元的觀點，通常會造成混亂和痛苦。他說，儘管三重模式的作用是吠陀的主題，也在古代文獻中得到確認，但他鼓勵阿周納不受制於創造勢能，而始終忠於真理。在某種程度上，這意味著要隨著生活開展時時活在當下，勿因二元思維、執著和厭惡，而掉入相信事物恆常不變的陷阱。

奎師納透過相互蘊合的普世主題傳達智慧，因為它與數論和三屬性的哲學基礎相呼應，於此，奎師納為他的學生打下了洞見的基礎。這就是學習的方式，如同小孩發現手臂末端是他的手，並意識到自己可以任意操縱手指一樣，阿周納和我們所有人一樣，必須付出努力，直到真正地融入心智和自然所呈現的悖論，例如，非二元論等複雜概念、以及「領悟」未知的價值。要能在悖論的矛盾裡感到自在，練習是必要的。

首先，我們始於聽聞而漸漸習慣某一概念，容許它在心智邊緣遊走。待逐步吸收之後，我們開始建立起背景脈絡，以理解該概念。奎師納仰賴的正是這種洞察力和學習的過程，他在教導初始就為阿周納埋下了種子，因此，後來當他深入探討第十六章中三屬性的個別特徵時，阿周納就不會將變化的過程落入二元的視角。

三屬性相互作用的概念深植於印度思想諸多的層面，它是阿育吠陀觀點與其最深奧教旨的基礎——萬事萬物，包括我們一切的行動和思想，都是三屬性本質互動的呈現。在如《克納奧義書》（*Kena Upanishad*）的文本中，同樣的概念也誘導著熱切的學生，儼然思考的養分，並鼓勵最細微等諸層次的探索。這所有的一切都與阿周納的困境息息相關。阿周納慢慢發現，若要解決自己的困境，最終，就是要全然地臣服。他必須學會如何信任生命過程的開展，直到他可以在未知中保持明悉和自信。

對於我們而言亦是如此，在我們不斷前行的生命中，這些都是深刻的教導。當意識到自己無法完全控制結果，並且沒有辦法靠單一的「東西」（包括思想、感覺、感知、身體機能或行為）引導我們度過生命的難關，我們就來到了十字路口。我們可以驚慌與畏縮，使情況變得更糟，或者我們可以學會放下過往的觀點與思想，清醒地面對局勢，善巧地回應挑戰。當了解一切都沒有萬無一失且絕對的答案時，充分體驗生命的機會隨即展開，我們扮演超乎想像、浩瀚神祕中的一角。從這個視角，我們不但不渺小，更能在未知豐盛、廣闊的境界中，感到自在。窺見所有最細微的各個層次——包含心智、夢想、尤其是在行動中——進而了解到，儘管我們開創了生命，與其中的各種身分，然而這些也是創造勢能相互的作用。如果有幸領悟這點，最終，我們就能完全臣服於愛——對連結的信任——依止這生命的主要根基。

領悟我也是連結中的一部分

儘管我們仍接受心智的分類和推測等重要功能，卻能免於陷入思想的局限性，進而擁抱更深入的探索。如「我的手指」或「事件本身」等的概念是有用的，或許也是傑出的理論，但它們實際上並非因果關係中獨存的勢力，不是真空中分離的結果，而是纏繞——創造勢能相互的作用——而生育的。

這個概念陳述了佛教「空」觀，或者說萬物皆是因緣和合而生。「緣起」和「獨存」（或分離）是互斥的概念；然而，人類心智的天性，會堅持從個人直接經驗的識見——由自身感官主導，直接詮釋事物。因此，我們潛在的傾向，是創造出一個分離、獨立體驗世界的「自我」。即使我們在概念上能理解空的事實，這種情況仍會發生。但是，事物既非單獨存在，也不是由分離的元素組成。非一，但也不完全是二，這促成了「不二」的悖論。

儘管我們大多數人一生的運作，都繞著分離的自我所編之故事，若能抱著萬事萬物皆是創造勢能相互作用的觀念——「緣起」的關係，我們會發現無論多麼仔細地觀察，永遠也無法真正感知到一個分離的「行動者」。最終，我們可能敬畏（或可能是警惕）地了解，不僅風和雨是大自然法則的禮讚，其實，我們（甚至我們認為的靈魂）也表現了生命相互連結的自然法則。

難怪當阿周納陷入困境時，他抗拒這個教旨，因為他震驚於無法確知該採取的行動。在個人層面上，我們也可能抗拒自己就是三屬性作用的全面理解，這點不足為奇。為了吸收和利用這個洞見，我們必須真正擺脫對自己故事情節的執著：關於自身的性格、行為、關係，甚至是靈魂等的表述或理論。

灌溉養護心智

心智持續創造關於我們是誰的故事，而事實上我們絕不只是故事本身。在深層冥想狀態下，若心智沉穩且變得清澈明朗，因暫時放下了對結果的執著，我們或許能窺見這一切。放大來看個人故事的任何一部分，也許你會看到這個實相——你並沒有「實現它」。當心智缺乏深度信任的經驗，就無法放下與理解這一點（我們可能會從靜坐冥想中自然而然地體驗到），而自我也就無法放下並承認它了無控制權。相反地，它創造了關於你（即「行動者」）的理論，並且排除了無關你行動與否的細微潛在變化。

相關的經典隱喻，可藉由農民灌溉作物來解釋。降雨時，農民無需灌溉，他只要清除阻塞溝渠水流的泥塊，水便能自由流動。是的，他的直接行動對灌溉過程至關重要，但他並沒有灌溉作物。藉著採取與自然和諧共處的行動，他成功了，但如果他不參與合作，如果他的思想僵化或無視瞬息萬變的情況，那注定會失敗。再者，如果農民沒有灌溉田地的計畫而僅是隨意開挖溝渠，那麼，他也不會成功。同樣地，如果他計算出溝渠的位置，開挖溝渠，並在第一次降雨期注意到他的設計無法導流雨水，但他拒絕進行調整，因為他相信「他的」設計是完美的，而水流最終將自行改變方向，他仍舊犯下了巨大的錯誤。如果他施行所有一切，卻拒絕移開淤積的泥土，他也終將失敗。

這個隱喻不僅說明了依緣而生的原理，也加深了對 Gītā 較早詩句的理解，其中描述著奎師納鼓勵阿周納仔細觀察自己行動的本質，引申出採取主動與直接之行動的重要性。它們對於緣起模式所產生的結果極為關鍵。無論我們採取什麼行動（即使我們什麼也不做），都將產生影響。奎師納指出：**「在行動中見到不行動、在不行動中見到行動的人，便是人中之覺者，而他所有的行動皆與瑜伽相繫。」（4.18）** 換句話說，如果我們運用智慧，在任何情況下都抱持著真誠的理解，我們就可能開始看到自己所有的行動都直接影響著整個世界。這就是我們努力的方向。

行動或不行動皆有意義

行動與不行動之間巧妙的交相衍繹，讓教旨貫穿並整合成 Gītā 的故事線。首現於一開始奎師納鼓勵阿周納起身戰鬥，然後反映在稍後奎師納指示阿周納採取行動並放下行動的成果。同一線索也重要的串連至文本的高潮，指示阿周納如何選擇自己的行動。對那些不熟悉所謂「放下小我，以成為相連的整體中、更深遠的一部分」的人，很可能會對行動與不行動的關係感到困惑。如果我們了解生命是一個過程，並且知道自己並非行動的決策中心，那麼我們的行動有什麼意義？令人困惑的是，為何即便僅是微小的行動，甚或是不行動的選擇，都將扮演舉足輕重的角色？當自我和散亂的心智聽到「在不行動中行動，在行動中不行動」，多半不求甚解，充其量地最多當它是個聰明的論述——一個留待日後再研究公案，於是將其先擺在一邊。

然而，隱藏在字面意義之下的，是文本中已開示的哲學和普世主題：連結性、緣起論、健康關係有益於個人法性職責，以及，必須具有永遠願意放下行動成果的覺悟。「在不行動中行動，在行動中不行動」，意味著像農民一樣，我們必須付諸行動（清除淤積的泥塊），因為什麼都不做將有其後果——在不行動中行動。

這也意味著在情境的脈絡中，我們扮演著至關重要的角色（視需要而挖掘和調整溝渠——我們的法性職責）。如果我們緊抓著對行動的抽象概念（如在紙上談兵大師級的溝渠規劃），無法見機行事與放下行動的成果，那麼我們對特定結果的心願（對我們所有人來說，就是農田得到灌溉的隱喻），將永遠不會成功，也無法讓我們感到滿足。

將所有這些點連接起來、並在生命過程中找到安身立命之地，或許我們可以在自己當下「採取」的行動中，體會不行動，了解自身的行動，乃是創造勢能在個人層面之表達，亦是整體世界中不可或缺的一部分。儘管我們的行動對自己來說是獨特的，但最終仍不可能將它們與相互連結的整體（即生命）分離，如同我們視拇指和手是分離的（它與其他四指不同），而它顯然仍是手的一部分。有情諸眾生（不僅僅是人）、每個思想、每個化現的事物等，皆是整體（我們稱之為生命）中獨特的一部分；皆為創造勢能無可取代的神聖展現。

從這個角度而言，我們的所有行動，都可以被看作是生命過程裡的火祭獻禮。當我們一切所做，所思，所言，所感，想像、邂逅或夢想等的體驗，悉皆神聖，那麼奉獻就成就了真正的瑜伽——生命本身（包括我們對生命的看法——我們的「所知」），並轉化空守紀律或拒絕接受現實的態度，成為寬容、洞見和愛等信任的行動。

明辨智的基石與好處

據說，奉獻知識更優於任何物質的奉獻，事實證明，奉獻知識會產生真正的知識，或者釋放對知識本身的執著。毫不動搖的確定性或許令人感到安全，但它消除了質疑的動機，因而妨礙了明悉的能力。

當然，知識和「確知」對我們在俗世中成功的運作至關重要。若無法明確區分黏著劑和牙膏，我們甚至沒辦法刷牙，因此確知其區別是很重要的。但是，如果搗蛋鬼將黏著劑塞入牙膏管，那怎麼辦？當你睡眼惺忪地刷牙時，可能隱約覺得有問題，但卻拒絕思索惡名昭彰又狡猾的堂兄正住在你家，你漠視仔細檢查牙膏的衝動並繼續刷牙。你知道它是牙膏，因為它在牙膏管中，所以幹嘛要檢查？所謂放下執著和對知識的奉獻，取決於釋放、重新定義、調整成見等的能力。放下、同時也醒覺於當下的局勢、與來自他人和周遭的回饋。在健康的情況下，我們能夠對世界、自己和他人等成立一套理論，並且同樣能夠——一遍又一遍地——放下這些理論。這即是明辨智的基石，而明辨智的品質，正是奎師納向阿周納描述有關冥想的好處之一。

簡單來說，明辨智涉及區分兩件事的能力，不混淆名稱和形式。例如，你不會在餐廳吃菜單。訓練有素的明辨力，甚至可以洞察你的知識系統——看到你的理論仍是系統，就算它們很好，你也清楚它們不堅固、不永久，也無法涵括自身，因此，你就能適時放下它們。當你透過冥想使心智平穩，到了某個時間點，你會了解必須放下所有的知識體系。這是透過明辨智來完成的，不混淆名稱（架構或系統）與形式（本質或知識本身）。你可以看穿故事情節，了解故事的本身能讓你理解到一定程度，而因為你清楚故事只是故事，所以心智可以靈活地讓故事溶化於未知。「放下」，揭示了知識的兩個層次：透過某系統所得的知識，以及使你免於該系統與知識之限制的知識。這個第二種的形式可以被認為是智識，因為它是真正的知識，事實上，即是開悟。

在已知安住於未知，是一種藝術形式，它包含了從確知（故事）中邁出小步伐，接著轉移意識與信任再次投入未知的領域（結束之前的章節或故事），並重新進入行動主導之流（新的故事）。在這個過程中，關於「我是誰」的小我理論可以維持穩定，因為知道接下來逐步的行動方向，直到最終，甚至在各個步驟之間，放下的過程也成為另一個熟悉的步驟、或故事——未知的故事。然後，我們能夠輕鬆地放下一切，甚至是小我，放下對分離事物與其背景之無止境的衝動。對初學者來說，確知帶來的滿足感，等同於一種安全感和幸福感，但隨著時光流逝，最終會發現其實它無法帶來喜悅。反之，顯而易見的是，惟有放下「知」的需求，才能得到大智慧、滿足和自由的依止。

第五章

馴服心智的古典瑜伽

瑜伽是覺醒的途徑，只要長時間的定期練習，不執著於練習的成果，透過規律練習，直到某天你完全無預期的發現，無需試著尋求平衡或駕馭心智，因為內在以然平靜與穩定。

對於深奧的主題，我們或許有機會能恍然大悟，獲得直觀的洞見，特別是當每個人內在的兩歲小孩無止盡的詢問「為什麼」之際，驟現的啟發、有時則又引起更多的問題和疑惑。阿周納正是如此。在 Gītā 的故事中，他持續地從靈光乍現的洞見，隨即又陷入對於確知的迫切需求。因此，奎師納以無限的耐心，陪伴他的朋友和學生走上一條穩定進展的道途，反覆層層堆疊在理論、靈性和實際等各個層面，理解智慧、行動和奉獻，從而揭示所有這些方法之間的非排他性關係。奎師納慢慢的為阿周納奠定基礎，讓他吸收，終至他在連結性、慈悲和生命等的主題中，具體展現出堅定不移的智性。

隨著故事發展，Gītā 第五章和第六章介紹了如何將已討論的理論應用於日常生活中。我們記得，奎師納和阿周納仍身處戰場之中，討論著阿周納是否該起身而戰。他們討論了很久！一旦你體驗了愛是如何在生命之網中交融著萬事萬物，就該迅速起身，考量如何為整體服務，並且儘管不確定事情進展的走向，仍要進入行動，否則，你就可能淪陷在生命的困境裡。

到目前為止，阿周納都能緊隨著奎師納所教的法性職責、行動、創造勢能、不執著等主題，但是他仍然不滿意。他聽說，透過冥想，賢哲或瑜伽士能夠安靜心智，並獲得非凡的啟示和頓悟，而他也開始面對事實——雖身為剎帝利並不一定代表著他必須殺戮，儘管如此，他還是不完全確定如何從自己的身分，來連結相關行動和擁抱未知的重要性。現在，他知道自己必須行動——加入戰鬥，或有意識地決定不這麼做——如果他選擇不採取行動，他仍是有失職守。然而他的疑惑尚在，也被確知的需求折磨，他唯一能確定的是，一定有一個特定的、具體的答案能解決他的困境。

從意義開始理解瑜伽

奎師納已經再三地談到瑜伽士是智者，而瑜伽是覺醒的途徑，但他沒有告訴阿周納細節。在第二章的故事中，阿周納詢問了有關瑜伽士言行舉止的細節。那時，奎師納輕輕帶過問題，沒有提供太多具體詳情，僅提供了有關智者本質的線索。他回答：「**當一個人屏棄了所有來自心智的欲望，噢！帕爾塔（Pārtha），當自我依止於自性時，他被稱為穩定於智慧之境。**」（**2.55**）他這麼說，是為了教導阿周納放棄公式和成見的必要性，以防止他炮製「成為」瑜伽士的樣子、或是「做」瑜伽。奎師納影射瑜伽是如將上行氣（prāṇa）注入下行氣（apāna）的奉獻，或是吸氣與吐氣的相互奉獻。

他勸告阿周納，勿視法性職責為一成不變，而是要從脈絡中視之。奎師納也非常清楚地指出，人類對確知的需要傾向，將會導致奉獻與儀式化淪為公式化（使它們變得毫無意義），以及因執著於行動成果而失去慈悲的能力，這些皆非瑜伽。

因此，他多方面地為阿周納提供了瑜伽練習意義的精闢見解，而如果他在教學初期就詳述瑜伽士的模樣，阿周納就會對造作又毫無意義的言行舉止感到滿意，自認是一名瑜伽士，卻沒有動機放棄瑜伽行動的成果，停止了持續深入地探究，只運用獲取的知識服務他人。但是現在，阿周納的理解力已能領會瑜伽通往覺醒的細微過程，他就在領悟的邊緣。於是，奎師納更加具體地描述何謂瑜伽。

想像自己具有所追求的特定品質是有益處的，例如要「成為」瑜伽士、優秀的運動員或有力的領導者。透過觀察那些在特定領域中更嫻熟的對象來形塑自己，可以是學習過程的一部分。如同角色扮演一樣，成為夢想角色的候補演員，直到你經過更深層的轉變，充分體現你正在研究的角色。事實上，奎師納在文本較早時曾說過：**「偉人所做的一切，其餘的人效法。世人皆循偉人所樹立之典範。」**（3.21）

不執著於成果的反覆練習

奎師納之前提到那些利他、不執著於行動的人，具有超越一己之利的願心，接著就道出以上的詩句。這並不是膚淺的教導，而是暗示理解的途徑之一，可能是透過模仿（實即視覺觀想和具體展現）智者或開悟者的行為。事實上，這是我們開始學習的重要方式之一，通常是透過複製父母和兄弟姐妹的行為，因為他們彷彿無所不知。所以這節詩句暗示著，如果你不知道如何應對特定的難題，解決問題的方法之一，就是觀察、效法賢明的榜樣，扮演到弄清楚為止：「弄假直到成真。」

當然，這種學習方法存在著陷阱，特別是脫離脈絡、或是將其奉為唯一的圭臬。首先，如果你「模仿的對象」實際上不如你原本所想的高明，該怎麼辦？如果你僅僅看到他人行動的表面，無視即便是再卓越的人也會有的錯誤，也忽略了引以為戒，你的風險將是落入公式化的行為或思想，付出犧牲自己和他人的代價。再者，我們幾乎不可能知曉具有數千小時「練習」的人所富有的直覺和決策過程，因而再一次地，你可能發現自己倚賴著公式，食而不化，行動中缺乏真知識和真智慧。

藉由模仿他人來獲得成長與智慧，其中可能遇到的最大困難，是不從自身實際的能力與情況出發，而取巧選擇自我之偏好或者自以為是的起始點。於是，你的直接經驗和學習過程，可能就因而被縮減或腰斬。生命的大哉問和本具的優雅，在在邀請著人們釋放成見，並沿著理解和行動之道日復一日地覺醒，這正是一個學習、反學習、學習、再次放下的無限循環。

誠如吾等瑜伽練習者、禪修者、或藝術家們所知，若欲嫻熟門道，其根本在於透過長遠的時間、堅持不懈地練習。透過擁抱練習本身的樂趣和困難，及其帶來的餘韻，在藝術不斷深化和進展之際，不執著於任何練習的結果或成效。如此一來，任何領域的練習都會變得成熟並反映智慧。

成熟的練習

要發展成熟的練習，端視在現實生活中，無論是順境或逆境，全神貫注或是極度分心，經驗幸福的心智狀態或陷入地獄般的思緒和環境，皆能保有持之以恆的練習（abhyāsa）。同樣重要的是不執著（vairāgyam），或是在重新開始前的全然釋放。畫家學習透視法、色彩理論和畫筆技巧，並多年持續作畫，同時觀察世界、觀察其他藝術，與在最終的過程中融入個人精華，透過圖像形式呈現在畫布上。

而畫作完成後，他們就放下它，將它裱框、出售或堆在工作室裡，與成百上千的其他作品一起蒙灰。如同古典理論幫助藝術家創作藝術品一般，雕塑形式和結構的哲學理論也幫助瑜伽士吸收他們的練習。然而，在瑜伽中，如同任何一種藝術形式，如果你等到確認掌握了理論和技術的各個方面之後，才投入這門運用身體表達的藝術，那麼你就錯失了良機，因為絕大多數的啟發並非來自智識的理解，而是源於直覺的、體現的經驗，它唯有透過藝術練習的本身才能獲得。

每個當下，我們如實、就地開始。例如，我們感到壓力很大，而且聽說冥想靜坐可以幫助釋放壓力。因此，我們找了一位禪修老師，讀了幾本靜坐的書，或者上了一堂課。然後我們準備好坐墊、坐下、不動，以「假裝靜坐」的方式進入。我們保持眼神穩定、釋放下巴和臉部的緊繃，在意識到的時候注意呼吸，並希望有一天我們的心智和思想能夠跟上並開始放慢腳步，使我們能夠放鬆並確實的靜坐。與此同時，暗中希望房間裡面沒有人意識到我們是一個很糟的禪修者。

若我們在還沒通過自己武斷的、自以為是的靜坐意義的標準之前，拒絕帶著靜坐的意圖實驗坐著不動，我們將永遠不會靜坐。練習是必要的。出於同樣的原因，如果我們為靜坐準備完美的坐墊和理想的計時器，枯守著教條或儀式進行練習，甚至一刻也不放下成見和技巧，不持續地邀請問題和斟酌脈絡，就算練習無數個世紀，我們仍舊縮減了練習中可被發現的、更深刻的利益。

培養真誠和平靜的心智

在 Gītā 第五章之初，阿周納幾近臣服了，可以放下並相信奎師納為他所呈現的生命過程，然而，他突然又翻盤回到需要確知，詢問是放棄行動還是不執著比較好。奎師納回應，兩者都是光榮的，都能通往解脫，但他解釋，這兩條路的本質上是相互交織的。充分體驗其一將帶來另一，與達到平等安住的狀態。在這種狀態下，我們不會因愉悅或厭惡的感知而動搖。屆時，我們可以專注於心智造作的間隙裡，充分地透過身體的覺受直接體會與當下狀況的連結。正是此時，平等和相連的感覺將油然升起，並逐漸引領我們感受內在的力量和內心的平靜。

奎師納將此描述為與真我合一，就今日而言，可能是與神、大自然相連結的經驗，或者是領悟存有之溫柔相連的體現。這份柔軟，即是我們與一切有情眾生之本質。所體驗的是相同性，而非專注於差異性，這揭示了若我們要清楚看見當下所升起的，從而看見他人，每個人都必須時時刻刻採取的善巧行動之路。

最後，在為理解練習的精髓奠定了重要基礎之後，奎師納直接地回答了阿周納所謂智慧的問題。他描述了瑜伽士和瑜伽練習的一些特定細節，說：**「睿智者（paṇḍit）對智德兼修的婆羅門、牛、象、狗或被剝奪種姓者等，皆一視同仁。」（5.18）**

此一教旨對阿周納與吾等傳達了根本的真理，即眾生皆為至上的化現，而最重要的是培養真誠和平靜的心智，以充分領會沒有任何事物，甚至任何人，可以被其餘的一切排除在其背景之外。這裡所彰顯的是平等性而非排他性。奎師納揭示，對於那些渴望探尋意義並達到瑜伽的人們來說，通往幸福和自由的方法，在於自身的行動和工作，而非取決理論或是生命中的地位。

對於吾等學習和練習瑜伽的人來說，訊息很清楚：我們不僅是為自己的進步而致力工作，也是為了整體的利益而努力。我們不應該只是在分離的幸福狀態中「順其自然」，或者將自己的信念和理論強加於他人。相反地，我們必須明辨當下情況的脈絡，具智慧地工作。工作，就是你根植於大地的方式，從某種意義上而言，瑜伽就是工作，其中行動、反行動、反反行動等，簡單明瞭，了無造作，不是空談，而是絕對的實用。

理解業力

工作不是為了優於他人、展現神奇或與眾不同，亦非主宰於命運。它恰是本著開放的心智和真誠的態度，出席並迎向生命的行動，能通達純意識，即使你只是穿上鞋子或報稅。工作，是業力的一個面向，而理解業力循環之整體品質的方法之一，需要付諸行動，與誠實地檢視行動。工作凸顯了因果關係（所有關係）的重要性，並將其價值帶回了不論細微或粗重的日常活動中。

從現代的角度來看，業力通常不被視為是工作，而被簡化為命運：我們行動短期或長期的後果。一名女性從懸崖上摔下身亡，她的新時代朋友說：「噢，這是她的業力。」但這是一種逃避的說法。從這種業力的公式化觀點來看，我們在此時此地的故事中所扮演的複雜角色、相互連結的奧祕，以及我們透過真誠為他人服務而有所作為的潛力，這些都被完全忽略了。是的，在了解業力之際，我們領會到每個採取的行動、感受的情緒、浮現的思想等等，連同所留下的印記，及其所具有的影響和後果。從相信輪迴轉世的傳統印度和佛教觀點來看，事件的因果循環甚至世世相連。

當我們逃避與生活真實地接軌，就會使用該理論來作為迴避的機制。在遇到困難（或舒適）的情況時，我們假虔誠的姿態雙手一攤，宣稱發生的一切皆是因果注定。如果我們從業力的角度，來讓女人從懸崖上墜落一事合理化，其背後暗藏的，不僅是對那位不幸女性的簡化論述，而且也縮減了我們行動的選擇與必須承擔其責任的價值。

我們視因果為命運的理解充滿了問題。首先，將其視為罪惡或善行的代價，不僅過於概略，也引發人們將優越感／自卑感的二分法加入其中。這種對業力局限的看法也代表著，唯獨大自然的力量或我們認定的神（如 Gītā 所討論的創造勢能，或是奎師納）才有力量、自由或責任以左右正在發生的事。雖然我們理解「我們」的行動是創造勢能相生的結果，而儘管如此，在每個行動揭開的過程中，仍存在著保持清醒、並善巧地為局勢做出貢獻的機會和義務。當我們時刻保持醒覺，業力就是一個創造性的過程。

從我們的處境中脫離，抱著一種視生命是注定或是神定的態度會造成很大的問題，尤其是當我們試圖理解有關至上的智慧或奎師納的概念。如果我們把奎師納看成獨立的實體，如上帝，則會引起各種的疑問，或可稱之為全能悖論。我們的上帝能創造一座非常沉重的山，以至於他或她無法抬起來嗎？若存有中的每個細節都在數十億年前的某個模糊或神聖的時間裡開始運作，那麼任何生物都將了無改寫的自由，屆時生命也衰敗成了令人不安的恐怖電影。

在一些如數論的諸傳統印度思想流派中，有些天真的派系在討論業力時，便採取這種命定論的解釋來局限思維。在這種狹隘的觀點裡，人類別無選擇，因為一切都是注定。你不必為自己的罪過（或美德）負責，它們實際上也不是你的，而這一切都是場毫無意義的演出。

如果一切皆是命定，那麼，甚至你的想法和行動都是被注定的，你覺醒於局勢的能力、看穿自己心智的造作而進入純意識的明光（最深刻的洞見豐盛於此），也將會是被注定的。而當業力被視為是一種創造過程而非報應或命運時，它就成了意義深遠、有助益的概念，它是工作、餘韻、參與、回饋、行動和責任等的本質和展現，全都皆根源於愛。

業力就是日常

業力是我們必須面對之因果相續、無法迴避的情況與處境。你住在紐約市而租金高昂；你住在農場，必須擠牛奶。昨晚你辦了一個聚會，今晨醒來後面對著堆滿的洗碗槽，必須清理。業力就是日常生活中的職務工作、與他人的互動、一步步覺醒的契機、與世界互動的機會，與個人生活的表達。如果我們將工作或業力視為命運、乏味苦工或責任，那麼它就不具參與性——我成了自己業力的受害者。

打從 Gītā 的一開始，奎師納就告訴阿周納放下他對命定和受害的惰性（tamasic）直覺，而是起身、出席、進入行動。該建議並不否認許多困難的情況，相反地，它指出，如果你明智地採取行動，便能擺脫這種受環境擺布的想像。當業力暴露於智慧之下，彷彿壓迫和囚困你的業力法則，反而能使你徹底解脫。這就是自由。

業力作為工作和餘韻、可與法的概念（或在特定情況下所遵循的法則，即脈絡中個人的責任）相互影響。法性職責主導行動，而業力是行動和反應（回饋和知識）的創造力原則，可使你超越你的處境並善巧地利益每個人的處境。因此，Gītā 中奎師納對阿周納的教導，要求人們必須覺醒於眼前完整亦特殊的情況，然後，放下所有透過思考過程所定義的個人或文化法則。與其盲從自認的法則或成為業力的受害者，不如勇敢找到自己的法性或自性（svadharma）。如此一來，你可以找到通往自由、歡喜和慈悲的道路。這個重點，奎師納在第三章明白透徹的宣說：**「一個人自己的法性職責即使做得不完美，仍勝過完美執行他人的法性職責。」（3.35）**

這節著名的詩句鼓勵我們更深入地留心自己、他人、社會以及整個人生大局，才能透過當下情況的背景脈絡，找到真實的自己，履行自身之業力和法性的責任。在這節詩句中，奎師納指示阿周納要真實的看見他人，了解他們是神聖的，如此，他才能領會到在戰場上的這一刻，他的法性職責不一定是從事戰鬥和殺戮，而他的真實本性、他生命的意義（如同每個人生命的意義），事實上是充滿愛的服務眾生。

這節詩句鼓勵阿周納付出努力、致力於所需的工作，以發現他身為戰士的日常法性職責，是隨著他變化不斷的狀況之背景脈絡而定。這即是鼓勵我們所有人在自己獨特的情況中暫停片刻，以調整立身行事的方向。

使心智穩定與清晰的訓練

我們在此皆有各自獨特的目的，而那些智者據說很幸運地能夠實現他們的目的。在執行自己的正法時帶有瑕疵，是可以預見的。正如奎師納所說：「**所有的行動都有其缺陷，如同火被煙遮蔽。**」（18.48）這裡教導我們實踐事奉整體之願力的方法，是透過釋放感官和小我的分心干擾，勤奮地致力於事，如此即能自然地轉化或放下行動的果實。

瑜伽練習者的工作在於培養心智的穩定性，從而發展出深入的反覆觀察力，可以看透彷彿無限層層疊疊的散亂心、期望和成見，使關係和互動不淪落於圈套陷阱。這個世界從來不處於穩定的狀態，而心智平穩的人能夠超然的不以混亂視之，更經由觀察各種饒富趣味的現象，從而揭露出深思熟慮、有益的和善巧的行動。奎師納向阿周納解釋，所謂培養穩定、清晰的心智，本是一個過程。當我們本著自性，隨應當下升起的狀況，不計回報地依循智慧而行，於是即便世界恆變，心智仍可透過這個訓練的過程，自然而然地漸趨穩定與清晰。

禪修、調息法（prāṇāyāma）、瑜伽體位法、氣功、太極拳等體現冥想品質的練習，皆可有意識地穩定心智以面對變化。在所有這些方法中，都選擇或定義了某種特定的形式、空間和練習基礎，而練習者也設下意圖，透過練習來提高專注力。然後，他們移動身體和／或呼吸，在穩定的凝神中，觀察內在升起的覺受和思緒。在心智漫遊之際，練習者會溫柔但果斷地將注意力再次聚焦到所選定的關注領域。透過這種方式，經過長時間的定期練習，耐心地將心智集中與重新集中在選定的領域上，而又不執著於練習的成果，心智就會變得舒適、放鬆，並且非常重要的是，在平靜狀態中保持警醒。透過規律練習，會愈來愈容易達到這種專注的狀態，直到某天你完全無預期的發現，清晰感已在某種狀況中油然而生，無需試著尋求平衡或駕馭心智，因為內在以然平靜與穩定。

這種懸止的心智似乎抽象又難以實現。但是，每個人的一生中都曾有如此自發的時刻，心智呈現無散亂、穩定和清晰，宛若嫻熟練習的瑜伽士。無論我們如何到達這種狀態，這三個品質——無散亂、穩定和清晰，三者共同的作用使心智懸止。心智必須受到訓練，才能在混亂中保持沉穩與舒適。例如，在緊急情況下可能出現自發性的清晰片刻，如年幼的嬰兒掉進游泳池，人群中的某個人跳進水中營救。但是，在需要密切與朋友、同事或親人互動時，此人卻可能很容易地、不知不覺地在心理或情感上放空疏離。其他人可能會發現與他人互動時保持全神貫注很容易，或者在面對智力的高度難題（如修理複雜的機器）時變得非常清晰。

然而，如果我們的心智未經訓練，那麼這些清晰的狀態就不易時常發生，並且通常不在我們的掌握或控制之內，也無法隨意接受召喚。即使我們珍惜生命，也能夠在垂死的朋友的床邊陪伴和保持清醒，但當孩子掉入水中時，我們卻可能在池畔發愣。透過禪修、調息法和觀照內在的瑜伽體位法等練習，可以誘使心智維繫於專注的連線，從而達到益發持久的專注力。這樣的練習讓我們感覺穩定，彷彿雙腳牢牢扎根深入大地，也給予我們機會沉浸在這樣的知識中：我們的確無法確知何謂最好的行動。但正因為知道彼此至深的息息相連，我們開始有意識地保持心智的沉靜，清醒，以利更透徹地觀照，或許即便在剎那間，也能有巧善的行動。

放下，且不執著於成果

阿周納多次要求行動的確切方針，彷彿真的有一個行動公式能夠依循，終於在Gītā第六章，奎師納開始結合多重理論與確實可行的行動，讓阿周納或我們在尋求洞見之際做參考。他開始教導如何真正培養清晰思維和智慧的細節——何謂成為一名瑜伽士，阿周納因而鬆了一口氣。奎師納首先提醒，瑜伽士做（行動）其應該做的事（kāryam），然後將其如祭品般地奉獻給意識之火。他還說，那些執著行動成果的人其實是成事不足的。這也許是Gītā創作之時，針對印度各地的一些瑜伽練習的評論，它反映了《摩訶婆羅多》所要傳達的訊息。而在現今社會，可能有些人認為自己是瑜伽士，卻沒有「點燃任何火光」，只是從事小我主導的工作，或是幻想比較簡單的途徑就是什麼也別做。這裡傳達的訊息是，瑜伽是正確行動的喜悅，而非恐懼或迴避行動與輪迴。

儘管如此，奎師納在教導瑜伽士的行動時，也一再地提醒我們放下，因為即便是訓練有素的心智，也幾乎無法放下執著。他鼓勵我們從心智活動中解脫，不陷入小我與其所造做的幻念與想像。想像力（saṅkalpa）的確重要，因為它容許我們觀想、做夢，也能在推理過程帶來有趣的視角。但極為重要的，是在思維過程中必須保有明辨力，才能看穿自己的想像。即便最好的意圖也是概念的建構，有時它們用來描述意圖，而它們也必須被放下。我們都透過想像力來幻想關於自己、他人、以及我們與世界的互動。你有正面的幻想，也有負面的幻想，而它們都是將事物分配有序的故事，使我們理解所遇到的事物。

具有智慧地運用想像力是一門藝術，把他人的幸福放在心上，以創造盡可能準確的幻想，然後，熱切地放下這些故事與其他一切。關於行動，我們都有的共同想像（saṅkalpa），是認為我們的努力會帶來一些特定的好處。即使對於不執著行動成果的「進階瑜伽士」來說，仍然很容易被利他的幻想絆倒：「我只是在幫助我的朋友走出悲傷，讓她感覺好一些」或「我在做回收，因為我想救地球」。但是，你必須放棄一切，甚至是利益他人、或更大整體崇高欲望的結果。也許你的朋友出於未知原因而無法（或尚未準備好）感覺更好，或者也許無論你努力回收多少瓶子，從長遠來看都無濟於事，因為有顆小行星正走在即將撞擊地球的軌道上，毀滅一切。

因此，不執著行動成果的本身，其實會變成一連串良善的意圖，這些善意可以持續的被更新，以利能真正創造幸福的善巧行動。當然，這並不代表我們要停止為拯救地球而付出努力，而是要始終保持清醒，思考如何採取更多或不同的行動來服務。我們循著天性、全心投入讓我們充滿興趣的事物，以好奇的態度象徵性地點燃火焰，並將一切（甚至我們想像的本身，和所謂自我的概念）奉獻般地投入火焰中。

奎師納基本上歸納了瑜伽的精華：點燃練習的火，並將練習與所有一切都投入火中，全然奉獻光與熱。你開始將自己的身體的經驗、覺受、心智和思想等都投入火中作為奉獻，而非帶著諸如「我會變得快樂、開悟和健康」之類的目的進行練習。不，真正的瑜伽士只是進入練習本身的過程，因為只要有任何關於成果的想像，你就不會留意過程。練習的整體就是一個過程，這個概念非常美，涉及奧祕瑜伽或哈達瑜伽。當中脈開通了，上行氣（prāṇa，入息）和下行氣（apāna，出息）連結時，瑜伽的動作便自然化現、自然圓滿。其中「無人」，因為它們連結於內，於外完全交融。此乃無人之境！

任何人都可以實現瑜伽

對於大多數人來說，過程中最棘手的部分在於它需要經年累月的練習（或許甚至好幾輩子），你必須耐心等待。如同阿周納寧可在戰場上崩潰，而不願面對所揭開的生命進程一樣，我們所有人都必須出席，致力於需要做的事，靜待洞見出現。小我也許想要消失、或者成為一個特別的、開悟的學生，只有你「懂了」。但這不是此處要傳達的訊息。當小我變得更強壯，你就變得更虛弱，愈來愈脫離真實的瑜伽，儘管你可能會想像小我正在消融，而且你練習得很好。這時老師或他人的回饋就能派上用場，它會刺穿你的自我幻念泡泡！你說：「禪師，我剛看見了光。」而老師說：「很好，現在繼續練習。」

瑜伽如同生命（或者，如同死亡），是一個身體、心智、行動和性靈等逐漸整合的過程，同時利他。首先，我們對相互連結的概念有了覺受的體驗，感受生命無始無終的過程（依緣而生）。我們認出衝動、徒勞的心智，無止境地創造出一個獨立的「自我」和「他人」，因漠視與萬物的連結，而陷入了孤立的狀態。從身為和諧整體之中的一個角色來體驗自我，就能夠生動地揭示連結性乃萬物的黏合劑。

這份對連結性的內在體悟，或許靈光乍現，或者我們可能單純地在某種模糊、無法言說的直覺層面上，了解合一的概念是正確的。這個洞見激勵著人們開始並持續練習，從而使相互蘊合的感知從理論轉變為持久的具體形式，支持對未知的臣服。因此，在全文中當奎師納說：「走向我。」他意指找到信任、臣服和無所執等本具的智慧，以促成洞見。缺少了智慧臣服的多維度經驗，瑜伽和其他冥想練習將只是浪費時間。

瑜伽練習為這種連結性之具體覺知，提供了一條直接的途徑，但是正如奎師納所指出的，這並不容易；瑜伽並不適合所有人。他說：「**千人之中，或有一人追求完美。而那些努力修持、甚至達到完美的人，稀有一人真正了悟『我』。**」（7.3）這節詩句可能被詮釋為瑜伽是排外的，只有天賦異稟和非凡出眾的人才能踏上瑜伽一途，但這絕對不是它的含意。這裡的訊息意指，瑜伽是一門深奧的學問，不能操之過急。當進入瑜伽最深的狀態，任何分離的小我個體建構，都在當下消失。當奎師納說「走向我」，他暗示著與摯愛親密合一的境界，在那裡所有時空、所有「小我」都消逝了，空性明光自現。

沒有耐心和信任的基礎，沒有專心致志的練習，也不融會貫通瑜伽所反映的生命、與其緣起的過程（它證明我們深刻地相互連結），如此的瑜伽練習，最多就是用來放空分散注意力，而最糟則可能傷害他人。只在禪修墊上坐著，或在瑜伽墊上做姿勢，或者在調息法中止息五分鐘，都無法保證你更接近善良、慈悲，甚至於品嘗到一滴覺醒的甘露。

瑜伽是困難的，但是只要付出時間、練習、耐心，和堅持不懈的放下執著，或者根據他人的觀察和回饋持續地調整，任何人都可以實現瑜伽。在練習中，我們可能渴望獲得一窺「無限」的洞見，這當然很好，但奎師納提醒，我們就只是從自己當下的狀態開始。因此，在本書的第六章中，他對瑜伽的經典之道描述如下：**「瑜伽士應持續專注於真我（ātman），透過私下獨處，身心收攝、無所抱負，不攀緣任何外境。」（6.10）**

打造適切的環境

他繼續指示，練習者應該找到一個既乾淨又不會太高或太低的僻靜之地，然後放一些聖草（kuśa），上面覆蓋鹿皮。然後將心智專注於所升起的一切，使身體、頭和頸保持端正、上提、靜止。眼神穩定，凝視鼻尖。然後，練習著保持（或者學習回到）沉靜與平和感。本著奉獻精神始終如一地進行這項練習，而不執著於幻想的練習成果。

找到與世隔絕的地方可以消除一定程度、不可避免的外界干擾，這很有用，因為人類的心智、想像力和身體很容易製造出無數讓人分心的名堂。kuśa 是一種長型的裝飾草，可以使坐墊柔軟，也在儀式中被運用於對齊東、南、西、北等方位，這提醒人們，練習是種奉獻而非達到目標的手段。鹿皮是傳統瑜伽座的上層，它連結了練習者與彼之生靈，而在實用層面，也可以隔絕叢林中的蟲子和荊棘。

擺設座席相對容易達成，但接下來的要求就不這麼簡單了——單純的坐著。無論心智漫遊至何處，你邀請它回到當下，進入真我的脈絡，也就是將其帶入正念的脈絡。這即是在不迎不拒中保持著「觀」，如實的觀心智之所生。奎師納向阿周納描述了練習純熟的瑜伽士：「**平靜而無懼，堅守心不離道的誓願，收攝心智並憶念我。**」（6.14）隨著練習，瑜伽士平靜且穩定，即使在令人不悅的情況下，也能夠面對所升起的事物，不會因自己的感知脫離背景脈絡，而造成厭惡和恐懼。我們逐漸明白，若將自己所感知的一切，想像為絕對實存、獨立的經驗，所分離的背景脈絡就是奎師納指的「我」，或他自己：「**在萬有中見『我』，在『我』中見萬有的人；他沒有失去『我』，『我』也沒有失去他。**」（6.30）

對持有過度教條化觀點的嚴守信仰者或是反宗教者而言，「我」這個詞可能會引起反感或誤導。奎師納要傳達的並非信奉奎師納本人，視他是神的唯一化現，而是要專注於他所代表的，即是在萬有的背景脈絡之中，在我們的意識和感知領域中升起的一切。他代表和諧、完整、合一。以這種方式練習瑜伽，在恆變的世界中保持專注、穩定和平靜，無論我們正在經歷的處境為何，都有潛力讓洞見升起，以作為焦點與依止。

有鑑於我們是在「現實世界」中進行練習，奎師納警告阿周納，即使是真誠的瑜伽士也會遇到障礙，他鼓勵阿周納提防分心，因瑜伽絕大部分的努力在於維持紀律。然後，他舉例說明了關於習慣和迴避模式的實例，這些阻礙可能破壞健康的瑜伽練習。「**瑜伽是不過食，當然也非過度斷食；非練習睡眠過度，也非睡眠不足，阿周納。**」（6.16）

自律，就是一種練習

若要找到身心和諧的平衡狀態，理所當然地我們需要自律，以遏止身、心、情緒的散亂，以利和諧的舉止，並留意到自己的心猿意馬，一次又一次地回歸中道。紀律不是一種懲罰，其本身即是持續的、具深刻見解的練習。它帶來沉靜與專注，是一種智慧的形式，其範圍遠遠超出了感官領域。「**當精確地運用智慧，常住於真我中，免於一切欲望的渴求，才是謂連結（於瑜伽之境）。**」（**6.18**）

因此，瑜伽可以被視為有意識的、對所發生之一切採取行動的能力，對升起現象的反應力，能夠看見行動帶來的影響，以及就大局的回饋訊息而修正行動的願力。具有紀律的練習既不會使你因感知而誤入歧途，也不會使你執著於行動的結果，進而培養了對真理的信任。奎師納談到這種成熟的練習所帶來的影響，即是無上的喜悅之源。「**明瞭持守覺智（buddhi）的無限喜樂，超越感官，此人堅信不移，不悖離真理。**」（**6.21**）這些是我們持續學習的實用練習步驟。

簡而言之，無論心智往哪兒走，你都將其帶回至當下練習的明確架構，這是此時此地的全光譜視角。這是一個前景和背景融合於真我的空間。你「如是觀」心智和萬有。在這種情況下，真我可被視為代表諸脈絡的脈絡，或當下。儘管如阿周納所請求的，他獲得了進入瑜伽的一些實用建議，然而，當實際聽聞透過瑜伽來獲得和諧狀態所需之細節時，他也知道這需要長時間的維繫專心致志、付出努力、奉獻和臣服，他意識到這並不如他所希望的那麼容易，並突然發現自己陷入了另一個危機。他想去森林以逃避目前的狀況——身為慈悲、好學的戰士，置身於勢必帶來巨大痛苦的戰爭中。

現在，他了解瑜伽根本不是逃避，而是無休止的身體力行，並且可能是極度嚴格且困難。因此，他再次感到困惑，就像他在故事開始時拋下弓又跌倒，在第六章結尾，他猶豫了，充滿懷疑和困惑。阿周納惶恐沮喪地對奎師納說：「**您開示的這種平等心瑜伽，噢！屠魔者，我看不到它持久的基礎，因為心智是如此不穩定。心智總是浮動的，**

噢！奎師納，帶來苦惱、頑強而固執。我認為它像風（vāyu）一般難以駕馭。」（6.33-34）

順其自然持續練習

任何嘗試過冥想的人都能證實這點，控制心智確實最起碼和控制天氣一樣困難。仔細觀察時，你會發現，在 Gītā 中奎師納具說服力地告訴我們應該練習瑜伽，並同樣強調瑜伽——覺醒的過程——其實非常困難。當然，隨著我們練習的發展，或許每幾個月練五分鐘，似乎諸事進展順利。但當情緒或一些其他的干擾出現，我們發現自己和阿周納一樣，退回起點，牢牢地陷在危機的中心。

在更多的困難出現之前，這種困境的周期性模式能透過付出努力來緩解，這是 Gītā 中特意提出的，因為文本中最重要的訊息之一是，由於生命之不斷變化的特質，我們必須堅持明辨、警戒和覺醒，同時學著臣服於無窮波動表面下的真理和寧靜。與其盲目地練習和認同任何特定的技巧，也許只需靜靜地坐在草墊之上凝神於肚臍；與其堅決服從任何儀式性的教條，不如透過重複地練習，體會真正的喜樂，持續地回到當下、回到有助於臣服的安全點。

奎師納向阿周納保證，儘管瑜伽是困難的，但透過持續的練習（abhyāsa）和不執著（vairāgyam）的態度，就能孕育瑜伽，而這恰巧就是《瑜伽經》的核心主旨。abhyāsa 的意思是重複形式，幾近影印一般。能夠複製且運作良好的機器，並不會在複製時有創意或情緒上的牽連，想要做出別出心裁或獨一無二的複製品。事實上，我們可能都曾經歷過印表機的碳粉故障並受到「過度啟發」，使事情一片混亂，複印的文件一團糟。一台好的機器就是一遍又一遍地做出完全相同的東西。在瑜伽練習中，持續重複相同的形式，就是你是創造練習之神聖容器的方式，該容器則為練習的中心保留了純淨、無干擾的觀察空間。

但是，你也很容易因持續的練習而迷失。自我因為認同所練習系統的技巧、咒語、公理和語言，會變得膨脹並更加疏離，而非融入一種信任狀態。信任是很重要的，它使我們臣服於身為重要之一分子的光榮感，同時也完全的融入整體之中。因此，為了解決這個問題，我們有了不執著（vairāgyam），意思是「放下它、讓它消融、由它去」。不執著的態度能打破小我的認同，無需擺脫形式或創造形式，僅簡單的順其自然。在正式的冥想練習中，我們總是將技巧，心智、身體、自我，以及我們所有的理論、情感和慣性的行為模式等，持續的消融，化入璀璨、好奇、未知的開放境界。於是，瑜伽成為臣服的行動藝術，而非控制的企圖。

瑜伽印記

阿周納認為他無法勝任瑜伽（就像我們可能認為自己不願迎接世界的挑戰），他想他應該全盤放棄。然而這樣的想法，是因為他將瑜伽視為一個感官對境而非一種過程，這也是我們都可能輕易掉入的陷阱。在阿周納的心中，覺醒已然成為他的小我必須達到的目標，而執著於這個巨大、閃閃發光、稱為覺醒的目標，即是大失所望的起始，因為覺醒並非停滯、堅實的狀態，也無法透過智識的抓取來實現。

為了回應阿周納的恐懼，奎師納開始教導瑜伽印記（saṁskāras）的要旨——透過瑜伽，我們可重組心智、行動、情緒等慣性的負面模式，因為它們使我們卡在印記、與有條件的存有之中，導致痛苦。他還指出，儘管我們有淪入印記的傾向，但即便是絲毫的洞見都仍異常珍貴。從微小之處起始，觀察當下所生，沒有任何穫得的期待。於此，你將窺見無限，領悟事物的發展為自然過程，有其最精準的節奏以維繫平衡。在 Gītā 中，這被稱為思緒過程的懸止（nirodha）。它留下了印象，亦即是在心智的深層裡釋放了印記。透過瑜伽，一步一步地，沒有期望地，我們讓自己所想、所感、所做、所學、所想像等的一切，奉為祭品並獻給意識之火。這需要極大的信任（śrāddha）。信任未知之舉，揭露了近在咫尺的永恆，因為它摧毀了負面的印記。

任何有關放下和覺醒於當下的點滴成果，都能使你有所領略，而非誤認感官對境為實有。你體會到純淨的能量、純淨的頻率。相較於我們從感官接收的訊息中編造的故事與想像的世界，這份純淨的領會更加的令人滿足。「如是」之觀，可以在心識（citta）中留下印記——近似於記憶，它能破壞你對感官對境的執取，因為即便現實不總是甜蜜的，但卻具有更誘人、更令人滿意的風味。當你放下並信任時，就會出現悅性或和諧的印記，使你暫停意識的波動（vṛttis）或散亂心，而不是擺盪在迎或拒的反應裡。這是一個成熟的練習過程：事物在意識中升起時，心智並沒有習慣性地將其具體化、套入舊的故事情節。即使是千篇一律的事物，你仍有宛若未知與嶄新的體驗。

漸漸地，隨著你持續不斷地練習，就能夠加強懸止的印記（nirodhasaṁskāras）或悅性的印記，也會轉化陳腐的、不健康的習慣模式和深層的制約。這就是為什麼在你的練習中，在你對世界的假設與衍生的慣性行動中，以及在你與他人或大自然的關係中，你總是必須反覆地觀察。當你想著「噢！我懂了，我現在可以走了」的那刻，你就瀕臨落入輪迴的流轉現象。因此，即使你認為自己已經掌握了練習或生命本身的一切，教旨強調你仍應該繼續練習，並再次地審視。奎師納指出，即使是他也繼續練習，這也是老師的功能之一：立下練習的榜樣，其他人就會為之吸引。

總而言之，奎師納說，若是臨終前尚未完成瑜伽之道（順帶一提，這很有可能），那麼你將重生於一個瑜伽士家庭或王室。換句話說，你將再有機會。他向阿周納保證一切都會順利解決。無論需要多長時間，都不是問題。是的，練習本身是精確且困難的，但是只要你於此時此刻就地開始，一次又一次地重新開始。

在 Gītā 中段，奎師納具說服力地告訴我們所有人，瑜伽這件事實際上是多麼困難，因為它是覺醒於當下狀況的意圖。他沒有用糖衣包裝瑜伽。瑜伽很困難，因為它要求我們臣服——放棄自己的理論、逃避模式、固執，以及為了迴避眼前的事物而編造出的每一種防禦機制。奎師納正試圖敲開阿周納的心——奎師納與其實我們所有人，都活在阿周納的心中。他以極大的恩寵和愛向阿周納展示，他將在內心深處發現自己與奎師納無二無別。他們非一，亦不二。隨著故事和教導的進展，我們了解到，你我之心的核心，即是眾生之心的核心，亦即慈悲和真正的幸福之所在。

第六章

從身為偶像回到現實

人類的自私、破壞性、自我中心等弱點與良善並列於本性中。只是現在再不醒悟，將對世界造成不可逆轉的傷害。這份醒悟也同樣是瑜伽修持之道，不是易事，但必須不斷嘗試與練習。

我們大多數人永遠不曾如少數的探險家一樣，有幸真實地看見地球：地球是一顆令人驚嘆的藍色球體，靜靜地飄浮在太空中，籠罩著白雲漩渦，河流切開塊狀大地並不斷地移動沉積物與生命至海洋中。我們的星球具有能量的脈動，例如：火山爆發、閃電劈打地表，以無數的方式孕育和挑戰所有生命形式。遠遠地拉開視角，我們可以看到它是一個有機體，一種神祕的、互動的生命系統。

現實生活裡，我們對世界的看法可能如下：在晴朗的夜晚，我們剛好置身於山頂或沙灘，凝視著天空，成千上萬遙遠、精緻複雜的星斗照耀著我們。從兩個我們稱之為眼睛的微小孔洞中，我們立足於地球上的一個點，向上凝視著廣闊的未知。或許我們感受與周遭一切的緊密相連，或者相反地，我們可能感到孤單渺小，而每個人基本上都是如此的微不足道。

某種層面上來說，這兩種觀點都由內而外的反映了彼此：當下的我們既有力且深刻地相互連結，同時亦從自我意識的位置（一個獨立、特別的皮囊）試圖理解一切。即使無法抵達外太空，我們若能深刻地內觀，若能臣服於遠大於所感知之自我的一切，我們就有可能體會到整體中所謂「非己」的部分，且同時亦孑然獨立。坐在森林（或蓬勃發展的大都市）中的瑜伽士經歷的就是這種消融感，隨著行持，小我和心智的界限變得柔軟。

覺醒之路的不易

萬物相依相連所催生的洞見，截至目前是 Gītā 中奎師納向阿周納傳達的最重要訊息之一，而他也透過理論和行持提供了理解的工具。然而，他很清楚，在阿周納全然臣服之前，只要這種彷彿真實、但根本虛妄的分離感居於主導，他（吾等亦然）將反覆陷入懷疑和沮喪的心態。第七章中，奎師納從一個稍異的新視角再次解釋洞見之道。

我們已經了解，智者（瑜伽士）透過冥想來穩定和沉靜心智，使他們能夠看透有一個所謂獨立自我的妄念，此外，我們也被指示了關於放下、重新詮釋、再次審視、不執著行動成果等的方針。我們記得必須以開放、利他的心態行事，然而就在我們自以為有機會終於全盤理解之際，奎師納戳破了執著於解脫的夢幻泡影，強烈地警惕我們瑜伽和覺醒之路絕非易事。

他告訴阿周納，在數以千萬計的人類中，幾乎沒有人對實相或是任何種類、形式的瑜伽感興趣。在成千上萬真確品嘗到甘露而成為瑜伽士者中，鮮有一人認識他。這代表了幾乎無人能超脫儀式性、小我主導的途徑，以真正體驗在身體每個細胞之中，有關無常與連結之無可避免的真相。儘管 Gītā 提供了瑜伽之道以通達解脫，但奎師納卻以折磨人的速度，慢慢討論如何實際修持瑜伽的細節。這是有充分理由的。

如果我們無法充分理解不合時宜的執著所帶來的潛在傷害，而倉促地開始瑜伽練習，那麼，我們很可能浪費時間，因為我們只是裝裝樣子，沒有深入瑜伽臣服的內在體驗，或更糟的是，我們因執守教條己見，而成立邪教。或者，相對溫和些的——對「我」，偉大瑜伽士的崇拜。但若因自我的妄見加上自戀，我們成立了一門吸收他人的邪教，則將對他人造成毀滅性的影響。若我們的修持是為了感到特別，滿足優越或開悟的欲求；若我們孤立自己並排拒因他人之回饋所帶來的健康成長；若我們認為自己很懂所以無需發問或學習，則我們造成的弊將大於利。

這就是為什麼奎師納一直等待著阿周納，直到他視無從迴避與不可或缺的業力為創造性工作，並了解分離的概念即是無知和痛苦的根源，然後，他才開始透露瑜伽的修持之道。

瑜伽的修持之道

通常在剛接觸瑜伽（尤其是冥想和體位法練習）之初，人們即會有非常深刻的體驗：感覺自己一直處於休眠狀態的某部分，甦醒了。此刻，我們內心深處的琴弦被撥動了，彷彿回到家，有種熟悉、久違的整合感。這份醒覺可能只是下意識的淺嘗，或通體的和諧感，甚至是一種神祕的經驗。無論練習的形式為何，也無關是否已充分準備，一旦我們踏上一條自由、內在的瑜伽道途，觸及了存在的真相，它都會發生。

相較於練習長久的人，瑜伽初學者較不會有關於練習的哲學與理論，這就是為何許多人在練習初期能感到轉化或揚升至喜悅之境，因為初學者對於瑜伽為何與其收穫，少了預期與成見的防備與障蔽。即便我們可能因尋求消遣或緩解背痛而進入瑜伽，也可能會發現與真相連結的感覺籠罩了自己。

通常這種感覺轉瞬即逝。然後，有些學生在接下來的幾節課（或數十年），試圖再造練習首日所經歷的那種令人難忘的合一體驗。但是，若有幸，他們將逐漸意識到，這種覺受是瑜伽覺醒的自然過程。有些人會逃跑，因為深刻地遇見真實的自己而感到恐懼。也有些人冒險緊抓著對真相的體驗，誤認內容為意識，彷彿我們能將之占為己有。「我們」進入瑜伽，並擁有獨特的非凡體驗，而稍後又在《瑜伽經》讀到，有關那些不費吹灰之力就頓悟的覺者。於是我們受誘惑並自詡是幸運之星，以為這輩子自己無需努力行持，因為此生就是來覺悟的。也正是這個時刻，透過練習，我們能看穿自我的把戲、微笑，並重新觀察。換句話說，不要忘記這整個過程——生、死、洞見和覺醒——是一個無休止的過程。這也恰恰是它如此美好的原因！

這就是為何奎師納冗長反覆地教導他心愛的學生，在瑜伽概念與理論中所深藏的複雜性。他希望阿周納能茁壯的成長，而非成為做儀式的機器人、或自視高於他人的自大青少年。談論到瑜伽士時，奎師納使用了 kaścid 這個字，意思是「幾乎沒有人」，就是以持續釋放分離感為榜樣，來為我們打好基礎，使我們能夠理解任何體驗過「奎師納」（或是有關無常和連結性等神聖品質的洞見）的人，實際上與奎師納所代表的一切並無二異。

人必須醒悟

最終，我們都是相同的生命體，每個人都在所有人的心中。當你真正體會到自然生發的脈動（即你與萬物間的親密連結），緊抓你對世界的分離（或是較優秀或低下）的見解，就再也不具有任何意義。落入輪迴框架的思維似乎幾近傻氣，因為在這種思維方式中，我們徹底認同自己的感覺、思想、覺受，徒勞地執著於行動的果實，彷彿這些是「我們」堅實的目標，彷彿能有所獲得。

假想我們置身外太空俯視地球，看著整個地球的所有能量和形態以優雅的同步性運作，我們會清楚地看到，即使只有一條河決定脫離系統、一意孤行，想像它自己是特殊或是獨立的，並且緊緊箝制著兩岸之間的水流，整個生態系統都會受到影響。而如果許多河流氾濫並擁抱它們想像中的區別，那麼整個系統、地球本身，最終可能會遭逢巨變甚至毀滅。

如果我們能夠暫時退出自我認同，即便僅是片刻，從身為此美妙複雜之生態系統一員的視角來看，很顯然，誕生為人的自由和責任真是太棒了。我們的世界是一個相互蘊合、強大而微妙的場域，其健康發展倚賴於場域中關係的平衡：有其獨立的表現，亦有在溝通、合作和臣服等過程中所衍生的緣起依存。

觀察當今的生態系統，如雨林和珊瑚礁的破壞，我們見證了這個有形世界所呈現的利己優先於利他。在生態、政治上，以及人際之間也很常見，我們面臨著非常現實的威脅，即人類這個物種正以分裂、狹隘無容和無視他人及整體等的思維方式在世界上橫行。人類的自私、破壞性、自我中心等的弱點並非新現象。它與我們的良善並列於本性之中。只是現在，我們似乎正處於引爆點，要是再不醒悟於相互蘊合的真相，如我們所知的，我們這個物種就將對世界造成不可逆轉的傷害。

鑒於 Gītā 撰寫之時所蘊涵的教導，人性存在許多顯而易見且根本的缺陷。覺醒的刻不容緩，古今皆是，肇因於人類抗拒審視將他人物化、對小我與感知之執取等的天性傾向。然而，透過行持正念，觀察小我和感知之生滅的過程，我們可以逐漸臣服並開始體驗萬物悉皆神聖。

一旦這份洞見深植於體現的認知中，我們就不會再以犧牲整體為代價，回到為了滿足自戀之分離感的緊張生活。若我們深切感到與生命所有層面的相連——在眾生中見神（無論神對我們的意義為何），在神中見眾生，那麼，我們將以最誠摯的慷慨和不執著的態度，熱切地、真誠地奉獻所有的行動。任何升起的念頭，皆是無我、相連和神聖的。

這就是健康的、具有冥想品質的修持所帶來的啟示：以開放的態度質疑，以正直的心胸行動，然後放下、臣服。健康的臣服是一個循序漸進的過程。它需要信任，而我們必須感到安全，才能信任。安全感源於理解，而明悉有助於理解力，明悉來自於看穿自己的成見和傾向——看穿小我，然後將之放在一旁。放下自我即是最終極的臣服。就信任和安全感的過程而言，至關重要的，是本著正直和慈悲的態度行動，伴隨著有容乃大的能力和意願，寬恕自己與他人所犯下的無心之過。

洞察力衍生的過程

那麼，這個衍生洞察力的過程，該從何處開始解鎖呢？無論處境為何，你都可以就地開始，從能著力之點開始！這就是Gītā的教學模式，奎師納先提供適當的理論來吸引阿周納的興趣，並平息他的疑慮。然後再提供大量的反論或實例，激發阿周納再次仔細地觀察，並一遍又一遍地提醒他臣服和信任。

他所傳授的訊息是「走向我」，尤其是對非印度教徒來說，這聽起來像是有神論。然而，若你放下對宗教的成見，也許可以了解奎師納透過化現人形，來代表萬有的不具威脅性的實體形式和展現，從而使阿周納（也許連同其他人）開始了解臣服於生命的意義。倘若言及臣服某些特定神祇，而祂並非我們所信奉的神，就可能會使我們感到不舒服，這對於我們之中的猶太教徒、佛教徒、基督教徒、伊斯蘭教徒，或任何其他宗教的教信奉者是如此，而對不可知論者、世俗人文主義者或無神論者而言更是如此。但是，如果我們可以暫時拋開自己的宗教偏見，就可能從教旨中強而有力的隱喻受益：若欲世界與萬有繁榮興盛，當下，就是我們覺醒並與周遭一切相連的契機，為利他而努力。

有趣的是，造成誤解 Gītā 中心思想的問題並非出於有神論，而是在於缺乏無畏懼的精神、開放的心胸和無窮盡的明辨心智。因此，即使對於崇敬奎師納的印度教徒而言，如果他們充滿懷疑和恐懼，分離自己與其他的觀點，那 Gītā 之中的豐富訊息也將會被忽略。視奎師納為神聖與至上，或許能讓臣服的起始容易些，但也能很快造成膚淺、教條主義或基本教義的觀點。儘管在 Gītā 中奎師納是印度教的神祇之一，但他是阿周納首要的朋友。

的確，他清楚地表明，身為神，萬物都出於並回歸於他，智者只憶念他、臣服於他。而奎師納亦是僕人，不僅駕駛著阿周納的戰車，他也是吾等所有人的僕人，因為他生生世世地幫助人類覺醒。身為連結性之教導的純淨展現，奎師納即是 Gītā 要旨的化身。

從日常裡體悟能量的連結

為了帶領阿周納和我們所有人回到現實生活中，接下來，奎師納給了具體的例子，說明他如何透過日常經驗來展示連結性。他揭示了一般人認為的泛神論：世間顯化的萬有皆為神聖，包括神或於此即奎師納本人。他精巧地用一種沒有分離他自己為無所不能和超越世俗的方式，化現為構成宇宙的所有現象之內、之間與周圍的連結。他是萬有：細微的現象、粗重的現象，以及無法明顯區分為細微或粗重的現象。所有的現象如珠寶般被串在一條線上，而奎師納正是那條線，是絕對的共同點，是能量的連結——在無垠的純意識界中，是起始亦是結束，連結所有的一切。**「地、水、火、風、空、心識、覺智和自我等功能，這是我創造勢能（prakṛti）之八種部分。」（7.4）**

奎師納指出大自然的這類顯化為他的「較低特質」，也描述了「較高特質」或他所稱之細微身的本質，數論稱為創造勢能（prakṛti）。

他指出，萬物都源於這種較高特質（心識或細微智慧），也消融回歸於此。他說：**「『我』是水的味道，貢蒂之子啊，『我』是月亮和太陽的光輝，『我』是所有吠陀經典中的嗡音（Oṁ），空間中的聖音，人的活力。」（7.8）**

連結了大自然的元素，如陽光或水的味道，有可能體驗相同的合一感或奎師納，一種極其親密的體驗，你看著它、吞著它。這是一種非常熟悉且很美好的體驗。因此，這裡傳達的訊息是，這種合一感不再抽象或僅是理論，也不再是距離我們二十萬光年之遙的微妙星星，心智無法觸及。取而代之的，整體性組成了你日常經驗中最熟悉的、似乎不被視為神聖的部分，而每部分都是顯化的萬有之源或線索。

體會純淨之音

對那些學習過瑜伽的人來說，「嗡」這個字或種子咒代表整體，是一種即時的振頻體驗。它以字母 a 的音開頭，據說「嗡」包含全部的梵語字母，以達普世皆同、表達滿足感的隨韻（anusvāra）或 mmm 聲結尾。「嗡」是現象之音的總稱，在空間中出現的聖音——即所有的聲音。對於奧祕瑜伽練習者來說，這就是亢達里尼（Kuṇḍalinī）。當上行氣（prāṇa）和下行氣（apāna）（入息和出息）結合了，而且中脈暢通時，所有聲音皆是亢達里尼。此時，聽到的聲音中了無客體，因為沒有「故事」，展現的單純是振頻之洞見。這種透過內在振動頻率的體現而衍伸的洞見，可以追溯到 Gītā 的開端，當時阿周納吹響了海螺，返回他身體的感官世界，開始覺醒。

純淨之音的體會，普世皆通，這種即時的經驗，超越了小我、思想、情緒和故事情節，直接連結於當下。這就是覺醒的過程。因此，若我們有足夠的勇氣去傾聽，我們就能體驗到相互連結的線索。

然後，奎師納闡述了更多串連在意識線上的珍寶，與這股合眾為一的力量，他優美、仔細地描述自己：「**『我』是大地的神聖芬芳，太陽的燦爛光芒，眾生的生命和苦行者的苦行。知曉『我』是眾生的真實、原始種子，普爾哈（Pṛthā）之子。『我』是智者的智慧，是光輝者之光。『我』是強者的力量，免於欲望和激情。『我』是眾生合於法性（無悖法性）的性愛。**」（7.9-11）

這揭示了所有的一切都是奎師納，甚至你暴躁的情緒亦是。它並非你，它是創造勢能（prakṛti）。它是創造的能量（śakti）。它是交互連結之本質的直接經驗，體認出生命過程即為奎師納。奎師納再次優雅地重新詮釋了教導，在在闡述了無分離的過程。除了 Gītā 的理論基礎和故事情節之外，在生命個人經歷的縮影中，我們可能都有這種窺見本質的經驗，甚至完全在意識之外。比如說，你想到一個深愛的人，如你的孩子、配偶或狗，你能從數不清的細膩或粗略的層面認出他們。

如同奎師納，他形容自己是宛若水的味道等的自然質地，我們也深深了解自己的摯愛，不僅知道他們的穿著或生命處境，也有他們聲音的記憶、他們心跳貼近身邊的感受，或者當他們解決難題時，乍然閃逝的眼神。這些親密細節就是他們，彷彿此時此刻他們就在身邊。這些屬於我們個人的覺察，也是常被忽略卻可直入洞見的禮物，一窺當奎師納開始展現他形式的深度和廣度時，了解他的教導——他是萬有，他不獨存。

瑜伽之路上的四種人

接著，奎師納列出四種踏上瑜伽之路的人。「**善人之中有四種人虔敬我，阿周納；受苦者、鑽研知識者、求財者和智者，婆羅多族（bharatas）的公牛啊！**」（7.16）

我們了解到，第一種是受苦者，換句話說，似乎是所有人。他們嘗試瑜伽是因為他們正在尋求某事物（任何事物）來減輕痛苦。第二種是如科學家的好奇者、研究者，因對瑜伽的興趣而來。然後是為財富（artha）付出努力的人，這是傳統中生命之四個目標中的第一個。他們是「長大」的人。像成人意識到財產的重要性，因而感到擔憂：「我想要一個好房子和食物，以及死後為孩子們留下遺產。」順道一提，大多數人皆如此。他們信仰宗教或奎師納，因為在他們心底恐懼自己老了會住在垃圾堆裡。雖然這三種類型的人都是出於小我的動機，也無大礙，因為至少他們朝正確的方向前進。

第四種尋求者是智者（Jñānī），即看穿分離小我之故事的人。奎師納解釋說，這些人具有智慧，或者是自然地在身、心和智識上感到連結的人。他描述他們為 priya，梵文的意思是「極致的愛」。他說：**「我非常鍾愛此智者（jñānī），而他也鍾愛我。」（7.17）**

這裡傳達的訊息，事實上是整部 Gītā 的主旨——愛就是通往幸福的道路。這並非透過印度教之神奎師納，亦非透過任何概念上分離小我之故事所認定的神，也非耶穌、佛陀或任何特定的神的概念。這裡的弦外之音是，我們臣服於純淨的愛（pure bhakti），它是與眾生之間堅不可摧的連結。這種連結並非理論上的，無法透過思考來實現。唯有成為愛的化現，讓愛持續地凝聚再凝聚，直到產生心智的懸止（nirodha），而此字根據定義，絕非你所能想。

第七章

扎根於愛的無常中

瑜伽雖然對大多數的人來說，真正放下並感受的能力幾乎力不能及，但只要了解真正要做的就是信任愛，唯有愛能提供支持，便能得到寬慰，有一天愛將會給你足夠的安全，讓你真正放下。

隨著緊張的故事情節和密集的教導，故事來到此時，「臣服於純淨的愛」這個概念帶來了放鬆感。尤其是得知之前所傳授之教法，瑜伽——對我們大多數人來說幾乎力不能及，而我們的危機仍在，洞見難以持久。一旦了解我們真正需要做的就是信任愛，熱切的學生可能會鬆一口氣，慢慢安止於僅有愛才能提供的支持中。純淨、通暢的愛是溫暖、豐富、飽滿、包容和強大的。它提供了感受安全的時間與地點，使你能夠真正放下。

阿周納也明顯地感到寬慰，但就在他思考愛和臣服這個幸福的概念不一會之後，他這位求知若渴的學生，又因苦惱於下一個邏輯步驟，再度陷入了危機。到目前為止他從奎師納身上學到的所有教導，包括對生命的絕對本質、小我、創造勢能交相作用的過程，以及體現和奉獻，最終，臣服於愛會有什麼幫助？我們如何才能「了解奎師納」，使身體、心識、情緒和小我等在死亡時臣服於未知？於是他問：**「何謂梵？噢！人之至尊，真我為何？行動為何？物質的原始之境為何？原始的神性為何？噢！屠魔者，於此身體中之奉獻方式和本質為何？臨終時，那些能控制自我的人如何了悟您？」（8.1-2）**

最終，阿周納的問題通常被詮釋為，該如何瞭知奎師納，以協助我們面對無論是自己或所認識的人，必死無疑的事實。死期的不確定性，往往衍生恐懼與困惑。比起淪落至垃圾堆的潛藏憂慮（驅使了一些人進入瑜伽），恐懼死亡的種子甚至更隱伏。它深深地埋藏在每個人的想像和現實經驗的肥沃土壤中。我們可能以為自己了解連結性和不執著。我們可能談笑著說變是唯一不變、無常是種恩典，甚至想像自己對死亡已經做好準備。但是，當大限之時來臨，我們發現自己與死亡面對面——自己或我們無法想像將失去的人之死亡。也許我們會抗拒或陷入絕望、沮喪或否認之中，但希望在過程中的某個時刻，我們能發現拖延面對這些必然的發生，對我們與所愛的人都是毫無益處的。

死亡是無可避免的，從出生那一刻起，我們都飛馳在直抵死亡的單行道上。死亡的過程是叩人心弦的、赤裸裸的，是非得出席的邀請函，現實地讓我們見證一切都是超越言喻的珍貴，不可思議的短暫，而其形式本是難以捉摸。要真正面對這些事實，臣服當下，並像奎師納對阿周納所言，放棄小我的分離感，走向他並進入未知，這需要極大的勇氣。若我們能夠平息恐懼和逃避，那麼死亡的現實就會撕開我們的妄念，暴露出心的連結、存在的本質，於此，我們發現唯有愛，能為我們帶來自由。無死就無生，也無真愛，只是空想。

臣服愛便能應對死亡

阿周納再次地充滿疑惑並陷入危機。在死亡之際臣服奎師納，到底能如何幫助他，或在戰場上遇到的他人？他應該臣服於愛，還是起身成為一位好戰士，為了戰鬥而忽略不傷害？戰鬥和不傷害是互斥的嗎？奎師納提醒阿周納，識破懷疑、困惑和恐懼的方法是瑜伽，透過專注心智，精煉出因放下而進入無垠廣境的能力，而於此廣境中，有著從細微到粗重等各種形式的展現。

在Gītā的第八章和第九章中，奎師納提供了更多有關於他（即萬有）是誰的例子，使阿周納可以逐漸開始體驗顯相的整體性，依循個人即整體之一部分的這份智慧，讓小我能臣服於這種廣境，也幫助面對死亡或任何的危機。

在故事開頭，奎師納建議他起身戰鬥，正面迎向危機，作為死亡之際的行持。在故事的中段，他也強調面對恐懼和危機的重要性，帶著愛、力量與正直挺身而出，不因義務或絕望而屈服，應本著奉獻、勇氣、好奇，和對過程的信任。這不僅是面對死亡、也是面對通往死亡的完整生命光譜，最有效的方法。

他所傳達的訊息是臣服，特別是在臨死之際，而這需要練習。這就是瑜伽：逐步地修行平靜心智，能增強在轉瞬間放下和臣服處境的能力。在我們最大的挑戰——死亡之前，臣服的藝術在於維繫專注的訓練，透過仍存活於肉身時所發生的各種情況來做好準備。如此一來，富有智慧的臣服，以健康、自然的方式，加強了不執著與相信未知的能力。

於是，當面對動盪時期的複雜性、困境或幻滅，我們較不容易陷入情緒失衡和困惑。具冥想品質的修行，讓我們擁有一些回到當下的經驗。最重要的是，透過行持，對於所面臨的任何特殊情況，我們更能從容應對，包括死亡。當然，這沒有保證，因為死亡時，有許多因緣聚合，為此生的下台做好布置。當我們釋出最後一口氣時，也許能夠保持意識和「清醒」，也許無法。無論哪種方式，正如奎師納所教導，對於那些此生行持放下，專注於祂，並擁有正確意圖的人來說，死亡都是通往解脫之道（短暫或漫長）。

即使在死亡過程中，也應不執著於行動的成果。換句話說，這裡指出我們的目標，是如實的順應死亡所顯化的方式，放下對於它將是好、壞、恐怖、開悟或混亂的概念心。我們行持瑜伽和放下，是出於真誠的奉獻和犧牲，而非獲得救贖或全盤控制的方法。透過反覆和有意識地品嘗、專注與體驗顯化之萬有的神聖本質，我們以適合此生的方式來準備並面對死亡。

奎師納提醒阿周納，透過練習所培養的明悉心智：「**物質的原始之境（adhibhūta）是易逝的存在。純意識（puruṣa，覺性）是至上創造的基礎。我本人即是一切奉獻的具體呈現，噢！最好的化現。臨終之時，憶念我，釋放了肉身，向前進入我的存在狀態。這一點是無庸置疑的。**」（**8.4-5**）

這裡教導的重點之一是這個毫無疑問的真相，即我們不知死期或死法。我們隨時可能死去。因此，在不斷變化的生命風景裡，我們應始終如一地，在各種情況下持續為死亡做好準備，專注於萬物連結的本質。Gītā 在這部分提供了優美的意象，透過它們，我們能夠認識死亡的過程與諸如梵唱之類的練習，它們有助於使我們專繫於當下，以及死亡發生的過程。奎師納解釋：「**守住所有（肉身）的門戶，意念懸止於心，將自己的氣置於頭內，確立在瑜伽的集中修煉。念『嗡』，梵之神聖單音，持續冥想我，離開肉身的人，邁入至上之路。**」（**8.12-13**）

輪迴與轉化的隱喻

但是他警告，除此不朽之境（解釋於稍後的文本中），其餘的世界皆將重生。奎師納將顯化之境稱為白晝，未顯化之境稱為黑夜，並指出萬物都來自顯化的過程。接下來，他描述了「未顯化」、「永恆或不朽的存在」，即是他所代表的，乃他的本質。奎師納是「**火、光、白晝、月明的兩周和太陽北行的六個月，是了悟梵者走向梵之時。煙霧、黑夜、月黯的兩周（kṛṣṇaḥ，黑暗）和太陽南行的六個月，是瑜伽士返回並帶來月光之時。此兩條路徑——明與暗，是世界的永恆之路。第一條，一去無返，另一條，去而再返。**」（8.24-26）

以輪迴為基礎信念之 Gītā 的背景中，這些練習為我們做好準備，以理解心智編故事的本質，並熟悉益於穿越死亡和進入下一世的洞見。然而，你無需相信輪迴也可以運用這些教導，並從中受益。其部分的概念在於，若已反覆地行持放下執著的過程，也已專注於萬有皆為神的顯化，那麼死亡之際，至少在意識的背景中，我們或許會本能地如法炮製。

透過不貪戀肉體、情緒、生命、甚至摯愛的人，我們也許能夠真正放手，而且如果情況允許，在死亡的過程中出席。那些接受輪迴的人，也能行持不去執著或妄想有關過去或未來的生命。觀想自己的身體和心智界限融入周遭的世界、宇宙乃至無限，我們或許能找到片刻的自由，視死亡為分秒轉化的隱喻概念，而不僅僅是某個特定生命的終結。

萬物的起源

為了理解這一點，奎師納接著在第八章至第十一章中用了很多篇幅描述，並最終生動地展演了時時令人不寒而慄的細節，而這些細節層層隱藏在他變化萬千的顯相中。故事進行到此，奎師納已經可以這麼做了，因為阿周納已經安定下來，比較不會分心，也比較不因是否該參戰的困惑而動彈不得。對於預設立場的執著，阿周納的心智開始放鬆了，他渴望聽到更多。到目前為止，奎師納的話語使他感到愉悅，他說：「它們如同甘露。」他懇求奎師納更加詳述。

阿周納已經進入一種極度好奇的狀態，如同偶然發現了讓我們深深觸動的事物，以至於對真實、意義和美的感受超乎我們的想像。當這種情況發生時，無論你多麼頻繁地聆聽這個喚醒你本質的主題，對你來說，它仍然是新鮮的，這並非因為不夠了解，而是因為它充滿力量、扣人心弦並且無比有趣，你覺得再多也不夠。現在這正是阿周納的處境，這也是為何有時Gītā被稱為甘露（Gītāmṛta），如同在《梵歌冥想》（*Gītā Dhyānam*）中對它的稱呼。

Gītā 強調，理解這些概念是獲得知識的過程，然後，本著信任和臣服的精神放下知識。本質上奎師納教導，理解的前提就是信任未知、不知的能力。奎師納說，對大多數人，甚至是眾神以及覺悟之人來說，祂是完整和不可知的。**「眾神之主和偉大先知都不知我的來歷。的確，我即是諸神和偉大先知們的起源。了解我是無生且無始之人，即知眾界至尊。在凡人中，他不受迷惑，免於一切惡業。智慧、知識、無惑、耐心、誠信、自律、平靜、快樂與痛苦、存在與不存在、恐懼與無畏。不傷害、平等、滿足、苦行、慷慨、毀和譽——這些眾生的各種狀態皆源於我。」（10.2-5）**

接著，奎師納述說真實知識的內在深刻本質，並再次將焦點轉回每個當下顯化於前的親密直接體驗。一切都是直接由奎師納散發出來：理解、知識、不受迷惑、耐心、真實、自律、平靜、喜悅、痛苦、存在、不存在、恐懼、無畏、不傷害、平等心、滿足、苦行、慈善、名聲。以上可能包含我們想擁有的理想品質；但是，Gītā 告訴我們，它們不是我們的，而是萬物無限地相互蘊合的一部分，所有狀態皆由整體（奎師納）而來。透過窺見整體，以下四節詩句，紀載著所有追求自由的人所公認最珍貴的Gītā 珍寶：**「他們憶念我，氣（生命能和所有覺受）導向我，喚醒彼此，總是談論我，他們感到滿足和喜悅。對於那些不斷地奉獻和崇敬所鍾愛之人，他們充滿了喜悅的愛，我賜予智慧瑜伽，他們藉此走向我。出於對他們的慈愛，我住在他們的心中，用光輝的**

智慧明燈，驅散因無知而生的黑暗。」（10.9-11）

奎師納解釋，他是萬物的起源，覺醒的人（我們之中的佛）了悟這一點，並且對此知識感到滿足。他們不會掙扎、多慮、猜測、控制、誤解，而是滿足、具智慧地認知到，自己可以純然奉獻於至上，獻給奎師納（Bhāvasamanvitāḥ）。這提醒我們，那些真正領悟並臣服的人經常會唱頌聖歌，這不僅是一種虔誠的行為，亦是透過穩定呼吸來幫助集中和澄淨心智的行持，在世界各地的文化中皆是如此。

覺醒之人的分享

氣（prāṇa）（或呼吸、覺受，以及心智與呼吸的連結）是有情眾生的感受和思想之基質，而這種生物基質的體驗，以奎師納和萬有的形式，出與入、流動與盛開，充滿奧妙，富有啟發性，而在與他人分享時，更有加乘的效果。奎師納提醒阿周納，覺者互助於喚醒彼此（bodhayantaḥ parasparam），如同他耐心地在戰場中創造了空間，幫助阿周納把握他趨於覺醒的契機。奎師納選擇用「*kathayantaśca māṁ nityaṁ.*」這句話來解釋這點。

Katha 的意思是談話，然而，這並非日常的談話，而是對真理的清晰討論。懷著滿溢的奉愛（bhakti）訴說一則神話，就是 katha。katha 並非只是漫不經心地攀談或八卦，它必須是具啟發性的交流，或者至少是真誠地溝通真理。這種對話令人愉悅，並且餘韻不絕，有如你與某人談論著深刻的話題，欲罷不能，突然間你才意識到夜已深，你的蓮座開始酸痛，但是你還是很開心！這就是的 katha 關鍵：它是如此令人喜悅，使你熱切地分享——你一定要分享真理。原來，覺者間（在這種情況下，是連結在一起）之分享或交流的美好，超越言喻。

若某個洞見或令人興奮的經驗，讓你窺見了實相的本質，與其因匱乏感而囤積藏私，不如分享與傳揚喜悅。彷彿你在健行途中發現一個精心打造的巢穴，裡面有四隻天真的小狐狸探出頭，等待牠們的母親回巢。你一動也不動地觀察，小心翼翼地屏息著以免驚動牠們。你非常興奮，就像阿周納一樣，毛髮豎立！若你有幸與友同行，你勢必將知會朋友，並交流敬畏的眼神。有人共享優於獨享，而如果他們也走在覺醒之路，那就更好了。分享是奉愛的主要特性，它就是奉愛（純淨無私的奉獻）所展現的方式。

在許多印度的經典中都提到了這一點，即與覺醒中之人共處（sadhu saṅgha）的概念，他們知道有很多功課要做。你發現自己處於那微妙的邊緣，你不再防備自己的信念，而重心也從自我沉迷轉移到了關懷他人。隨著些微的焦點轉變，關注並尊重同修（saṅgha）或他人，整個狀況就進入了一個嶄新、意義重大的現實領域。最棒的部分是——它是自發的，你什麼也沒做。事實上，若你嘗試建立起社群或友誼，那麼你注定要慘敗，直到放手並信任與他人真誠相會的過程，了無預設立場，這就是社群或同修的真正含義。

分享和洞見之所以出現，正因為這個自發的過程，並不是出於義務或根據理論的作為，也不為了有所獲得。當施予是本著真誠、愛和仁慈的精神，與無需知道接下來將會如何的態度，屆時，你才真正開始覺醒。

原來，那些擁護奉愛的人（與他人分享、歡迎洞見而不執著），就是奎師納給予智慧或覺智（buddhi）瑜伽或明辨瑜伽的人。覺智瑜伽如同分享愛與自由，它不是你能做或取的東西，它不是小我的功能，因為智慧是一種禮物。從 Gītā 的角度來看，覺智只賜予給那些沉浸於喜悅地奉獻（bhajatāmprītipūrvakam）之人。從這個意義上說，我們看到覺智即為背景脈絡的創造者，在數論系統中，覺智包含製造所謂「我」的（I-making）原則、即小我（ahaṁkāra）。當小我與脈絡融為一體時，它便毫不費力地融入了覺智。覺智瑜伽被視為是一種禮物，因為它的賜予乃源於慈悲，它是覺察和無上智慧之光照亮一切經驗的過程。

再次地提醒，即使我們是無法與奎師納或任何神祇（萬有與全知）之故事情節產生共鳴的哲學家，仍然可受益於這個代表整體性的神祇之隱喻，除非我們只熱衷自己的想法。不幸的是有些人便是如此，以致於無法放下自己的理論，也無法體驗與大自然、他人，甚至生死等之間的相互連結。即使是堅定的無神論者或聰明的不可知論者也具肉身。他們體驗到氣息的進出、存在於身體中，以及所有感受的振動品質。

因此，對於靈性追求者和深思者而言，即使是直接感知日常生活中樸實的時刻，也可埋下洞見和覺醒的種子，尤其是當我們沉浸於感知、與其所伴隨的理論或故事之後，我們會記得要將其歸還，並臣服於一個真相：若欲潛入更深層的意識，那麼，即便是再卓越的見解和知識，我們也必須將其灌注回意識之火。

走向奉獻

人們很少會奉獻「氣」（prāṇa）——呼吸或覺知，因為他們迷失在思想的模式裡。我們從奉獻呼吸的兩端開始，將吸氣／上行氣模式（prāṇa pattern）奉獻給吐氣／下行氣模式（apāna pattern），反之亦然，並來回地傾注。用想的很容易，但做則有難度，因為唯有在良好的順位中，才能真正地將吸氣注入吐氣，而良好的順位令人恐懼，因為你必須放下防衛，脆弱地顯露情緒。一旦你與「氣」建立了連結，感覺是如此美妙，你可能不願奉獻出去。然而，Gītā 傳達的訊息是，我們必須放棄所有一切。奎師納反覆地說「走向我」，誠然這即是進入他真如本性的途徑。

其實，瑜伽練習的精華不僅在於練習本身，還在於把它整個放下。

這就是奉獻呼吸的行動，以及隨之真誠地將覺知、恐懼、故事等都奉獻給意識之火。藉由觀察持續轉化的體驗，從而得知，你確實是覺知的本身——所有一切，甚至是火的覺知，不僅是火能燃燒你的念頭，亦是空氣、灰燼、形狀、甚至火中的濕氣。所有一切的一切，我們都放下，並奉獻地投入意識之火。

這不但是在死亡之際要做的，更是隨時皆然，當奎師納說「走向我」，意涵的就是這個一貫和最終的教導，因為所有的時刻都是死亡的時刻，而且，隱喻上來說，我們持續地將事物放入永恆的意識之火。即使是在你對現實產生概念心的分秒之間，也有空隙——存在與未分類的、無分別的，與其他所有一切的連結。然後，你也把它放下。若你一直持續這麼做，那麼當死亡到來之時，至少你很熟悉這個行持以及放下一切的覺受。

不斷放下，接近覺醒

若從瑣事到真知灼見都行持放下，你能在其中發現臣服生命過程的奇蹟，這才是真的「覺醒當下」、「覺醒於生命與其意義」。透過在生命中行持不斷放下的藝術，當死亡敲響你的家門時，也許你能有機會體驗與展現——分享他人——相互連結之意識的慈悲。這是覺智或想像力的精華。

有趣的是，在文本中，anukampā 一詞用於描述這個賜予覺智的過程。anukampā 通常被譯為「慈悲」，但字義上實指「隨之顫抖」。在故事中，對於阿周納及其對真相的體驗，奎師納表達出在體現之層面的連結，描述自己會隨著所分享智慧之眾生的經歷而顫抖（或全然同情）。無明（avidyā）或分離的幻覺，被視為是所有苦難的根源，而它與 anukampā 位於光譜的兩極。奎師納藉由向阿周納解釋「無明」的根本問題——視自己為分離，他點出了自由之道。無明帶來我慢

（asmitā），引發貪欲（raga）和厭惡（dveṣa），並最終導致對死亡的恐懼（abhiniveśa）。

以上這些都是造成苦痛的原因，因為它們暗藏了對純淨關係、以及洞察生命連結性的絕對阻礙。它們亦滋養著小我的坐大和恐懼。透過消除痛苦的根本原因（無明），即使尚有分離和孤獨感、而僅依著理論而做，我們仍可逐漸擺脫人類的天性——不善覺察萬有皆無上神聖的事實，而能開始看見想像中的「神」乃俯拾即是。如此一來，在死亡之時，我們也許有幸能臣服於這個生命的過程，在至上力量的擁抱中安息。

透過這份教導，奎師納又給予了阿周納一塊強大的基石，協助他在逐步覺醒的過程中保持平衡。阿周納因而體悟了嶄新的自由感，開始感到穩定和快樂，值此之際，奎師納的話語就是甘露，他求知若渴。奎師納很歡喜，並展現了更細微的層面的顯化，甚至比阿周納對水、他人或他自己的恐懼或喜悅之體驗更深。奎師納隨即進入神話的境界，說他是蛇中的阿南達（Ananta，無限之蛇），而在排序程序中，他是時間。他是風，是摧毀一切的死亡，以及是那些尚未顯化事物的源起。

他繼續說到，萬物沒有他就不可能存在。但是隨後他問阿周納，為何他需要知道這些細節，而這個問題也為 Gītā 第十一章——整個文本中最親密、美妙、深刻，其意象幾近迷幻的部分，揭開了序幕。

第八章

時間與奉獻的闡釋

洞悉實相本質，也了解定義與支持出生、生命、責任和死亡等事件的業力鏈後，我們更進一步理解「永恆之境」。是身心靈的終極自由，是透過體悟存在的無窮廣境，無始、無終，亦無中點。

隨著 Gītā 進展到第十一章，阿周納不僅得到啟發，更滿具信心地準備好了迎向世界。在戰場上令他無法動彈的恐懼和懷疑已消退了，因為他信任他的良師與摯友，而他也開始領悟起初讓他不知所措的教導。阿周納深諳奎師納就是他所遭遇之萬有的化現，並將生命託付奎師納，他自信自己已逐漸洞悉實相的本質，也了解定義與支持出生、生命、責任和死亡等事件的業力鏈。因此，他要求奎師納繼續闡明真相，並熱情地懇請他展露「不朽的真我」。前述的故事中，曾簡短提到「不朽真我」的概念，至此，奎師納開始詳細地宣說有關他在世間變幻無窮的化現。

身心靈的終極自由，永恆之境

奎師納解釋瑜伽士（或智者）透過平靜心智、專注冥想至上、唱頌「嗡」的同時，體會存在的連結本質，以點燃智慧之火。然後他繼續說明，在死亡時，那些記得再三地行持而體悟智慧的人，無需再輪迴，因為他們已了悟了所謂的不朽之境——與奎師納的同境。他也表明了，其他人則將流轉於生死，有些人很快就返回顯化之境，有些人則暫居於未顯化之境，然後再次出生。

吠陀經典中描述不朽之境超越未顯化之境，並且據說到達此境界者不必重生。然而，如同任何真正了解生、死，痛苦和開悟過程的人，奎師納依此定義雖已達不朽之境，正因出於對他人的慈悲，選擇再次來到世間，繼續工作。這類似於佛教菩薩的誓願，不僅發心努力於自身的解脫，而且即使已開悟仍重返人間，生生世世地直到眾生都得到開悟。奎師納有如菩薩，誓願利他而行，直到每個人都解脫。

永恆之境並非等同「終極境界」的定義，因為終極境界的概念會造成開悟與洞見彷彿有高低層次，好像如果你非常酷、無比虔誠，就能贏得這個大獎，無需理會其他尋道的弱者和無信仰之人，因為他們就是「不懂」，而你也不必返回生命的輪迴（saṃsāra，有條件的存在）中。恰恰相反地，奎師納解釋，身心靈的終極自由，是透過體悟存在的無窮廣境，它無始、無終，亦無中點。任何符合此定義之境，即是永恆之境。因此，永恆之境是一種非排他的狀態，在這種狀態下，一切無論好、壞、醜陋、神聖等，皆是平等泰然的淨光顯化。這即是相互連結，更重要的是，這就是那些了悟者非得為他人重返人世的原因。

我們知道還有另一個境界，是無限、永恆、包羅萬象的奎師納之所在。據說，除了這個未顯化之境之外，還有另一層、未顯化的「永恆存有」，即使萬物消逝了，它也不會消失。**「但是，在此未顯化之**

上，還有一未顯現的永恆存在。顯化的萬有消逝之後，仍永存不滅。他們宣稱此未顯化為至上的目標，到達後便不再返回。這是我的至上居所。」（8.20-21）這即是真瑜伽。

奎師納也向阿周納說明，雖然他被稱為這個存有，然而所謂未顯化、至上的目標不僅是他。相反地，它涵蓋了眾生和萬有。換句話說，透過想像和體驗生命的這種無處不在、相互蘊含的本質，每一個人都可能變得如同奎師納一般「不朽」，因為我們在自性中與奎師納無二無別。

透過這個教導，奎師納從我們概念中之獨立、全能的角色裡走下來，藉以向那些尚未準備好或不願覺醒的人說明，若視他為獨特的存有，那將僅僅是他們理論上的投射。若我們願意再次仔細地觀察面前的事物，就像用一雙新的眼睛來看，那麼，就能夠體驗到這種不朽。

放下小我看見身體的神聖

奎師納同意向阿周納揭露這個境界，並展示他的宇宙形象，但他提醒阿周納，他無法用人眼視之，只有由特殊之眼才能看到，而且必須由可取得之人賦予。這雙特殊的天眼不像一般的肉眼那樣向外聚焦於世界，而是迴光返照，進入存在的深處，在那裡，小我彷彿是無限廣闊海灘的一顆沙粒般，無關緊要。

天眼表面的悖論，在於它不會使向內觀的人變得無關緊要。相反地，天眼結合我們的處境、覺知、理解和真誠求知的渴望，它提供了類似「第三隻眼」（tri-ocular）的視覺，能夠以生動的多維度色彩，瞬時體驗到生命過程。每個呈現都是無限的神聖形象。透過這種非凡之眼，可以直接體驗自己成為生命相互交織之結構中的基本要素，而我們的個人經驗和整體存在之間並無區別。

阿周納沉醉在奎師納的甘露話語，迫不急待想以天眼看見奎師納的完整形象、他的不朽真我。如果阿周納穿了襪子——那個年代並沒有襪子，但是如果有的話——他的襪子可能會飛出來。然而，他現在仍然感覺很好，忘記了自己當頭的危機和困境，自認已經充分了解這些教導。他有了一點「修行者的我慢心」，他的小我正主宰著這齣戲，這是一個許多人能抵達之精彩也喜愛的過程，也希望是在覺醒的路途上，能夠穿越的一個階段。所以他要求了。奎師納應允並揭開了他全數、無盡形象的奧祕——千變萬化的無限形象，無盡的神聖形象，各種形狀、顏色和色調，全然迥異。他的顯化，以獨特而完美的自然方式與萬有連結，並開闢了無盡的境界。若仔細觀察，你會發現它早已俯拾即是。

奎師納首先詳細描述了他各種神祇的形像，包括 Ādityas、Vasus、Rudras、Aśvins、Maruts 等等，然後，他說這一切都在他體內。在故事中，阿周納看清了這點，領會到由於他與奎師納的無二無別，所以這些形式也與他同體。順帶一提，這裡傳達的訊息是這些形象也反映在我們每個人的身體中，因為所有身體都屬於這個領域。當阿周納在他的身體中（或你在你的身體中）體驗到這種情況時，就不可能繼續再將身體簡化為關於「身體」的理論，或更糟糕的是「我的身體」。身體變得神聖（divya），你開始本能地體驗無限的意識（cit）之境，於此，身體各處都是純淨喜悅之珍寶（cintāmaṇi）的領悟。

奎師納將天眼賜予了阿周納，使他可以直接體驗，接著，奎師納繼續展現出層層疊疊的形象，這就是所謂的至高無上、華麗、雄偉的形象（paraṁ rūpam aiśvaram）。那不是一張嘴或一隻眼，而是無數的嘴和無盡相連的眼，意味著這些重複性的顯化並非毫無目的性，而是眼中有眼、視角中有視角，一切都持續也無止盡地轉變與包容彼此。每個都是獨特、不可簡化的神聖整體。這裡要說的，不是指有一種所謂「終極的」宇宙形象，而是無窮無盡的多樣性才是「萬有形象」

（viśvarūpa）。洞悉浩瀚無邊，即是萬有形象的體驗，這是心智寬廣開放時的具身體現。奎師納說：**「並非一個，而是許多的嘴和眼、許多奇妙的景象、許多神聖的裝飾、高舉許多神聖的武器。穿戴著神聖的花環和服裝，配以神聖的香水和油膏，由一切奇蹟所組成，主的無限聖容向著各處。」**（**11.10-11**）

世界的完美平衡

冥想奎師納各種形象之每個小細節的含義，留意其帶來的豐富體驗，是很重要的。我們的任務不是只著眼於單一的神聖形象，而是持續地重新觀察，並深入過程，觀想任何引起你興趣的形象。如此一來，可以有最廣闊、最完整的視野，以及開發洞察力的潛能。例如，如奎師納在第十一章第十一節所說，援引「許多神聖的裝飾」看起來似乎是微不足道或詩意的細節，然而，當考慮到它們的含義，這些裝飾就能帶來無論深刻與否的啟發。

它們滿富趣味和美，使心智敞開並考量更多的可能性。如果這個觀點引起了你的注意，那麼你就會投入其中。生命並非總是關於堅強或嚴肅，實際上，無時無刻圍繞在我們周遭的一切，都洋溢著細緻的美，其中有些本身並不具「目的」或原因。萬有都在美感的體驗中逕自開展呈現，不假小我，而這份美感也使觀察的「小我」難以自已。

奎師納繼續描述真正看見連結性的壯麗、動人景象：**「宛若天空同時升起千萬個太陽，這份燦爛就可能是這個偉大存有之壯麗光輝。」**（**11.12**）我們被邀請，想像無數的太陽同時升起，表達奎師納所綻放的驚人力量和燦爛。有趣的是，發明原子彈的羅伯特．奧本海默（Robert Oppenheimer）在第一枚炸彈爆炸時引用了 Gītā。一些學者認為，他引用的是這句「太陽的光輝」。其他人則認為是稍後的詩句（11.32），其中奎師納把自己描述為時間——世界的強大毀滅者。然而，無論是在深刻地思考萬物相互蘊合的本質之洞見時所有的體現，或是奧本海默和其他人所目睹的現象，此二詩句皆精準地令人毛骨悚然。

想像一千個太陽同時升起，就是整個宇宙瞬間立於山式（samastitiḥi）的隱喻。這是看到整個世界剎那間完美平衡的概念，順帶一提，它本是如此，無論我們是否能夠觀察到。很多時候，我們陷在自己心智和世界的混亂角落，卻沒有意識到他處的反混亂（counterchaos）所帶來的整體平衡。這是萬物的自然秩序。

然而，鑒於過去幾十年來一些世界領導人及其追隨者的自私和貪婪，不尊重他人與宏觀的世界，我們只能希望這種平衡的自然調整不會被徹底破壞。好消息是，透過這些對他人的殘酷舉動，我們赤裸裸地看見，對感官對境的執取（以自我為中心的物質主義為驅動力）具有如此強大的破壞力，而也許正因為此，慈悲心能油然而生。因為看見了因小我和執著而背棄他人，及其衍生的不義、失衡和破壞，許多人深知尚有許多愛的課題和服務仍待完成。

死亡的必然

阿周納的洞見讓他寒毛豎立，這被視為是升起奉愛，或是三摩地（samādhi）的典型徵兆之一。這是你的氣開始安穩的最初徵象之一，因此我們得知阿周納正在覺醒，他告訴奎師納他所見：「**我在您體內看見眾神和變化多端的存有，敬愛的梵天坐在蓮花座上，以及所有真正的覺者和神聖的水蛇。主啊，宇宙的至愛、宇宙的形象，我看不到您的終點、中間或起始。我看到您朝向四面八方的無數形象，無數的手臂、腹部、臉和眼睛。配戴頭冠，手持權杖，旋轉飛輪，巨大光芒四射，燦爛奪目，您難以被窺得全貌，您是火和太陽無與倫比的光芒。**」（**11.15-17**）

沐浴在這份壯麗景象的光芒之中，阿周納欣喜若狂、全然陶醉，因為他已確切品嘗了與萬有的真實本性全然融合——連結性——的滋味。但好景不常，奎師納顯露了不那麼輝煌、美麗或振奮人心的面相，而阿周納也被迫意識到自己只看到奎師納令人開心的面相。他的小我美化了相互蘊合的概念，也迴避了一個事實：即使最邪惡和令人不安的存在亦是奎師納。

這對我們每個人來說都是如此地具誘惑力：看我們所喜歡的，迴避令我們感到困擾、困惑或煩亂的。轉瞬間，阿周納從見證無限所引發的喜悅和敬畏，轉變並超越了他對無限（其美化版本）的見解。他的興奮之情消退，他必須放下有限的觀點才能更深切的覺醒，他說：「**我看到您沒有起始、中間或終點，無限、無窮的力量，無數隻手臂，以日月為眼，吞噬供品的嘴噴著熾烈的火焰，光芒燃燒這個世界。充塞於天地之間，遍布十方。噢，至尊，看到您令人敬畏的恐怖形象，三界都在顫抖。在那兒，成群的神祇進入您，有些很害怕，他們用虔誠的姿態讚頌您。偉大的覺者與聖者高喊著安康吉祥（svastī），用許多美好的歌曲來讚頌您。**」（**11.19-21**）

阿周納不僅看到了在奎師納具體形象中的眾神，以及所有想像中的存在，他也看到了無限的形象，無始無終。此外，他見到萬有的主宰——每個人對神或終極真理和純意識的感知——即是宇宙。他之所以具有這種洞察力，是因為這些奎師納的宇宙形象，並非令人嘆為觀止的美麗和鼓舞人心（例如，品嘗他為水的滋味），取而代之的是徹底地顛覆與毀壞，遠比阿周納所能想像到的還糟。

不僅萬物都走向毀滅的大嘴，而且阿周納看到有些神愉悅地進入奎師納的嘴中，走向自己的滅亡。他們很友善、很熟悉，說「安康吉祥」或「你好嗎？祝健康、美好的一天！」阿周納一想到他們沒有意識到自己即將死亡就走進了大嘴，感到驚恐萬分（原來，這些人已經了悟不朽之境，他們很高興身為過程的一部分，因此，這並不像阿周納缺乏訓練之眼所見到的那麼糟）。

在短短幾節詩句中，阿周納就從極樂（以為自己領悟了無限的智慧和形象）被彈射出來，又回到了恐懼、懷疑和困惑中。在這個宇宙形式，他開始看見萬有的滅亡，突然意識到所謂無常不只是空談，而且還是萬物之組成和運轉的核心。他從所見獲得了強而有力、無可避免的結論：死亡的必然性，無人能逃避死亡的命運，並且在可知的宇宙中無處沒有死亡。

阿周納看到了無數張嘴，因此，即使有人躲過了一張死亡的嘴，他們仍會進入另一張嘴。在逼近的戰鬥中，他看到戰士、老師、親戚和朋友。有些人的頭被輾碎了，殘骸仍然卡在奎師納的齒縫，如同餐後菠菜碎片卡在你的牙縫中。突然間，阿周納不僅面臨了生命的無常，也使他立即想起了當前處境的可怕現實——他今天就在戰場上。他的虛張聲勢從根基開始動搖了，他再次屈服於恐懼，甚至不認為奎師納是他的老友，而只視之為神或毗濕奴（Viṣṇu）全能、殘忍的化身。他懇求奎師納幫助他理解這一切，並說：**「如同條條河水、溪流匯入大海，人間的這些英雄也湧入了您燃燒的巨口。有如飛蛾撲火迅速飛向毀滅，這些世界也迅速進入您的口中，走進毀滅。您燃燒的口舔食和吞噬了十方世界。噢，毗濕奴，您殘忍、恐怖的光充滿並吞噬了整個宇宙。告訴我您是誰。噢，恐怖的形相。我向您頂禮，最傑出的神。請您悲憫。我想了解您，噢，原始的存有。」（11.28-31）**

阿周納懇求憐憫並努力理解，奎師納卻顯得無情，部分起因於阿周納要真正完整地看見他的請求。再者，也許奎師納認為阿周納已經獲得了先前的教導，也已準備好進入新層次的覺醒。既然奎師納賜予了阿周納天眼，因此他們倆都有責任使阿周納看得更加深入。奎師納沒有軟化，反而繼續說他的存在是為了毀滅世界，這足以使任何視他的憤怒為殘暴的讀者，有理由變得驚恐和退縮（如同阿周納），不然就是完全唾棄奎師納，認為他是一位無情殺戮的老師（如同許多讀過 Gītā 的學者）。

起身應對危機、醒悟

當然，你只要回顧歷史，這個終極毀滅和死亡的景象實際上似乎隨處可見。看看周遭。有時是由於不公平或邪惡的行為所造成，但即使是有禮的、富有同情心的人們，似乎也殊途同歸。直到現在，歷史上的每一個國王和英雄都死了。因此，任何人在思考這個深刻的教導時，都被迫正視這無可避免的生死過程，以及死亡看似永恆的本質。

我們不得不面對令人不安的現實，即我們所感知的存在是有限的。即使我們已經變得非常自在和富有哲理，了解自身的微不足道，而無論是抗拒、盲目或歡喜，我們都在走向死亡的大嘴——面臨著這個理論與現實相遇的交點，沒有回頭路。而裝腔作勢、不去擁抱這個生命的過程，對任何人（尤其是對自己）沒有任何好處。

如同阿周納，我們發現自己處於精心打造之「我們的生活」劇本中。那些戲劇性及無聊乏味的時刻、英雄和反派、衝突和解答；我們編織的天馬行空！然而，面對這個形象，我們再次像阿周納一樣，在想到自己或摯愛之死時可能會感到恐慌。畢竟，通常當死亡可怕地降臨時，它都還沒有被寫入我們的腳本。我們可能會在生生世世中選擇無視或躲避無常的事實，這真的無大礙。時機到了，我們每個人都必須面對死亡。或者，也許我們經驗豐富，足以找到信任的線索，使我們能暫停，並再次審視。

阿周納看見奎師納萬有形象所感到的危機，使之前在戰場上的恐懼相形失色，然而，由於他對奎師納試圖教導的哲學基礎已有了一些理解，更重要的是，他依止於朋友與老師（奎師納）的愛與信任，這次阿周納並沒有像故事開始時那般陷入一種無法動彈的狀態。現在，他憑直覺知道這種無所作為之中，將有所作為，他必須「起身」迎向自己的處境。他沒有崩潰，而是真誠地懇求奎師納回到他所熟悉的四臂形象。換句話說，阿周納需要喘口氣，從他獲得天眼（內在視覺的禮物）而體驗到強烈的洞見中恢復過來。

他希望再次與朋友建立連結的渴望，也來自於恐懼，或許過去他只把奎師納當作他最好的朋友，在 Gītā 故事之前許多他們的相處中，他可能因不夠尊重奎師納而冒犯了他。他現在意識到，奎師納是從細微到粗重之萬有的終極化現，他是「神」。阿周納向奎師納請求憐憫與寬恕。但是，因為奎師納確實涵蓋了萬物，他知道他的化現之一就是阿周納本人，因此，阿周納對他來說和萬有——自然界中的形象、他的惡魔或殘忍的形象，甚至是純意識的體悟——皆為「一」，平等、神聖與重要。當然，他一點也不生氣，並恢復到平常的形象，那令人陶醉的美好樣貌，溫柔、和藹而令人愉快的形象（saumyavapus）。

事實上，奎師納不但沒有感到被侮辱，反而覺得高興。阿周納對奎師納所展示的萬有形象引發了強烈反應，也激發了他起身應對當前危機，這些都證明了他確實正在覺醒，這也是奎師納希望能促成的。一旦阿周納看到奎師納身為朋友的熟悉形象，他就可以放鬆並開始感到鎮定，恢復正常的心智。

臣服當下專注呼吸

奎師納解釋，萬有形象始終在我們的眼前，但人、甚至神，都很難看到，因為我們傾向於將當下升起的一切，縮簡為對它的概念和故事。若你以特定顯化的形象（人身）存活，那麼，識破想像力的限制就成了挑戰。由於心智的本質，當我們在看到某種特殊的形式時，我們對於該形式的理論和想法（我們認為自己所看到的），使我們傾向於無法將其視為神聖全體的完整部分。例如，在進行靜坐冥想修行中，你決定只憶念神。想像神的模樣、神的所作所為、神的意義以及與神的關係等，這些一點也不難。於是，當你坐在那裡，編造神的故事，並跟隨故事進入心智的巷弄和角落。

然而，這並非行持臣服於當下並觀察真實之所生，因為臣服與直觀當下的修行，能使心智趨於平靜和穩定。耐心地練習坐著、坐直和不動，在看著思想、覺受和感知來來去去的同時，總是回到某個選定的關注領域，例如：呼吸，這即是使人能夠安住於未知的有效形式。若你決定沉思某個特定的問題，那麼當其他事物（晚餐或膝蓋疼痛）的念頭浮現時，你忽略它們，因為它們與「解決問題」或「得到洞見」無關。若你堅定地冥想「神」或其他特定事物，通常就會發生這些情況。其他念頭或覺受會浮現，而你可能將它編造成新的故事情節，或是將它們推到一邊，然後在它們的四周亂找，試圖找到你一開始打算思考的事情——所謂「真正重要的」東西。

若以這種排他性的態度思考特定的主題，就不可能專注於眼前的事物。持續地，你應檢視所升起的，而不緊抓。等同重要的是必須知道，專注於升起的事物，並不會減少或否定你所選定主題的重要性，一點也不會。事實上，冥想時，讓選定的主題休憩在心智的背景中，即是提供了使主題全然展開的脈絡，而對你正在苦惱的事物，新的觀點和解決方案將自然而然地出現。這種冥想的方法（對特定領域的沉思）是一個良好的開端，其本質完全無害。然而，它不太可能直接「解決」更深的問題。以這種方式進行冥想是有益的，因為它可以增強專注的技巧，但是卻未必能淬鍊維繫心無旁騖和無所執的能力。

正念，學習擁抱心智

正念（Mindfulness）是信任緣起過程的行持，不執著於觀察的行動本身，或是過程中演變的任何部分。一個常見的錯誤是試圖將正念練習變成可以控制和主導思緒的公式。若我們有別具用心的動機，那就更會如此，即便是崇高的動機，例如：「我想禪修，這樣我就能了解我的關係，讓我成為更好的人，拯救世界」。在正念練習中，我們懷抱著慈心和悲心歡迎升起的一切，將其保持在純意識空間中觀照著，彷彿它有無量、本俱的內在價值，但不是一個具有非凡價值的目標。我們歡迎它，但不陷入更多編造的故事情節：「可憐的我，我的膝蓋一直很痛，也許我需要手術，也許我應該放棄禪修。」

正念禪修，是無尋求對治的好奇心；是無修整的觀察力；是無教條評論的全然接納。當我們溫柔地提醒心智放下時，也需要紀律。例如，透過一次又一次又一次地將注意力重新帶回出入息，我們可以逐漸愈來愈清晰地觀照（不疊加覺受、心智和情緒）萬境自如的一切顯化。把正念禪修當作一個可以從中得到結果的事情，是普遍的誤解。這本質上並非壞事，事實上，有時候刻意安排一種讓心智冷靜的情況，有助於解決問題或至少使心智平靜，但這也縮減了練習可能帶來的深層體悟。

如果我們將所升起的現象解釋為問題，或者視其阻礙了自己「應該專注」的標的，那麼，我們又分割了它們，創造了一個不存在的問題。然而，因為我們在世界上所看到的只是整體之微乎其微的部分，分割事物的本能是很正常的。它只是一個碎片，極其渺小，而我們是從自身顯化形式的單一角度觀看。難怪心智幾乎自動地在我們眼前發生的、或自認的「真實」，與未顯化之間，創造了二元論。從這種有限的觀點來看，未顯化的當然即是他者。

這個在不斷練習下所產生的副作用會一直持續，或者，若偶然有幸，我們連結了更深的內觀，透過自己的「第三隻眼」，一瞥生命的本質——了解它無窮盡地化現在我們遭遇的每個形式之中。而那些我們尚未見到的，也與能被感知的萬有形式，相連於網。這種見地支持了誠實放下的能力，因而能體驗生命之無限的、振動的真實本質。透過瑜伽行持的經驗，我們可以領會這種引人入勝的世界觀。然後，在行持中，即使是經驗豐富的修行者，我們仍努力透過直接體驗，向我們揭露阿周納所經驗的（看見奎師納的萬有形象）吉光片羽。轉瞬間，我們意識到我們迫切想要從修行中獲得什麼，也許會想：「我要修行無餘三摩地（*nirvikalpa* samādhi）（沒有專注於單一、分離標的物而生起的三摩地），直到我開悟為止。」

然而，透過耐心和更多的行持，我們注意到甚至自己的評論也是過程的一部分，並將其取用為觀修的對象。在行持中發生類似的現象時，我們微笑，觀察正在發生的過程，然後就可以放下，不以開悟這種崇高的名義，行控制之實。具冥想品質的修行即是如此：它是一個過程，而非完結、靜態的獨立存在體。這需要時間和耐心，並且透過不斷的修行，讓我們慢慢地熟稔通往更深理解的路徑。以意識的光照亮一切，然後放下，如此，我們逐漸學會擁抱和支持心智的進程。

專心一志，直至覺醒

奎師納解釋，僅僅靠著研讀吠陀（哲學、神話），並無法獲得對事物真正本質的洞見，也無法僅透過付出努力（tapas）或天賦而獲致。他說，甚至也無法僅憑著純粹的奉獻就看見萬有形式。換句話說，沒有任何獨門的技巧或單一方法可以帶你走到最後一步。他提到，它們都可能使你更接近，但關鍵（最終所需的一點配方）是能夠真正臣服於根植於關係中的無垠未知，放下並進入奉獻或愛。

從某種意義上說，當奎師納要求我們冥想著他時，是在要求一件非常非常困難的事情：不是屈服於渴望權力的神或暴君，而是臣服於生命的經歷。他建議我們以他的個人和非個人等諸形式冥想他，即專注於 viśvarūpa——宇宙或世界之形。從這個角度看，Gītā 即是非二元的文本，而奎師納日常的形式亦是 viśvarūpa。然而，在阿周納的智識中，他的朋友奎師納與其萬有形式卻是有所不同的。他認為奎師納是他的戰車御使和朋友，但隨後又出現了讓阿周納無法理解的強大而可怕之 viśvarūpa。他想：「我寧可要那個友好的、正常的朋友。」當然，我們知道他有所誤解，他未見到這兩種化現是相連的。而正是從對奎師納有形、具體之形式的見解，讓阿周納開始覺醒，在那裡，他開始看到萬有形象與他的日常形象——他熟悉、幸福的臉龐，強壯的臂膀和有力的胸膛，相互連結與蘊合。

因此，這個景象和洞見是唾手可即的，但卻因阿周納的成見和恐懼而產生了障蔽。在現實的層面上，他看到的兩個形式並無分離，但是相互蘊合和生死過程的觀念是如此深奧，以致於阿周納的心智必須將它們分解成兩部分，使他能夠抓住內在升起洞見的線索。

即便只是剎那，我們每個人都體驗過顯化與未顯化的合一，那讓人瞠目結舌的片刻。身為新生兒，我們自認與世界之間是了無分別的，對於連結性的了解是如此的自然而然。我們都是從另一人的子宮中誕生的，在一個「分開的」、具體存在的身體結構中，細胞接著細胞地成長。的確，我們不是同一人，但我們也不是兩個完全無關、獨立存在的人。這個親密、細胞層級的內在知識，是與生俱來，它即是相互依存的直接經驗。

隨著生命進展，我們的故事情節變得「真實」，我們也染上健忘症。若夠幸運，我們能夠重新體驗回憶，通常發生在如瑜伽或禪修等具冥想品質的修行中，我們感到無以言喻地與萬物、眾生的相連。或者，它也可能自發地萌生，像是欣賞美麗的日落、觸動至深的藝術品，使用某些精神活性物質，或完全沒有明顯的原因。當它發生時，我們在生命、真實、仁慈，以及讓我們所有偏見進入未知領域等的過程中，感到安全，因為從身體的直接覺受與心底深處，我們正經驗著相互連結的實相以及無常之美。透過具冥想品質的修行達到這種狀態的好處，是它能訓練、加強和體驗心智穩定的狀態。

透過專心一志，我們可以任意地回到這個狀態，無需任何外在的助緣。這種對相互連結的領悟是真愛的體現，它點燃了深刻的啟發，讓我們看到導致痛苦的執著、誤解和對獨立自我的認知，不過是區區的不便。這份洞見的產生，讓我們看到輪迴就像一個小水窪，而非海洋，我們很樂意做任何事情，甚至可以再活一輩子或成千上萬輩子，直到我們覺醒，體驗無盡的奉愛過程。

第九章

最終的臣服

當我們能夠拋開二元論見，體驗到萬物的本質是合一而非分離時，我們即接觸到奉愛，而其實我們也發現了瑜伽。透過它，我們學會了簡單卻深刻的啟發，不走向任何極端。

在奉愛（bhakti）裡臣服，似乎使我們對開悟的追求聽起來如此簡單和輕鬆。在某種程度上的確是，直到小我出現，展現它對誤解的把握。我們知道愛是什麼。它正是那種合一感，與他人深厚的連結感，使我們能夠放鬆地展現自己，不必擔心被拒絕。糟糕，問題來了！在短短的三個念頭中，我們開始走向事物的二元論見，這將使我們生生世世受苦。是的，愛是合一、連結，以及表達的自由，但它並非我們能真正完全瞭知的。它是體現的、直覺的、相互依存的，又恆變的。

成為洞見之催化劑的奉愛形式，具有與眾不同的特徵，是由內而外、而非由外而內開始的。奉愛整合交織了眾生與萬物，但完全不依賴他者。當在細胞層面上，我們體驗到萬物的本質是合一而非分離時，我們即接觸到奉愛，而其實我們也發現了瑜伽。屆時，顯而易見的，事物並非因相聚而合一，它們已經合一了（同時保留了個體的獨特性），而是我們的誤解才將它們分開。

一旦我們執取這個分離自我的基礎信念，我們便將生生世世的整合已經合一的事物。我們很容易落入這個本能的陷阱，從二元論的觀點將事物分離，然而，當我們識破自己對於放下分離自我之概念心的抗拒，就能不再被無能為力所蒙蔽，而能夠體悟所有形式，甚至我們自己的未顯化形式，都是神聖的且真實的。一旦能在根本上理解所有顯化形式皆為合一模式的基質，那麼，在多元的、直覺的層面上，我們將體驗到萬物的緣起。奎師納解釋，這種簡單卻深刻的啟發，來自培養信任和奉愛，與透過行持平靜心智所獲得。他說：「**完全滿足的瑜伽士，總是自我控制，堅定不移，心念與智慧與我合一，虔敬於我，是我所鍾愛。**」（**12.14**）

奎師納建議將心念和智慧專注「於他」，意指冥想與眾生的關係，這是另一種表達方式，揭露出他安住於眾生的心中，而事實上，他即是眾生。這裡的指點是冥想於連結性，而非冥想著美麗的藍色神祇吹奏長笛的形象。這節詩句暗示，一旦瑜伽，或奉愛至深，就有一種稱為 prema 或 priya 的內在甘露，會隨著彼此之間不分你我的流動而湧現。它始於強烈、神祕、磁性核心般的流動，並以一種難以言喻的方式被點燃，必須透過對事物本身的直接經驗來理解。這就是奉愛，它是消融進入開悟狀態之最終的催化劑。

從這個合一的起始點，奎師納透過闡釋故事先前的教導，提供脈絡背景，並解釋，對於那些不退卻遠離世界的人，世界也不退卻遠離他，很容易達到不執著和平等心，他說：「**無忌眾生、友好和慈悲之人，擺脫了佔有欲和自我中心，對苦樂具平等心，有耐心……世界不會退卻遠離他，他也不退卻遠離世界，擺脫享樂、急躁、恐懼和痛苦，是我鍾愛之人。無私、純淨、靈巧、不偏不倚、無憂無慮，諸緣放下，禮敬我者，是我鍾愛之人。無喜無憎，無悲無欲，放棄善惡，充滿愛者，是我鍾愛之人。敵友等賢待之、榮辱等同視之、冷熱苦樂等閒受**

之，擺脫執著之人。毀譽不動，觀修沉靜，凡事知足，無執居所，判斷力穩定，充滿愛，是我鍾愛之人。」（12.13；12.15-19）

奉愛的主旨

對於任何瑜伽修行者或立志覺醒和進化的我們來說，這些都是非常重要的教導。你找到一個安靜的地方練習，或是你對因陀羅之網（Indra's net）的概念或其他連結性的基礎知識啟發了深刻的洞見，你感覺棒極了。但是，當你走出屋子，走進大街，便會想：「哎呀，好多車！看看這些人。」於是你退離世界。或者，你將自己隔離在理想和洞見的象牙塔中，而非走入街頭，帶著全然開放的臨在，直接領會時而混亂的世界狀態。人們看到你就走避，因你自大的態度而厭煩，或者因為你無法帶著悲憫與慈心先釋出善意而受到傷害。你忙碌於編織幻想身為瑜伽士、神祕主義者、父母、老師、上師或哲學家等的意義，脫離自己與事物當下所升起的實相。

我們練習冥想於正在升起的一切，如此，當二元心識突然出現時，我們如實觀照：二元心識。並視此一心識的狀態等同神聖。若是出現了分離的誤解也沒關係，若我們能注意到它，是因為我們正在冥想於當下所現的模式，而非專注在應該冥想之目標的概念。真正的瑜伽士觀照到二元心識的出現，然後觀照這層二元心識出現之觀照，依此類推。正如我們在 Gītā 第十二章第十三節中學習到的，瑜伽士「無忌眾生」或任何顯化形式。他們僅是完美於自己的不完美——並非總是能夠掌控心智、情緒、與時而有之的二元傾向，但他們能夠透過自發性的深入內觀、或外部回饋，看見自己的錯誤，並引以為鑒。

這就是奉愛的主旨。透過它，我們學會了不走向任何極端。相反地，當極端的觀點出現時，我們便有意識地囊括其互補對立面，以保任於奉愛的中庸之道。它非常困難，這也就是為何在稍早的 Gītā 故事中，我們了解要找到準備好進入瑜伽之人是多麼不容易的原因。心智的本質是提出傾向於極端的哲學命題。因此，通常我們會落入採取某種思維立場，而意識不到其互補或相反的立場。當我們討厭或害怕自己的黑暗面，我們也錯失這觀照的良機，最終無從得見事物的自然過程和進化，如關係，奉獻與愛。

信念和信任帶來幸福

阿周納平靜下來，也起身面對當他目睹奎師納完整的萬有形象時所生的恐懼，而再次變得好奇。這是他性格中一個有趣且重要的部分：對知的渴望，以及再次審視的意願。他從不滿足於已知，但也堅持詢問兩造之中何者較好，因為他認為自己可以得到肯定的答案。奎師納熱愛並鼓勵阿周納靈魂的這部分——他總是持續地重新審視。這是一個優秀學生的特徵，這也是為何在 Gītā 第十二章開端，奎師納很高興阿周納提出的問題：**「那些持續投入、隨處皆以愛來禮敬您的人，以及那些崇敬無朽的未顯化的人，哪個更了解瑜伽？」（12.1）**

在第十二章 2 節中，奎師納回答，心智專注與崇敬祂、同時持續觀修瑜伽之人，他們擁有最高的信念、一心恭敬至誠，因此根據定義，最了解瑜伽。本文中使用 śraddhā 一詞，可以譯為「信念」，但它並非盲目的。相反地，它是一種安憩於未知的能力，對生命過程本身的堅定信任，以及臣服於一切如是的能力。正如奎師納指出，śraddhā 與真理或每個生命的本質有關，他說：**「信念（śraddhā）密切地依循個體的特質。人類是由他們對形而上設想的信念所組成。一個人的信念為何，他即為何。」（17.3）**

這可以回溯到稍早的教導，當時奎師納解釋 puruṣa（通常譯為「純意識」，但也代表「人類」或「吾等所有人」）是由信念構成的。最終，信念和信任為我們帶來了幸福，甚至那些被他稱為「惡魔」，被小我、驕傲、情欲、憤怒和貪婪所控制之人，他們亦擁有信念，這就是使他們活著與塑造他們的原因。重要的是必須分清楚，分裂、壓迫和有害等層面的信念（如小我或驕傲）將在關係中產生懷疑和仇恨，並導致所有的不幸，而非喜悅。健康的信念柔化了小我界限，使其融入自他之間的平衡，直覺性的連結他人與未知。

找到信念、信任他人，便打開了通往愛的大門，這是 Gītā 的核心教導。在極其實用的層面上，正是這種純粹的信念容許你呼吸。若你的小我真的成功地創造條件，使你與其他一切分離（這是健康小我的衝動），那將使呼吸都變得不可能。小我的分離衝動能被自然的互補面——小我的消融——所抵消，對他人能信任和臣服，這些都是源於信念的根基，讓你有能力真正的放下。這就是奉愛，它是一個經歷，自發地引領自然的、真誠的渴望，與為他人與全體服務的願行，這就是愛的真相大白之時。

健康的個體、健康的人際關係，能在小我、驕傲、欲望、憤怒、貪婪等分裂的品質產生時，平衡地維繫在和諧與平等的狀態。謙卑平衡驕傲，滿足平衡欲望，寬容平衡憤怒，慷慨平衡貪婪。在和諧的狀態下，破壞性的品質能被其互補對立面充沛地平衡，如此方能孕育對連結性深刻的信任和信念。

奉愛的運作方式

信念造人，這就是奉愛運作的方式。我們本著這種精神思維：「我是僕人的僕人」。接續著「我是僕人的僕人的僕人」。傳統的理解是，「我的老師是僕人」。任何一位好老師都必須是如此，而非獨裁者或暴君，也不是萬事通，也非無情、自大、自我炫耀地，要所有人都知道自己多有天賦。不，好老師是如奎師納般熱愛學生的人，把學生放在自己的心中，並極其溫柔地提供學生真正需要的一切：知識、支持、回饋、方向等。如同僕人會支持他們的主人一樣，老師恰好滿足學生的需求。

但是，箇中充滿巧妙與複雜，也對老師有很高的要求，他必須平撫安頓自己的小我和偏見，以非常專注的明辨力，著眼學生的細節。老師也必須仔細觀察以發現新的視角，同時歡迎回饋，以真誠的態度，盡可能地保持時時刻刻清晰的覺知。傳統教學始於這份想法：我的老師是僕人，而我是老師的僕人。老師和學生都視自己為一片小草的僕人，那片小草觸碰了一位僕人的腳，而那位僕人正汲水給一位偉大的僕人。換句話說，當我們領悟到相互連結的本質時，我們會出於奉獻和愛來利他。

當然，心智會把所有事情都變成鬧劇。不踏實的老師可能會以為他們的學生的確是他們的僕人（忘了自己才是首要的僕人），並且可能在個人的神話中膨脹自己、貶抑他人。未成熟的學生也可能會因這個指導而產生困惑，混淆了盲目的信任（放棄了正直和智慧）與健康的臣服。後者是一種沉穩、好奇的信任，根植於共同的尊重和慈悲。

Gītā 所昭示的臣服，對學生、老師以及任何關係、傳統或傳承等都是有益的，這種臣服充滿了熱誠，在完整的脈絡中探索主題。於是，無論是系統或個人的缺陷，都可以在相互支持的環境中，得到揭露與進化。每個人都很高興，因為本著支持和無私的精神所分享和考量的多種觀點，使主題變得更加清晰和豐富。這種信任並非表面上的公式化詮釋，並非在不健康的權力動能中放棄智慧和正直。在這種交流中，雙方都處於清醒、溝通，給予和接受回饋的狀態，以及不斷地提問，自在、誠實地分享他們的行動與知識，將其奉獻於純意識之火。當初學者或「天真」的學生落入操縱性或渴望權力的領導者（無論是老師、宗教領袖、家庭成員還是職場熟人）的魔咒下時，就會出現虐待行為甚至是邪教，造成巨大而長久的傷害。

在真正的奉愛中，健康的臣服源自於互重互敬。奉愛是兩者相遇的地方，在交匯處，展現自性（ātman，真我）。一位優秀的老師是善於奉獻的人，尤其是在智慧的奉獻（jñāna yajña）之際，也獻出了 ātman ——奉獻他們的全部。他們懷抱著為他人服務的精神，自在地放下一切所有。

真正的奉獻儀式

在 Gītā 第十七章的開端，有關奉愛的犧牲奉獻觀念，引發了阿周納的好奇心，他提出一個有意思的問題，而本書最後一章的最後一則教導也藉此展開。對於那些想像自己踏上覺醒道途之人，奎師納邀請阿周納更深入地質疑他們的動機和意圖。阿周納問：**「噢！奎師納，拋開經文的禁令，而又充滿信念（śraddhā）地奉獻禮拜，這些人的立場（狀況）為何？是悅性、變性，或是惰性？」（17.1）**

此處涵蓋了那些不了解這些教導但本著良善意圖而行動之的人，也適用於知悉這些經文而決定置之不理的人。對於許多試圖了解 Gītā 教旨的人來說，他們會有一種將之拋諸腦後的衝動。其實，在整個故事中，我們也看到阿周納對教導置之不理的衝動，與因而衍生的困惑感。

很多時候，他甚至都不知道奎師納到底建議他怎麼做，因為這些教導彷彿自相矛盾，所以阿周納一次又一次地要求確認，或者他希望知道，哪一個更好？當被疑惑磨耗之際，他就會因挫折和困惑幾近放棄。若能有一種直白的教導、唯一的方式、終極的教條等之類來遵循，那麼會有多簡單。

身為認真的學生研讀 Gītā 時，我們也可能會被人性本能所誘惑，以教條主義的方式依循一條路，或者完全屏棄文本中微妙而複雜的教導。僅僅做「我們的」練習、遵循「我們的」法，或放棄關係以做為「我們的奉獻儀式」，這些也許聽起來不錯，然而，那種對修行、法、儀式或奉獻等的態度（視之為自己的，因而在定義上來說即與世界分離），使我們完全走偏了。Gītā 建議我們找到中庸之道，而非變得僵硬或以正義自居。它教導我們，關係（愛）是所有行持的核心，對於理解生命和尋找幸福至關重要。

然而，我們必須要很小心，因為即使是關於愛的概念，正如同任何事物，都可能會變成一種逃避。我們聽聞奉愛是關鍵，於是我們放棄一切、環遊世界行奉愛，晝夜吟唱奉獻之歌。起初，我們虔誠且真誠，為眾生而唱頌。但是，除非我們以其他冥想的形式來平衡此舉，或者甚至更好的方法，是承擔起現實生活中的責任和人際關係，如養家糊口或為窮人服務，否則我們可能浮而無實。

我們的風險是被場景中多餘的細節所吸引而分散了注意力，例如，煩惱當我們虔誠地跟隨大師在台上唱頌時該穿些什麼衣服，而非回想起梵唱的發心和寓意。若我們成天早晚陶醉於唱頌的聲音和振頻，那麼，起身面對無論是自身、以及遠大於自己微觀之大局等的現實處境與責任，就可能溜出我們的意識。然後，突然有一天（如果幸運的話），我們醒來，發現自己已經變身為練習「看看我的奉愛」，喪失了純淨奉愛的初心。

真正的奉愛

真正的奉愛，即是與眾生的關係，它確實可以透過梵唱美麗地表達，然而，初始的真誠奉獻，被我們執著於活動的陷阱和成果所吞噬，受到變性與惰性的影響。我們的梵唱並未表達出連結性，卻被小我挾持。這種情況常常發生！

這只是愛、奉獻和信念遭到消蝕的一個例子，它發生於小我（總是在尋找存活之道）綁架絲毫的奉承，或任何斷章取義的教導之際。若不加審視，它將利用這種妄見的種子，確保其牢牢固定在我們對「自我」（有別於他人）的理解中。一個涵蓋他人的全方位溝通與觀點，可以防止我們錯失教旨的完整性。這也許是 Gītā 最重要、一致的普世主題，也是佛法的中心思想，即三寶的概念：佛（老師或圓滿覺者）、法（教導或經文）、僧（其他真誠的學生、社群）。三者共同支持行者的解脫之道。

隨著信任和開放的溝通，育有智慧的臣服是安全和持久幸福的源泉。因此，當阿周納問及那些罔顧或離棄這些教導的人，奎師納回顧了先前文本討論到的許多思想和哲學基礎。他談到了三屬性（guṇas）的特徵：變性、惰性和悅性。他談到奉獻，提醒阿周納不執著於成果而行動的意義，並強調練習瑜伽（保持心智穩定）可使無所執著變得容易。然後，他提到了致力自身之工作的觀念，並以唱頌「*Oṁ tat sat*」作結。

Oṁ 當然就是 Oṁ，所有瑜伽初學者都熟悉的字，但鮮少有帶著對於它真正意義有所了解的唱頌。傳統上，Oṁ 指的是梵天（Brahman）或萬有。它是一種完整的振動聲音，旨在包含所有想像的形式、覺受、思想、振頻、情緒、顯化，也就是萬有。

Tat 的意思是「僅此」或「即是如此」，暗喻著我們做著當下做的事，無需原因，僅是單純地做。這就是奎師納希望阿周納修行的方式，也是他所建議的行動方針。別無所求，只是純淨的行動，沒有任何我執（ahaṁkāra）、所有權、小我、貪婪、期望等等。

Sat 的意思是「真相，在現實中」。透過教導阿周納，奎師納正是指導我們所有人，進行無條件、不求回報的行持，彷彿行持真諦——這即是真正的瑜伽修行。

當然，這定義了純淨的奉愛（śuddha bhakti），它居於三屬性之外，並非與屬性分開，而是在其外部。在練習純淨的奉愛時，你會發現自己所做的一切，都是由三屬性組成的，升起或顯化的萬有皆源於此三者的交織。但是，隨著修持智慧，明辨智的雙刃劍使你能夠在緣起的過程中，看穿心智的層次，包括你的觀點與自我的概念，揭露萬事萬物的真實本性。

如果我們能夠保持全然的清醒和警覺，同時也放下並進入純意識之流，就能有具智慧的行動——顯化於三屬性的外部。於是，我們能觀察屬性的模式如同至上的形式。若能通達這份辨別力或明辨智，我們的努力就不會混有雜質，因為並沒有因私利而欲改變顯化形式的動機。因此，行動本身一直揭露著其最終目標，即奉愛本身。換句話說，奉愛的修行僅僅是為了奉愛。奉愛是互動的，而非被動的，而這份在保持醒覺中放下的能力，是絕對不同於未投入、被動的放下——彷彿一切都很好，沒有行動的責任，或無需專注於細節。因此，如同 Gītā 提出的其他解脫之道，奉愛是矛盾的：需要做，但重點是放下，是在持續更迭的變化之流中找到穩定性。奉愛是面對未知時，盛開的明晰與信任。

學習不抗拒改變

這種奉愛並不容易。它需要勇氣、信任、臣服、開放的心智和坦誠的胸懷，與透過放下我見與計劃來因應局勢，培養從容面對坎坷崎嶇的能力。它需要擁抱變化。這些是我們透過冥想修持而培養的能力。讓事情更加複雜的是，對我們大多數人來說，這種對改變的抗拒，彷彿與生俱來。即便我們直覺上知道事物總是在變化，而可以在理論上了解它是依緣而生的過程，但我們仍然傾向於陷入自己的慣性模式，而想要排除變化。習慣就如同小我或我執，本身並不壞。事實上，它們是重要的功能，是三屬性的神聖組成。

我們透過小我來定義自己周遭的故事，然後依靠習慣來簡化我們的行動，但長遠而言，它缺乏永續性。當我們相信小我之重要性和分離性的潛台詞，小我便成為障礙，而我們的習慣或印記（saṃskāra）也因受蒙蔽而失效，因為它使我們抵抗當下瞬息萬變的本質。

我們抗拒變化，並非因為自我中心的變性所導致，或是因為無意識習慣的惰性驅使，而是由於另一種惰性的傾向——對未知的恐懼。如果事情總是在變化，那麼我們如何確保自己在採取行動時做出正確的選擇？既然事物總是持續更迭，我們永遠無法看見全貌，永遠不會擁有所有的資訊（當然這更是異想天開，因為我們看事情的角度總是有所侷限），因此我們的見解在下一秒已經難以保證無咎。這種不確定性讓我們發瘋。我們聽到阿周納一次又一次地問：「只要告訴我確定的答案。」如同我們一樣，他渴望確知，這樣他就不必一直處於邊緣狀態，不斷地覺醒。

抗拒變化有許多不同層次，始於個人的內在層面，阿周納亦同。當我們的觀點與情況之間失和，將注意力聚焦於自己能感知之最細微的枝節，那麼變化似乎就威脅了我們既有的平衡與穩定。改變和不穩定常被混淆一談，事實上，它們是平衡之互補和相互蘊合的面相。然而，我們對自我的認知和自視的熟稔，可能建構在滯礙、惰性的穩定錯覺中，誤以為我們需要控制或避免變化。如果發生這種情況，我們很可能會避免將變動與令人愉悅的未知數注入我們有限的故事情節中，如同建築師們花了數千年的時間弄清楚如何在地震帶上建造堅固而穩固的建築物——容許建築物周圍的元素變動，而非加強抗禦，我們也可能需要經過許多次小我結構的崩解，以及瓦解對身為獨立個體的過度執著，以學習信任和隨順變化而行的歷程。

使事情更加複雜的是，無論我們身為個人是否開始歡迎事物變化的本質，一旦我們跨越小小心智的圍牆，就會遇到更大的阻力。無論是在家庭倫理、工作環境、修行道場或是身處的社會之中，我們都面臨來自該文化的阻力。若任何一種文化之中，太多成員開始覺醒於連結性，軟化自我在社會中所扮演之角色的界線，並開始接受我們皆相連和相互依存的事實，那麼印度的種姓制度、美國的種族偏見、瑜伽的各種傳承、世界各地的皇室家族等身分認同架構，以及已建立的社會基礎結構之諸多層面，都可能受到挑戰。因此，如果領導者拒絕覺醒，文化也會抗拒變化。對集體或從長遠的角度來看，文化某些面向的改變可能是有益的，但對當權者來說，改變通常等同於不穩定和某種程度的破壞，即便改變即是健康進化的本質。

就個人而言，學會約束自己抗拒改變的傾向，是達到平衡和自由的一種可行且實用的方法，也是支持和維穩身處之環境和文化等的方法。信任改變與他人，對一層層覺醒的堅定承諾——個人、人際之間、文化和全球等各方面——將在許多層面上大有裨益，甚或能轉化意識，最終使我們擺脫對改變的恐懼，不再受困於自我的身分認同、自他的差異和分離，向前邁進。

第十章

愛的中庸之道

當我們放下成見、習慣和偏見時，我們自然會體驗到這份連結的深刻，並且在直覺、覺受的層面，發現自己自始至終都與過去的和未來的自己相連，彷彿回到家一般。

在Gītā的最後幾章中，奎師納全然展現了他的顯化，不僅是水的味道或陽光的燦爛等之有形表現，也不僅是可怕的時間之輪（巨大可怕的嘴吞噬人們），也非僅化身為故事一開始時，我們可能覺得無關緊要的戰友身分。在奎師納提出了時而直接的、多半微妙的、卻總是深刻之生命本質的教導後，於此，他以最純淨、最甜美的形式展現——愛——這是我們本具的內在能力，使我們得以延續與興盛。

愛是連結的表現

愛是連結性的究竟表現，是開放互惠的行為，我們成長的能力立基於關係，也難怪當我們與他人建立健康的關係並與周遭的世界連結時，大多數人都會感到最幸福。但可笑的是，我們對於愛或關係的概念卻常成為苦因。當現實相違於我們對戀愛的想像，對關係的呈現，或者另一個人「應該」如何處於「我們的」關係中時，就會發生這種情況。與其相信內在有無窮盡的愛能分享，我們的心智狀態、幻想、對感官對境與結果等的執著掩蓋了一項事實，即我們都是相互連結的。

若要開始覺醒，我們無需相信奎師納是個歷史人物，也不能從字面上解讀 Gītā 的故事，將其視為不變的教條，以為如此就能體驗到奎師納所象徵的浩瀚無垠。奎師納被視為是顯現的萬有，他安置眾生於心，這象徵著連結性，以及我們本自具足、無限地愛的能力。他，等同你我，是純意識的本身，與我們的真實本性（良善和溫柔——慈悲）相互連結。當我們放下成見、習慣和偏見時，我們自然會體驗到這份連結的深刻，並且在直覺、覺受的層面，發現自己自始至終都與過去的和未來的自己相連，彷彿回到家一般。

這是人們剛開始練習瑜伽時經常發生的狀況，因為對瑜伽的好奇心使他們能夠看到當下真實的發生，免於預設立場和慣性行為的遮障。重新連結這份本初的理解，在包含個人和普世的層面上，我們發現了自我熟悉的領域。這是我們的自然狀態，也是我們能找到真正、永久之幸福的地方。幸福是我們與生俱來的權利，然而對於許多人來說，無論是否處於危機之中，幸福似乎總是遙不可及。

Gītā 的教導清楚的指點，儘管本初善、幸福和慈悲如同愛一樣，是我們的自然狀態，然而，若要找到它們，我們必須本著慷慨和善良的精神，正直地行事。持續的幸福需要我們依循像阿周納在行動和正法之域的醒覺，起身面對命運和難題。在覺醒於當下的周期延續中，維繫行持、穩定和機警。定義與探究，堅持不懈與不斷放下，我們本著對變化本質和關係力量的信任，採取果斷的行動。

覺醒的關鍵

在 Gītā 第十六章和第十七章中，奎師納再次強調，覺醒過程的關鍵在於明辨智的藝術，即看穿心智妄念（包括自己的與他人的）之能力。文本從開始至此，奎師納已為阿周納提供了關於世界運行的無數細節，也指出了陷阱，並建議前進的方向。看見阿周納在正途上的進步，在第十六章中，奎師納開始探討所謂錯的意圖，因它最容易蒙蔽清晰的視野。

他詳細指出具有「神性」特質和他稱為「魔性」特質的人。具真神性者將萬有安置於心，他們是極少數成就開悟之人。奎師納也非常珍愛那些有意識地、真誠地選擇無私的開悟道途，但尚未抵達的人（大多數靈性尋求者），他們也在前往神聖的道途上。整部 Gītā 都強調了良善意圖的重要性，在此處也提醒了我們，無私、真誠的發心即是關鍵，它比虔誠膜拜或遵循教條的外在表相更為重要。

但是現在，奎師納第一次在文中強調了一個事實，即有些人天生就是邪惡的，他們絕對缺乏良善的意圖。而儘管如此，他並不排斥這些人，不將他們屏除在他心的溫柔擁抱之外，也不支持他們錯誤和破壞的手段與行動。反之，他滿懷慈悲，了解他們生活在混亂和受苦的狀態中。

在這則教導中，他清楚地告訴阿周納，當下覺醒意指行持智慧和明辨力，尤其是在遇到這類人的時候。我們必須看到他們的實相：儘管他們是邪惡的，但他們也是神聖的顯化。奎師納教導，在遇到此類的存有時，應該練習平等心（upekṣānam）。這代表我們不該相信他們的妄念或行為，助長他們的惡意或可能造成的傷害。我們應該適時地運用明辨智，採取必要的措施來防止他們造成傷害，但與此同時，我們必須將那些邪惡的人放在我們的心中。

平等心的修行似乎不可能，尤其是當我們遇到對他人造成極大傷害的惡徒，例如某些政客、殺人犯或舌燦蓮花的騙子。我們要如何把他們放在心中？有一些技巧，例如生動地觀想某神祇的細節，像是毗濕奴的法相或任何與我們有緣的開悟者，然後想像我們將他們安置於心中。神聖的他們有眾生在心中，因此，當我們擁抱他們時，他們心中的眾生也將在我們心中！或者，我們可能修習慈心觀（metta），從而窺見惡人之苦難，這可以在我們心中創造出容納他們的空間。

如同我們在 Gītā 中了解的所有教導，沒有一個方法會永遠有效，但始終存在的問題是：「若我們不將眾生安置於心，會有什麼風險？」當我們在心中排除任何一個人（或世界的任何地方）的片刻，我們就創造了分離——無明，或無知的根本、痛苦的根源，而我們的行動也助長了不可避免、連鎖反應的苦業。施行慈悲心和平等心，找到某種方式將惡人放在心中，是通往療癒和持久幸福的唯一途徑。

對於初學者來說，也許我們可以透過 Gītā 的教導，觀修與奎師納同在，而他具有無限寬廣的胸懷。如同奎師納，我們把那些頑固、甚至惡魔般的人放在心中，透過愛的明悉角度，再三的觀察與提問，何謂最能服務整體的行動。我們小心翼翼地保持沉穩，不因過度專注於他們而被淹沒擊倒，以致於忽略了自己的核心價值觀、初衷，與懷著慈悲而行動的能力。本著良善和慈悲的情操，將所有人溫柔地放在心中。知易行難，但是在持續地行持和他人的支持下，就會變得容易些。重要的是，我們必須記住，將眾生安置於心的同時，我們也一直在熟練明辨力，盡可能清晰地覺察一切。

識別惡魔的形式

奎師納解釋，我們之所以能認出惡魔，是因為他們不僅極度變性，或被盤根錯節的惰性和變性所束縛，也因為他們充滿了惡意和欺騙。那些惡魔般的人具有自私自利、自我沉溺、破壞性的特質，受欲望、憤怒和貪婪所驅使。用現代詞彙來說，這些人可能被稱為自戀者、反社會人格者和精神病態者。

那些被惡魔般妄想所驅使的人不太可能改變，因為他們沒有改變的欲望。他們看到了系統、他人以及自然模式等之中的缺陷，卻無法反思自己可能出了問題，所以，何須改變？請記住，這種惡魔形式並非僅僅屬於變態心理學的黑暗角落，僅有少數人會遇到，反之，我們大多數人的一生中至少會遇到一次，所以能夠識別它很重要。有惡意的人一直以來都在，顯化為惡魔的潛力是我們所有人都有的種子，而我們亦可能淪為它的獵物。

也許奎師納將這個教導安排在最後的原因，在於若未先熟悉人性模式的各種典型，則將可能引來開悟之道上的障礙。例如受困於我們對自身法性職責的信念，或執著於我們想像中可帶來價值的儀式，或是不能區分無害的迷惑與根深蒂固的惡意。惡意是自私自利、惡魔化的傾向，如果自戀者或反社會人格者未被制止或忽視，則情況會迅速惡化，因為這些人在自他之間以及系統內部皆造成重大分歧，以致於他們急迫的分離感、恐懼和退縮的防禦行為，最終也在他人身上浮現。

這就是邪教中所發生的現象，當一個領導者被自己的貪婪和宏偉的妄念所蠱毒，並說服追隨者不惜傷害自己也應「喝下毒藥」。這種情況亦發生在商業交易或政治中，一個惡意卻富有魅力的領導者，巧言令色地迷惑毫無戒心的人，結果證明是個騙徒，他詐欺朋友的巨額金錢或對世界造成其他無法彌補的傷害。

即使在瑜伽世界或靈性的其他道途上，這種模式也經常出現。你找到了瑜伽，並擁有了深刻的經驗，經過一段時間的研讀和練習（希望是超過兩年後），你忍不住想與世界分享。突然，你的學生說：「哇！你懂得好多，你治癒了我的背痛。請讓我摸你的蓮花足。」即使你內心知道其實是瑜伽本身治癒了他們，而不是你，而且你其實懂得並不多，你仍開始相信學生說的話。從極度的自戀和貧窮出身，你搖身一變成為億萬富翁，到哪裡都搭乘豪華轎車（如果時間很趕的話，就搭直升機）。

但是，當然，你對這些根本不執著。對！老師相信了自己編造的故事，數年前彷彿真誠的瑜伽練習已經變成了封閉的自戀循環，其中，老師相信學生所給予的讚美和奉承。這個循環是如此緊密，以至於當學生的言語無法反映老師自視偉大的幻覺時，群體中就沒有空間容納那些反對者：「丟掉那些鏡子，因為它們反射我惡魔的面孔，以及扭曲、陰險與貪婪權力的嘴唇。我只要那些受傷或困惑的學生來加入我的邪教。」

這在歷史上絕不僅僅只有一次，或兩次，而是發生過數百萬次，而它也潛藏在我們所有人之中。印度和佛教藝術中兇猛的惡魔形象展現出了這種潛力，莎士比亞的馬克白夫人等角色也表現出了這種潛力，她將自己奉獻給邪惡，並受到極端的貪婪和嫉妒所驅使，又或者某些二十一世紀的大人物和政客，他們投入生命全部的驅動力追求自己的權力、財富和榮耀，而完全漠視他人和這個星球。奎師納強調了學習辨認此類型之人的重要性，並警告說，若無法清晰地覺察並認出邪惡，則有可能受到惡魔般的領袖、老師或商人（僅舉寥寥幾例）用虐待和漠視的手段所深深傷害，他們迷戀自我的榮耀而犧牲周遭的人。

若我們無法在他人或自己的念頭中辨認出不正直的道德觀，則終將導致災難性的結果。它對所有人來說都是一種誘惑，然而，若我們真誠地詢問、學習，找到一位好老師，並與其保持健康的關係，參加一個能提供清楚回饋的健康群體，就能避免這個情況。若想遏抑自己的惡魔潛力得到開發，就要克制總是在尋求贊同我們觀點的人，或希望老師稱讚自己是有史以來最棒的學生，此外，持續仔細地省視教導和反求諸己是很重要的。

這也許是健康的瑜伽練習所帶來最重要的影響，它使我們能夠在關係的脈絡中與自身的經驗中，得到體悟與穩定。我們保持這份沉穩，方能在總是反覆無常的生命和歲月中，不受到情緒、念頭、感受和欲望的席捲。

熟悉三屬性

在奎師納警告了阿周納，有關那些放任小我的惡魔終招致衰敗的教導後，他接著重申，所有升起的一切都是依緣而生，包括我們對世界的體驗。為了清楚地看見和培養辨識三屬性的脈絡、依存、關係和相互蘊合模式（甚至是惡魔傾向）的能力，我們需要清晰地區分這三屬性的特徵——悅性（良善）、變性（熱情）和惰性（停滯）。當然，沒有僅由單一屬性組成（如僅有悅性）的顯相，而總是從三屬性的組合中，顯化出獨特而又不斷變化的模式。然而，由於通常有一個特徵最為主導，我們可以透過觀察事物主要是悅性、變性或惰性來開始學習，這使我們有立足點，可以清楚地評估和感知我們遇到的情況。透過這個方法，我們的觀修能漸趨細緻。

在觀察之際，持續著注意三屬性時時刻刻的交相模式，我們可以磨練技巧，以釋放心智和小我的層層包裹，更仔細地、更清晰地覺察。我們注意到這種模式：惰性（固定性）可以透過其對立面或是變性來誘發行動。這將刺激悅性的開展、合成，而最終變得僵硬和停滯，再次轉為惰性。透過仔細的觀察，揭露了包括三屬性在內的萬有都是不斷變化的，並存於關係或其脈絡之中，甚至三屬性之間，也是持續地消長，彼此間有著無盡的關聯。

文本於此接近尾聲之際，奎師納列出了詳細清單，說明三屬性的特性，如何在物體、個人、行為和念頭等之中揭露。我們熟悉它們的特徵之後，就具備了快速、準確地評估事物的能力，所以能善巧地行動，而非出於由行動中獲取利益的動機。帶著信任、智慧和開放性，可以更清楚地洞悉我們經驗的背景和前景。當我們將一切（包括自己）視為樂團演奏過程中不可或缺的一部分——三屬性的交響樂——隨著時空的演繹，我們可以享受彼此的相遇，享受當下這個壯麗的生命樂團。

回到 Gītā 的故事，我們看到現在阿周納有了明辨智的重要基石。透過權衡不同行動的利弊，他終於可以「起身戰鬥」，面對危機。在諸多的方向中，他可以追隨自己的法性職責，成為一名戰士，他可以因恐懼和困惑而逃避戰鬥，也可以透過不踏實的奉愛或盲目儀式來逃避局勢，或是可以清楚地評估局勢，秉持智慧和正直行事。他知道，每一個行動、反行動、不行動，甚至每一個念頭，都將有其業力的後果，而執著於他所想像的行動回報（即便是利他的願望）也是有毒的。他已經了解到，明辨智並不僅限於看見三屬性的模式，而且他知道他必須放下對所有一切的預設想法，甚至是三屬性的本身，以及想像自己或他人是誰的幻念。

只有在這種自我省思的境界，他才能有智慧地克服自己所面臨之不可能的困境。他了解（我們也應如此），要保持這種程度的信任和誠實並不容易。這是一個脆弱的過程，放下了「保護」自己的小我界限，同時欣然邁入並消融於充滿矛盾的經驗——全然的獨立卻也絕對的相互依存。

見證阿周納的覺醒

在文本尾聲，隨著阿周納即將茅塞頓開，我們見證他的逐漸地覺醒，結合他獨特的長處和特質，一點一點地引導他穿越困難。我們可能開始看到他的處境亦屬於我們所有人，而穿越他的困境或任何危機的方式，是一個持續覺醒、堅持和放下的過程，一而再再而三地，在愈來愈細微的層面上專注於目標：負責任、具智慧、心胸開放、充滿慈悲地行動，即使面對不確定性，也將眾生安置於心中。正如阿周納最終會決定在戰場的最佳行動方針一樣，我們也受到邀請，先暫停，沉穩於當下的體驗，以憶起我們的真實本性——幸福和愛——就蘊藏於關係中。我們受到鼓舞，帶著勇氣與明悉面對當下，迎向過程中無可避免的困境和難題，深深地向內探索，同時服務他人。

打從故事開始，海螺一被吹響，阿周納就感受到遍布全身的振頻，這個經驗帶他回到了感官覺受，讓他體驗了何謂踏上戰場，從而振奮起來。他已經覺醒了。慢慢地，他意識到自己遠大於自己的看法和結論。在遇到困難時，他學會了懸止反射性的行為衝動，進入暫停與探索。於此在故事的最終，他再次這樣做，但大異於前的是：他不要求確定性，不再想知道兩者之中何者更好。相反的，這次阿周納想知道不執著之兩種形式之間的區別——遁世（saṁnyāsa）和放棄行動成果（tyāga）。他開始放下確知欲，這也正是透過具冥想品質之修行所能培養出的關鍵技巧，可平撫小我對確知的需求。

當我們練習瑜伽或是禪修時，我們學會覺察眼前不斷升起的變化過程，即揭露於每個當下。我們愈仔細的覺察這種變化模式，愈容易對我們永遠無法百分之百確知的事實感到自在。自故事開篇以來，毫無疑問，這種需要困擾著阿周納。但是現在，他釋放了對確定性的掌控欲，請求奎師納幫助他對照不同的概念，以更深入地研究不執著的含義。

奎師納由此知道，阿周納不僅益發成熟，放下了對念頭的執著，也進入了非常深刻層次，信任實相開展的過程，在在揭露於當下的覺知之中。他終於開始體驗不設限之詢問的美德，它通達明辨智，與此同時，他一直在深思放下的困難之處。要真正的放下是極具難度的，但是如果我們不能釋放自己的感覺、念頭、情緒和感受，甚至是我們對這些事情的想法以及所謂放下的意含，那麼我們就無法深切地、純真地信任生命。若無法放下和信任，就不可能得到永久的幸福。

真正的放下是第一步

我們從健康的瑜伽練習中所學之一，不執著（vairāgyam），是每個所採取之行動中必要的最後一步。打從 Gītā 開始，奎師納就強調了諸緣放下、無所執（nyāsa in vinyāsa）。每個現代的瑜伽學生都可以高談附和自己是不執著的，但是我們所有人都也體驗過，當所謂「真正放下」的念頭升起時，與阿周納共有的猶豫。在瑜伽練習中，或許最重要的部分是結尾時，我們放手讓一切自由，無論練習開展為何，我們都釋然地放下。也許這次練習很不可思議，每個體位法都毫不費力地流動，當我們跟隨著呼吸的浪時，天使們也一同唱和。或者，也許就在我們開始想到要鋪墊子或蒲團的那一刻起，於心智、身體、情緒、感受中交錯的混亂與抗拒。

無論如何，悉皆放下，並將其奉獻給純意識之火。這般奉獻的領悟，源於看見「我們沒做」練習的事實，正如我們打開開關並非等同於點亮廚房的燈一樣，所謂我們的練習，實為三屬性交相演繹、依緣而生的顯相。

如果我們沉溺於練習的餘韻，或者死守著練習正在治癒自己的幻想，或者練習將如何使我們躍身成為瑜伽界的明星（我們會發現自己僅到達但丁的某一層地獄，那裡的欲望、貪婪、憤怒、騙局等等，籠罩著我們所謂的瑜伽圈），那麼我們根本毫無練習。若我們不能放下整個練習，包括自我概念及其背景，我們的練習就是執著於行動的成果。執著了練習的任何方面，代表該練習本質上是無用的，終將導致痛苦，因為它變質為讓自己與世界隔離的另一種方式。

在練習的最後，我們真誠地奉獻練習所帶來的益處，即它可能對他人有利。我們把它送出去，一切的一切。這是喜悅。這就是放下的真諦。阿周納正在得此見解，但他仍然需要奎師納澄清用來描述這種不執著的詞彙——遁世和放棄行動成果。

這兩個詞彙最終非常相似，在 Gītā 中，它們有時被互換使用，因為它們都代表放下一切。但是，兩者中有細微的重要差別。一位誓言成為遁世者（saṁnyāsīn）的人，有意識地放棄了所有世俗的執著。在印度文化的脈絡中，成為遁世者是修行制度的一部分，非常儀式化，代表一個人在文化中的地位。遁世者有其生命的秩序，例如：在家居士（gṛhastha）、守戒者（和尚或學生，brahmacarya）、在年老期隱居山林做瑜伽並反思生命意義的人（vānaprastha）等等。

當立下出世的誓言時，你就放棄你的名字和所有財產。如果你是婆羅門祭司，你甚至脫下了聖袍。基本上，你彷彿已死般的行事。隨著放下所有世俗牽絆，包括你個人和文化認同的身分，焦點放在對傳統教導和具體經驗的深刻反思，以釋放心智和小我的習氣。與所有事物一樣，有時遁世者完全走偏了，錯失了這個豐富生命背景的方式，成為一種無所作為、與世隔絕的機會，或享有此身分所賦予的崇高地位。這些任性的遁世者不但不幫助他人，還完全依賴他人的慷慨來維持自己的生存。這種偏頗的做法完全是對業力或工作的誤解，並且混淆了遁世之誓言的初心。這是浪費時間，也很快會淪為小我之空洞、八股儀式的表相。

放棄行動與遁世的差別

奎師納鼓勵的並非此類儀式性的遁世者（僅將所謂的放下概念化），而是以全然放下一切的初心，做為所採取行動的動機（即是 tyāga）。因此，在放棄行動成果和遁世之間的微妙區別是，透過前者，人們放棄了所有的行動成果，以造福他人並為他人服務。它比遁世更純淨細膩，是一種秉持著高度覺知、持續不斷地放棄成果的狀態。放棄因欲望、責任、身分地位、理論、修持而引發的行動，或者置之不理一切會分散注意力的事物，這些都稱為遁世。奎師納已開悟，但選擇一次又一次地回來幫助眾生，這是放棄行動成果者的縮影。

放棄行動成果最具轉化的形式，在於對當下情況的回應具有可塑性。它是放下，然後仔細覺察，以連續的波狀模式一次又一次地放下。在我們體驗的每個角落、神經系統和覺知中，有著這般放下的餘韻，化為一種全然體現的經驗。想著不執著是一件值得努力的事，然而，這跟在生命中活出不執著是截然不同的，因為它不是一個概念或一種造作的釋放行為。如同在整部 Gītā 中討論過的各種練習和理解，放棄行動成果是一個持續開展、善巧回應當下的過程，它根植於衷心的渴望，為利他而行動。

放棄行動成果正是放下，但重要的是要記住，放棄行動成果根植於行動，因此有時於練習之際，我們會刻意地堅持某些要點，不然，我們怎麼放下它們？未經訓練的心智的本質，是無意識地緊抓那些我們感知為堅實或可獲取的任何事物，這不僅代表執取感官對境，還有固守的觀點、概念性的理解等。當我們本能地執取，而非有意識地選擇在無止境的變化過程中暫停下來時，我們就會被熟悉的身體、言語和思想模式所困，使我們陷入有條件的生存世界。我們困在執著的輪迴之中絕望地受苦，直到有更具吸引力的事物出現，或者直到外界力量使我們無法再緊抓為止。

然而，如果我們能修持放棄行動成果，即便在某些時候我們仍會執著，但在適當的時刻，我們會放下。如同在海邊，潮水灌入淺淺的洞穴，填滿複雜地表的每個晦澀角落和裂縫，接著，潮水消退、均勻地倒流，誠如我們放下執著的能力，亦跟隨著永不停息的節奏。這種放棄行動成果的方式，讓我們完整體驗了所謂三屬性的依緣生滅，並具有一種了無抗拒、充滿接納性的穩定和慈悲。當進行這種具轉化性的行持時，「我們」消失了，幾乎與升起的一切融為一體，彷彿我們是岸邊的洞穴一樣，歡迎改變的潮水沖刷覺知的各個角落。

找到安全的庇護

在 Gītā 的尾聲，奎師納給了阿周納所需的工具，使他在任何情況下都可以採取善巧的行動，他的最終教導是如此簡單而又細緻崇高。這個優雅的指引，道出了在處境中保持醒覺和起身面對，便能在自己的本性中獲得力量，而這也是故事開始時他對阿周納的建議。但是到目前為止，我們了解到起身戰鬥的意思，不是站起來殺戮的片面解釋，而是起身並認出阿周納（我們所有人）內在的魔性種子：潛在的貪婪、憤怒、欲望、嫉妒等等。奎師納並不建議阿周納僅認同身為剎帝利的法性職責，或因而採取之戰鬥與殺戮的行動，他建議阿周納覺醒於當下，具智慧地行動，清楚自己的處境並意識到一個事實：他的行動（或不行動）將至關全體。奎師納最後的教導，是放下所有正法並全神貫注於愛的真諦中。

Gītā 截至目前，一直透過「臣服」來說明不阻塞在自己的身分、想法、執著、信念、行動、或動機中。我們已經了解，臣服是一種工作的方式。它並非徹底的崩潰或無助的放手，而是一種具方向性的、善巧的行動，屏棄了使我們陷於困境、分離和受苦之小我的妄念。於此至今，在最後的教導中，奎師納將臣服的概念精煉為「得到庇護」。這相當重要，因為它代表奎師納所要求的臣服不僅是一種放下的行動，而且是在深度之相互尊重和信任的脈絡中放下的過程。庇護是指「得以安身」；它是提供庇護所和保護的地方或個人，以免於危險、困擾或不幸。如同臣服一樣，庇護也需要放下，但它也包含了接納。

庇護指的是一種關係：在某被庇護者，以及提供安全的地點或人等之間，所存在的互動、溝通和尊重。只有當我們允許他人進入並懷擁一切相互連結的事實時，庇護才會發生。換句話說，當奎師納說「走向我」時，他的意思是臣服於——信任並依止——我們共同的真實本性所在，即心胸開敞的慈悲。

這種連結的空間已然存在於我們所有人之中，建立於善意、針對全體而非一己之利的動機，由誠懇、開放溝通的關係所滋養。如果我們要找到幸福，這最後的教導不僅是不可或缺的，而且還承擔著巨大的責任——去信任、成為值得信賴的，以及辨別他人是否值得信任的能力，因此我們知道適時適地藉由通暢之愛的形式，找到並分享安全的庇護。

尋找中庸之道

Gītā 開篇之際，我們發現阿周納在戰場上處於良知的危機，面臨著似乎是不可能解決的困境，而需要在二擇一的行動之中，似乎都有缺陷：為自己所相信的原因而戰，即使明知道將傷害許多他所愛和尊重的人，或者沮喪地崩潰，迴避問題、責任和正直。一開始，這是在他設想中僅有的兩個選擇。隨著故事的發展，他駕馭著念頭和情緒的波濤，同時容許自己對摯愛的老師和朋友之信任，他開始發現局勢並不如他最初想像的那樣非黑即白，也許有一條中庸之道。

對於我們大多數的人來說，當遇到任何危機或困境，唯見極端觀點的這種迷惑很常見。最初，我們可能會感到孤立、徒勞和孤獨，選項是極端與有限的。而如創造力和慈悲等的內在資源開始枯竭，外加可能充滿著恐慌和不堪負荷的感覺，以致於如果要生存，我們就必須保護或隔離自己。尤其是在改變發生之際，這種彷彿攸關生死般的緊抓想法和情緒的傾向，並非阿周納僅有。變化本具的不確定性，會自然地觸發這種反應。當進入人生的另一階段時，例如，職業或人際關係的終結，我們可能會感到危機。當一些陳舊的行為模式轉化為其他的模式時，我們也可能會被恐懼所吞噬，即使這個轉變是健康的，例如，找到擺脫憂鬱的方法，或戒掉曾經用來應對壓力而成癮的物質濫用模式。

從定義來說，危機就是轉機，它迫使人們放下與信任未知。於此之際，小我之根深蒂固、功能性（和功能失調）的面相，必須在處境的脈絡中退居二線，因此，危機可能會威脅到堅硬的小我。這就是為什麼許多人雖開始了瑜伽的練習，但隨著練習作用萌芽，他們就放棄練習的原因。好的瑜伽練習能釋放所有的一切，包括小我，而這可能導致身分認同的危機。這就是奎師納對阿周納的再三提醒，為何瑜伽並不適合所有人的原因之一。

然而，如果我們能不懈地修習瑜伽，就能在面對未知時，漸漸熟悉找尋平衡的覺知，學會信任變化的過程。我們可以釋放對「知」和「控制」的妄念，因此，當我們自認堅實的實相轉變時，不致於發現自己陷入危機。這點很重要，因為當我們感到自己處於危機之中，而非處於轉變或過渡之際，就會傾向感到孤獨和緊縮，使得我們對可能性的視野變得非常狹隘，而我們的行動也將被恐懼、自我懷疑和分離感而主導。在這種狀態下，小我的認同和膨脹、憤怒、欲望、貪婪，對教條的執著、僵化，以及各種孤立和破壞性的特質就佔了上風。

但是，如果我們暫停自己的理論，並在生命持續揭露的過程中找到庇護，那我們就有機會運用相繫於連結性的智慧。從這種穩定的角度出發，我們才能通達阿周納經歷的三目視野，看見奎師納萬有形象，也看到存在的核心和生命的意義。從這個角度，我們或許能領會僅管變化令人不舒服，甚至彷彿是一場危機，但亦是勇氣、專注、釋然、愛，尤其是進化的轉機。危機招喚著我們記得自己的堅強與獨特，而非分離與孤獨。它是個讓溝通和關係蓬勃發展的機會，是智慧的綻放之機，也是信任力量源自慈悲的時點。這就是奉愛。這就是放下所有的一切、全然的臣服、不執著私利之行動的意義，我們依止慈悲之力，從而能真誠地為利他共同努力。

奎師納的最終教導

奎師納的「走向我」通常被奉為是 Gītā 的最終教導。這是一則美妙的訊息，但是若你停在那，可能會造成對整部文本的膚淺或教條式之解讀：「我臣服於奎師納神，將不惜一切代價起身戰鬥！」或與此相反的新時代（New Age）表述，而卻也如出一轍的教條化：「一切都是愛，一切都是一，我只是臣服於至喜，乘著愛的波浪。」但是，如果你再稍微續讀，就會看到兩則重要的提醒，告訴我們這些見解完全錯過了教旨的重點。

奎師納邀請阿周納依止於他後說：**「因此，我向你揭示了這個智慧，它是祕密中的無上密。沉思於此，以確保沒有雜質，並依照你的選擇來行動。」（18.63）**換句話說，當他建議阿周納以他（愛）作為庇護時，他沒有建立權力關係（你向我屈服），而是提供了信任和選擇的自由。他暗示，阿周納已知道所需知道的一切，並且現在值得信賴，他已準備好，運用他的智慧以善巧地行動。奎師納表示自己信任阿周納，但如同擔心的父母第一次把孩子送入大學時可能會說：「祝你有個愉快的時光，如果有任何需要，就打電話！」奎師納也提醒他摯愛的學生：**「全然地念我、愛我、奉獻於我、向我禮敬。如此一來，你將千真萬確地走向我。我宣誓這點，因為你是我的珍寶。放下所有塵世的職責，只依止我。我會使你免於一切罪業。別擔心。」（18.65-66）**

在奎師納表明了自己是顯化的萬物後，於本文的結尾之際，他再次變得非常、非常人性化。他示範出充分表達自己的重要性，同時也在自身的關係中不濫用任何權力或自視優越。這個對於關係的教導是至關重要的，尤其在現今的世界裡，日益充斥著膚淺的陳腔濫調，基於自我宣傳或自我獲利所說的花言巧語，而所謂利他往往成了配角，目的僅在於獲得自我想像中的發達或名望。

奎師納的終極教導，邀請我們從共通的直接經驗中獲得啟示。然而他也警告，這個教導如同瑜伽練習的一樣，並不適合所有人。這是「祕密」。這並不是指連結性的知識應該是機密的。相反地，他告誡這個資訊可能會被曲解，導致弊大於利。因此，相關教導的分享應該謹慎而為。他珍愛那些書中言及之闡述真理的人，並因智慧能公開分享而感到高興，但他也指出，由於無法被理解，它應屬隱而不宣的祕密。

如同生命中的許多真相一樣，我們可能對這種深刻的智慧始終視而不見，直到我們準備好為止。奎師納建議，儘管生命意義的啟示建立於關係中，它也透過對真理的真誠追求而落地生根。因此，對於那些抗拒的人，不願意付出努力傾聽、超越自我中心觀點來與他人深度連結的人，向他們宣告奉獻的精神，或言及這個教導，都是不明智的。這是對吾等真誠追求真理之所有人的最後提醒。我們必須願意誠實的面對自己，並識破我們對於分離與生存的虛妄遊戲，承認我們背後總徘徊著帶來煩惱的小我，它永遠在尋找迴避即使是最單純的教導（如此處）的方法。我們必須恆常地放下知識——以小我為中心的觀點——然後再次地觀。

隨著這最後的教導，奎師納又像擔心的父母一樣，問阿周納：「**注意聽，噢，普爾嗒之子。你是否聚精凝神的聽到這個訊息？噢，財富的征服者，是否消除了因無知引起的迷惑？**」（**18.72**）在下一詩節中，阿周納回答，他的妄心已被摧毀。他補充，由於奎師納的恩典（即我們看到的奎師納之支持，謹慎和尊重的教導），他已獲得了正念（smṛti），並且不再困惑。當然，困惑是使阿周納初至戰場被打倒的原因，而在其餘絕大部分的故事中，他被不確定感所驚擾，因此，這是阿周納進化的明顯徵兆。

理解全然正念

smṛti 通常譯為「記憶」，但在這裡它的意思是「透過禪修而得的正念」。在禪修中，我們時刻地檢視著事物。smṛti 意指我們重新認識或重新思考了一切。透過練習，禪修不僅可以增強記憶力，還可以鞏固感知上其他的能力，例如專注力、洞察力和好奇心。這是具有冥想品質之練習的力量，它的影響是在潛意識的層面逐步建立明晰，促進消融妄心（誤解），從而在本質上解決煩惱的種子。

當頭腦充滿妄念時，我們就像柏拉圖洞穴中的那些人，由於他們被綁著而頭無法轉動，只能看到物體投射至牆上的陰影。然而，一旦我們開始更清晰地「見」，我們將永遠無法回到昔日的妄心。Gītā 給予的正是這種改變生命、典範轉移的觀點，而阿周納終於體驗到文本所示的教導。使用明辨智的雙刃劍更仔細地覺察我們的觀點和結論，使我們能夠以更高的清晰度進行辨識，從而選擇以正直和智慧的方式善巧行動，這即是能解決任何危機的途徑。這種辨別力是不可或缺的沃土，能使相互連結的真理在此基礎上蓬勃發展。一旦我們開始真正地見、體現此啟示，我們便可以放下一切，信任周遭正在發生的過程，在寬廣的仁慈、愛和慈悲——即世界真正相互蘊合的秩序中，得到依止。

這便是 Gītā 之中眾多教導的官方結論。然而，在故事正式結束之後，還有一個有趣的轉折。

當阿周納表示他可以充滿信心的行動時，為持國王轉述戰況的薩尼亞（sañjaya）以阿周納的說法為借鑑，他告訴持國（Dhṛtarāṣṭra），他受到故事中詳細又深刻的教旨和奎師納逐步的領導深深地吸引。薩尼亞說：「**一路來，我聆聽了奎師納、瓦蘇德瓦（Vāsudeva）之子，以及普爾嗒之子的絕妙對話，使我的毛髮豎立。因為詩人維亞薩的恩**

典，我由瑜伽之王奎師納那裡聽到了這門無上密瑜伽，由他本人親臨開示。噢，國王，當我一次又一次地沉思著奎師納和阿周納的這種非凡而神聖的對話時，我時時刻刻、周而復始地，都激動不已。並持續有意識地憶起起 Hari（奎師納）不可思議的聖像（rūpa），我非常讚歎，一次又一次地深受感動，噢，國王。我認為，只要瑜伽之王奎師納和弓箭手普爾嗒之子所在之地，即有美麗、勝利、幸福和必然的道義。」（18.74-78）

在此，薩尼亞也說他會一次又一次的觀，如同在任何瑜伽練習中我們都會密切覺察當下之所生，並再次持續地的觀。他也描述了 smṛti（他用 saṁsmṛti 一詞，字面意思是「全然正念」）的概念，這並非巧合。如此一來，我們不僅可以看到「眼前」的事物的表相，而且還可以在覺察中帶著明辨智的品質，辨識出最能為整體服務的發心。

因此，薩尼亞的訊息並非為了表達對奎師納和 Gītā 故事膚淺的崇拜，而是為了使用 saṁsmṛti 一詞，代表原創詩人在講述 Gītā 故事時的初衷，在於無論是薩尼亞還是任何一個聽故事的人，應該始終不斷地審視生命中出現的一切：我們的危機、我們的快樂、我們的複雜性，和簡單的日常奇蹟。我們應該盡可能清楚地覺察，根據對情境脈絡的理解，透過我們眼前故事的文化、個人和理論碎片，得出結論，然後將其悉皆放下。

當我們再次地觀，我們應該將寶貴結論、極其精心打造的知識，以及其他所有的一切，奉獻給純意識之火。如此一來，我們在關係的脈絡下，本著開放和誠實的方式沉思在我們面前的一切，將所有人放在心中，順應讓人事物自由的精神。如此一來，就沒有任何雜質了，我們將可以充分體現消融於愛的無限光譜，使祕密中的終極祕密——智慧——誕生。

這是 Gītā 的教導，是我們在此生獨特而可貴的旅程中之圭臬——領悟我們與萬物的親密交織，尋求共同的覺醒。變化來了、情緒沸騰、啟示浮現、習慣牽絆、死亡來了，悲傷和喜樂俯拾皆是。而日子仍繼續下去。我們在路上面臨危機，而它們始終是旅程的一部分，但也正是在危機時刻，我們找到了覺醒的機會，以利更深刻、更緊密連結、更善良、更慈悲的意識和行為。一步接著一步、行動接著行動、深思與反思、呼吸接著呼吸，總有可能覺醒，回到我們是誰、此生為何的真相。有鑑於此，當我們依止於生命深刻的連結性，並擁抱釋放了所有概念和建構——小我——的自由時，便滋養了轉化，箇中閃耀著奉愛的燦爛光輝。

divisūryasahasrasyabhavedyugapadutthitā |
yadibhāḥsadṛśīsāsyādbhāsastasyamahātmanaḥ ||

宛若天空同時升起千萬個太陽，這份燦爛就可能是這個偉大存有之壯麗光輝。（11.12）

第二部

博伽梵歌

在純淨的愛與奉獻中得到化解

第一章

dhṛtarāṣṭra uvāca

1. *dharmakṣetre kurukṣetre samavetā yuyutsavaḥ* |
māmakāḥ pāṇḍavāś cai va kim akurvata sañjaya ||

持國王（對薩尼亞說）：

我的子民（軍隊）和般度之子民們的狀況如何？集結成群，渴望在法和行動之域而戰？

sañjaya uvāca

2. *dṛṣṭvā tu pāṇḍavānīkaṁ vyūḍhaṁ duryodhanas tadā* |
ācāryam upasaṅgamya rājā vacanam abravīt ||

薩尼亞說：

此時，Duryodhana 王子看到般度之子們集結軍隊，就上前向他的老師德羅納（Droṇa）講了這些話。

3. *paśyai tāṁ pāṇḍuputrāṇām ācārya mahatīṁ camūm* |
vyūḍhām drupadaputreṇa tava śiṣyeṇa dhīmatā ||

看看這支般度之子的軍陣，噢，師父！由您的聰明學生 Drupada 之子集結。

4. *atra śūrā maheṣvāsā bhīmārjunasamā yudhi* |
yuyudhāno virāṭaś ca drupadaś ca mahārathaḥ ||

他們有許多英雄、偉大的弓箭手，像是 Bhīma 和阿周納、

Yuyudhāna、Virāta 和 Drupada，擁有精良的戰車。

5. *dhṛṣṭaketuś cekitānaḥ kāśirājaś ca vīryavān* ∣
purujit kuntībhojaś ca śaibyaś ca narapuṅgavaḥ ∣∣
Dhṛṣṭaketu、Cekitāna 和勇敢的 Kāśi 國王；Purujit、Kuntībhoja 和人中之公牛 Śaibya。

6. *yudhāmanyuś ca vikrānta uttamaujāś ca vīryavān* ∣
saubhadro draupadeyāś ca sarva eva mahārathāḥ ∣∣
大膽的 Yudhāmanyu 和英勇的 Uttamaujas、Subhadrā 之子，以及 Draupadī 之子，他們都是偉大的戰士。

7. *asmākaṁ tu viśiṣṭā ye tān nibodha dvijottama* ∣
nāyakā mama sainyasya saṁjnārthaṁ tān bravīmi te ∣∣
噢，最尊貴的導師啊（德羅納），現在我將一一為您唱名我軍中傑出的將領們。

8. *bhavān bhīṣmaś ca karṇaś ca kṛpaś ca samitiñjayaḥ* ∣
aśvatthāmā vikarṇaś ca saumadattis tathaiva ca ∣∣
您本人（德羅納）、以及 Bhīṣma 、Karṇa、Kṛpa，總是無戰不勝，還有 Aśvatthāma、Vikarṇa 和 Somadatta 之子。

9. *anye ca bahavaḥ śūrā madarthe tyaktajīvitāh* ∣
nānāśastrapraharaṇāḥ sarve yuddhaviśāradāḥ ∣∣
還有許多其他英雄將為了我的目的而獻出生命，他們戰備精良，而且驍勇善戰。

10. *aparyāptaṁ tad asmākaṁ balaṁ bhīṣmābhirakṣitam* ∣
paryāptaṁ tv idam eteṣāṁ balaṁbhīmābhirakṣitam ∣∣
我方的軍力，雖然由 Bhīṣma 保護，但仍有限。彼方由 Bhīma 保護，

軍力充足。

11. *ayaneṣu ca sarveṣu yathābhāgam avasthitāḥ* |
bhīṣmam evābhirakṣantu bhavantaḥ sarva eva hi | |
你們所有人堅守在各自駐守的崗位，以確實保護 Bhīṣma。

12. *tasya saṁjanayan harṣaṁ kuruvṛddhaḥ pitāmahaḥ* |
siṁhanādaṁ vinadyoccaiḥ śaṅkhaṁ dadhmau pratāpavān | |
為了幫 Duryodhana 振奮精神，俱盧族的宗老德羅納奮力吹響了如獅吼般的海螺。

13. *tataḥ śaṇkhāś ca bheryaś ca paṇavānakagomukhāḥ* |
sahasaivābhyahanyanta sa śabdas tumulo 'bhavat | |
然後，海螺、銅鼓、鈸、皮鼓和號角被快速擊打或吹奏，震天價響。

14. *tataḥ śvetair hayair yukte mahati syandane sthitau* |
mādhavaḥ pāṇḍavaś caiva divyau śaṅkhau pradadhmatuḥ | |
接著，Madhu 的後代（奎師納）和般度之子（阿周納）穩穩站在白馬戰車上，吹響他們的神聖海螺。

15. *pāñcajanyaṁ hṛṣīkeśo dvadattaṁ dhanañjayaḥ* |
pauṇḍraṁ dadhmau mahāśaṅkhaṁ bhīmakarmā vṛkodaraḥ | |
奎師納吹響了他的海螺 Pāñcajanya，阿周納吹響 Devadatta，而號稱「狼腹」、彪功戰炳的 Bhīma 吹響了巨大的海螺 Pāuṇḍra。

16. *anantavijayaṁ rājā kuntīputro yudhiṣṭhiraḥ* |
nakulaḥ sahadevaś ca sughoṣamaṇipuṣpakau | |
國王——貢蒂之子 Yudhiṣṭhira——吹響 Anantavijaya。Nakula 和 Sahadeva（阿周納最年幼的弟弟）吹響 Sughoṣa 和 Maṇipuṣpaka。

17. *kāśyaś ca parameṣvāsaḥ śikhaṇḍī ca mahārathaḥ* |
dhṛṣtadyumno virāṭaś ca sātyakiś cāparajitaḥ ||
還有第一弓箭手 Kāśi 國王和偉大的戰士 Śikhaṇḍī；無敵的 Dhṛṣṭadyumna、Virāta 和 Sātyaki。

18. *drupado draupadeyāś ca sarvaśaḥ pṛthivīpate* |
saubhadraś cā mahābāhuḥ śaṅkhān dadhmuḥ pṛthak pṛthak ||
Drupada（Draupadī 的父親）和 Draupadī 之子們，以及神臂 Saubhadra 等都一一吹響了他們的海螺。

19. *sa ghoṣo dhārtarāṣṭrānāṁ hṛdayāni vyadārayat* |
nabhaś ca pṛthivīñcaiva tumulo vyanunādayan ||
這份喧囂激昂驚天動地地迴響。鼎沸之聲震慄了持國兒子們的心。

20. *atha vyavasthitān dṛṣtvā dhārtarāṣṭrān kapidhvajaḥ* |
pravṛtte śastrasampāte dhanur udyamya pāṇḍavaḥ ||
然後，戰車旗徽為猴神 Hanuman 的阿周納，他看到了持國之子們的陣勢，舉起了弓箭準備射擊。

21. *hṛṣīkeśaṁ tadā vākyam idam āha mahīpate* |
senayorubhayormadhye rathaṁ sthāpaya me 'cyuta ||
噢，大地之主，阿周納對 Hṛṣīkeśa（奎師納的別名）說：不朽之者，將我的戰車駕馭至兩軍之間。

22. *yāvad etān nirīkṣe 'haṁ yoddhukāmānavasthitān* |
kairmayā saha yoddhavyam asmin raṇasamudyame ||
讓我看看這些已布陣並渴望戰鬥的人，我必須與誰一決高下。

23. *yotsyamānān avekṣe 'ham ya ete 'tra samāgatāḥ* |
dhārtarāṣṭrasya durbuddher yuddhe priyacikīrṣavaḥ ||

我想看看那些為了滿足持國邪惡之子，集結成群、蓄勢待發的戰士們。

24. *evam ukto hṛṣīkeśo guḍākeśena bhārata* |

senayorubhayormadhye sthāpayitvā rathottamam ||

[薩尼亞說：]

噢，Bhārata（持國王），毛髮豎立的奎師納聽從濃密頭髮的阿周納，便把這輛偉大的戰車駕到兩軍之間。

25. *bhīṣmadroṇapramukhataḥ sarveṣāṁ ca mahīkṣiām* |

uvāca pārtha paśyaitān samavetān kurūniti ||

在 Bhīṣma、德羅納和各邦所有統治者的面前，他說：普爾嗒之子，請看這些團結的俱盧族人（Kurus）。

26. *tatrāpaśyat sthitān pārthaḥ pit¯ṛn atha pitāmahān* |

ācāryān mātulān bhrāt¯ṛn putrān pautrān sakhīṁstathā ||

普爾嗒之子看到站在那裡的是父輩、然後是祖父輩、老師們、叔叔輩、兄弟輩、兒子輩、孫子輩，甚至朋友們。

27. *śvaśurān suhṛdaś caiva senayorubhayor api* |

tānsamīkṣya sa kaunteyaḥ sarvān bandhūn avasthitān ||

兩軍之中，甚至有岳父們和摯愛的同伴們。貢蒂之子想著他所有的親戚們都在軍陣中。

28. *kṛpayā parayāviṣṭo viṣīdannidam abravīt* |

dṛṣṭvemaṁ svajanaṁ kṛṣṇa yuyutsuṁ samupasthitam ||

沮喪又深感悲憫的他說：奎師納，看到這個景象，我自己的人民就近在咫尺，渴望戰鬥。

29. *sīdanti mama gātrāṇi mukhañca pariśuṣyati |*
vepathuśca śarīre me romaharṣaśca jāyate ||
我的四肢沉重，口乾舌燥，渾身顫抖，寒毛豎立。

30. *gāṇḍīvaṁ sraṁsate hastāt tvak caiva paridahyate |*
na ca śaknomyavasthātuṁ bhramatīva ca me manaḥ ||
甘提瓦（Gāṇḍīva，阿周納之弓）從我手中掉落，我的皮膚發燙。我無法站穩，我的思緒潰散。

31. *nimittāni ca paśyāmi viparītāni keśava |*
na ca śreyo 'nupaśyāmi hatvā svajanamāhave ||
我看到了不吉利的凶兆，噢，Keśava（奎師納的別名）。而且，我看不到在戰爭中殺戮自己的同胞有什麼好處。

32. *na kāṅkṣe vijayaṁ kṛṣṇa na ca rājyaṁ sukhāni ca |*
kiṁ no rājyena govinda kiṁ bhogair jīvitena vā ||
我不渴望勝利，奎師納，或是王國與享樂。噢，牧牛人 Govinda（奎師納的別名），對我們來說，什麼是王國？或享樂甚至生命？

33. *yeṣām arthe kāṅkṣitaṁ no rājyaṁ bhogāḥ sukhāni ca |*
ta ime 'vasthitāyuddhe prāṇāṁstyaktvā dhanāni ca ||
我們為了那些人而追求王國、滿足和享樂，而他們集結成軍，放棄他們的生命和財富。

34. *ācāryāḥ pitaraḥ putrās tathaiva ca pitāmahāḥ |*
mātulāḥ śvaśurāḥ pautrāḥ śyālāḥ sambandhinastathā ||
老師們、父輩、子輩，以及祖父輩、叔叔輩、岳父輩、孫子輩、堂表兄弟輩和其他親戚們。

35. *etān na hantum icchāmi ghnato 'pi madhusūdana |*

api trailokyarājyasya hetoḥ kiṁ nu mahīkṛte ||

即使那些人正在殺戮，我並不想殺死他們，噢，屠魔者（madhusūdana，奎師納的別名），即使是為了三個世界的主權。何況只為了人世呢？

36. *nihatya dhārtarāṣṭrān naḥ kā pṛtiḥ syājjanārdana* |

pāpamevāśrayedasmān hatvaitānātatāyinaḥ ||

殺死持國之子們，我們何樂之有，噢，Janārdana（奎師納的別名）？我們殺死這些侵略者，也會被邪惡所吞噬。

37. *tasmānnarhā vayaṁ hantuṁ dhārtarāṣṭrān svavāndhavān* |

svajanaṁ hi kathaṁ hatvā sukhinaḥ syāma mādhava ||

因此，殺死自己的親戚、持國之子們是錯的。噢，Mādhava（奎師納的別名），殺死了自己的人民之後，我們怎麼可能幸福呢？

38. *yadyapyete na paśyanti lobhopahatacetasaḥ* |

kulakṣayakṛtaṁ doṣaṁ mitradrohe ca pātakam ||

即使這些人的心智被貪婪所淹沒，看不到破壞家族和背叛朋友所帶來的邪惡。

39. *kathaṁ na jñeyamasmābhiḥ pāpādasmānnivaritum* |

kulakṣaykṛtaṁ doṣaṁ prapaśyadbhirjanārdana ||

噢，Janārdana，為何我們不能看穿這個破壞家族的邪惡，以擺脫這種罪惡？

40. *kulakṣaye praṇaśyanti kuladharmāḥ sanātanāḥ* |

dharme naṣṭe kulaṁ kṛtsnam adharmo 'bhibhavatyuta ||

家族遭到破壞之時，其古老的法性傳承（習俗、法律和文化）也將消逝。家族法性滅亡之時，整個家族都陷入了無法無天的境地。

41. *adharmābhibhavāt kṛṣṇa praduṣyanti kulastriyaḥ* |
strīṣu duṣṭāsu vārṣṇeya jāyate varṇasaṇkaraḥ ||
當不法猖獗時，家族的婦女也被染污了，噢，奎師納。當婦女被染污時，就產生了種姓的混亂。

42. *saṅkaro narakāyaiva kulaghnānāṁ kulasya ca* |
patanti pitaro hyeṣāṁ luptapiṇḍodakakriyāḥ ||
這種混亂使家族的破壞者和家族陷入地獄。即使是已故的祖先也被剝奪了米飯和水的祭祀供養，陷入敗壞。

43 *doṣairetaiḥ kulaghnānām varṇasaṅkarakārakaiḥ* |
utsādyante jātidharmāḥ kuladharmāśca śāśvatāḥ ||
因為破壞家族者所犯下的惡行，使種姓混雜，責任和律法消失，家族悠久的宗法亦被破壞。

44. *utsannakuladharmāṇāṁ manuṣyāṇāṁ janārdana* |
narake niyataṁ vāso bhavatītyanuśuśruma ||
噢，Janārdana，我們早已一再聽說，摧毀家族律法之人會永遠墮於地獄。

45. *aho bata mahat pāpaṁ kartuṁ vyavasitā vayam* |
yad rājyasukhalobhena hantuṁ svajanamudyatāḥ ||
天啊！我們竟然決心犯下滔天大罪，為了貪圖王國之樂而殘殺自己的人民。

46. *yadi māmapratīkāram aśastraṁ śastra pāṇayaḥ* |
dhārtarāṣṭrā raṇe hanyus tānme kṣemataraṁ bhavet ||
如果持國之子們用武器殺了我，我也寧可手無寸鐵，不會抵抗，這對我來說將是至福。

47. *evamuktvārjunaḥ saṁkhye rathopastha upāviśat |*

visṛjya saśaraṁ cāpaṁ śokasaṁvignamānasaḥ ||

在戰場上說出這番話後，阿周納跌坐戰車的座位上，拋下了弓箭，

他的心充滿悲傷。

第二章

sañjaya uvāca

1. *taṁ tathā kṛpayāviṣṭam aśrupūrṇākulekṣaṇam* |

   viṣīdantam idaṁ vākyam uvāca madhusūdanaḥ ||

薩尼亞說：

對這位因悲憫而不知所措，沮喪的眼睛中滿充滿哀傷淚水的人，屠魔者奎師納說了這些話。

śrībhagavān uvāca

2. *kutastvā kaśmalamidaṁ viṣame samupasthitam* |

   anāryajuṣṭamasvargyam akīrtikaramarjuna ||

美麗的主說：

在危機來臨時，這種內心的沮喪從何而來？它不適合雅利安人（貴族）；它並不能引領至天堂，而是帶來了恥辱，阿周納。

3. *klaibyaṁ māsma gamaḥ pārtha naitat tvayyupapadyate* |

   kṣudraṁ hṛdayadaurbalyaṁ tyaktvottiṣṭha paraṁtapa ||

   你永遠不應屈服於怯懦，噢！帕爾塔，這不適合你。屏棄內心的軟弱。站起來！敵人的剋星。

arjuna uvāca

4. *kathaṁ bhīṣmam ahaṁ saṁkhye droṇañca madhusūdana* |

   iṣubhiḥ pratiyotsyāmi pūjārhāvarisūdana ||

阿周納說：

噢！屠魔者，我如何能在戰場上以弓箭攻擊值得敬重的毗濕摩和德羅納？

5. *gurūnahatvā hi mahānubhāvān śreyo bhoktuṁ bhaikṣyamapīha loke |*
hatvārthakāmāṁstu gurūnihaiva bhuñjīya bhogān rudhirapradigdhān ||
寧可在世靠乞討維生，都遠比殺死這些偉大、尊貴的師長們更好。若出於貪圖世俗名利而殺死了他們，我在塵世的享樂也會染上鮮血。

6. *na caitadvidmaḥ kataran no garīyo yadvā jayema yadi vā no jayeyuḥ |*
yāneva hatvā na jijīviṣāmas te 'vasthitāḥ pramukhe dhārtarāṣṭrāḥ ||
而且，我們不知道哪個對我們更好，無論是我們戰勝或是他們戰勝——持國之子們站在我們的面前，若殺死了他們，我們也不想苟活。

7. *kārpaṇyadoṣopahatasvabhāvaḥ pṛcchāmi tvāṁ dharmasaṁmūḍhacetāḥ |*
yacchreyaḥ syānniścitaṁ brūhi tan me śiṣyaste 'haṁ śādhi māṁ tvāṁ prapannam ||
軟弱和悲憫淹沒了我的存在。我對我的責任（法）感到疑惑，我問您：「請明確告訴我哪個更好。我是您的弟子，懇請您的指引。」

8. *na hi prapaśyāmi mamāpanudyād yacchokamucchoṣaṇamindriyāṇām |*
avāpya bhūmāvasapatnamṛddhaṁ rājyaṁ surāṇāmapi cādhipatyam ||
事實上，即使在塵世獲得了無與倫比的富饒王國，甚至獲得了統治諸神的王權，我也不知道有什麼能消除我的悲傷、我麻木的感官。

sañjaya uvāca

9. *evamuktvā hṛṣīkeśaṁ guḍākeśaḥ parantapaḥ |*
na yotsya iti govindam uktvā tūṣṇīṁ babhūva ha ||

薩尼亞說：

阿周納（華髮的敵人剋星）向奎師納（有著生氣蓬勃的頭髮）這樣告白後，他對 Govinda（奎師納）說：「我不會參戰。」接著，隨後轉入沉默！

10. *tamuvāca hṛṣīkeśaḥ prahasanniva bhārata* |
senayorubhayormadhye viṣīdantamidaṁ vacaḥ ||
噢，Bhārata（持國王），奎師納（有著生氣蓬勃的頭髮）彷彿開始微笑，在兩軍之間，向仰賴他的這位，說了這些話。

śrībhagavān uvāca
11. *aśocyān anvaśocas tvaṁ prajñāvādāṁś ca bhāṣase* |
gatāsūn agatāsūṁś ca nā nuśocanti paṇḍitāḥ ||
美麗的主說：

你一面談論智慧，而另一面卻又悲傷那些你不該為之悲傷的人。智者不會為生者或逝者而哀悼。

12. *na tvevāhaṁ jātu nāsaṁ nā tvaṁ neme janādhipāḥ* |
na caiva na bhaviṣyāmaḥ sarve vayamataḥparam ||
從古至今，我從未不存在，而你、這些統治的君主也是。今後，我們所有的人都永遠不會不存在。

13. *dehino 'smin yathā dehe kaumāraṁ yauvanaṁ jarā* |
tathā dehāntaraprāptir dhīras tatra na muhyati ||
如同這副身軀歷經童年到青年，再到老年，具肉身者也會進入另一個軀體。智者不會對此感到困惑。

14. *mātrāsparśāstu kaunteya śītoṣṇasukhaduḥkhadāḥ* |
āgamāpāyino 'nityās tāṁs titikṣa sva bhārata ||
噢，貢蒂之子，感官的接觸引起了冷、熱、幸福和痛苦。由於無常，

它們來了又走。耐心地忍受它們，阿周納。

15. *yaṁ hi na vyathayantyete puruṣaṁ puruṣarṣabha* |
samaduḥkhasukhaṁ dhīraṁ so 'mṛtatvāya kalpate ||
噢，人民的領袖，那些沒有受此折磨、平等看待苦樂的智者，就為不朽做好了準備。

16. *nāsato vidyate bhāvo nābhāvo vidyate sataḥ* |
ubhayorapi dṛṣṭo 'ntas tvanayostattvadarśibhiḥ ||
不存在的（asat）無法變成存在（sat）；存在的不會變得不存在。了悟真理的人清楚地悉知此二者。

17. *avināśi tu tad viddhi yena sarvam idaṁ tatam* |
vināśam avyayasyāsya na kaścit kartuṁ arhati ||
要知道，遍布世間的「那個」不會衰敗。無人能摧毀此不朽之力。

18. *antavanta ime dehā nityasyoktāḥ śarīriṇaḥ* |
anāśino 'prameyasya tasmād yudhyasva bhārata ||
這些永恆、堅不可摧、無窮盡所居的具相肉身，則有其終點。因此，戰鬥吧，噢，Bhārata（阿周納）！

19. *ya enaṁ vetti hantāraṁ yaścainaṁ manyate hatam* |
ubhau tau na vijānīto nāyaṁ hanti na hanyate ||
那些自認殺人者，與那些認為這可以被摧毀者；兩者皆無知，祂不會殺也不會被殺。

20. *na jāyate mriyate vā kadācin nāyaṁ bhūtvā bhavitā vā na bhuyaḥ* |
ajo nityaḥ śāśvato 'yaṁ purāṇo na hanyate hanyamāne śarīre ||
任何時刻，祂不生不滅，也無來無去。祂是未生的、永恆的、連續的和始終存在的。肉身被殺害時，祂不會被殺死。

21. *vedāvināśinaṁ nityaṁ ya enam ajam avyayam* |
kathaṁ sa puruṣaḥ pārtha kaṁ ghātayati hanti kam ||
若瞭知此乃不滅、永恆，無生、無毀的人，能夠殺誰？誰能被殺？

22. *vāsāṁsi jīrṇāni yathā vihāya navāni gṛhṇāti naro 'parāṇi* |
tathā śarīrāṇi vihāya jīrṇāny anyāni saṁyāti navāni dehī ||
如同一個人扔掉舊衣並穿上新衣一樣，具肉身之人拋棄老舊的肉體而得到新的肉體。

23. *nainaṁ chindanti śastrāṇi nainaṁ dahati pāvakaḥ* |
na cainaṁ kledayantyāpo nā śoṣayati mārutaḥ ||
武器無法傷害祂，火無法燒灼祂，水無法浸濕祂，風也吹不乾祂。

24. *acchedyo 'yamadāhyo 'yam akledyo 'śoṣya eva ca* |
nityaḥ sarvagataḥ sthāṇur acalo 'yaṁ sanātanaḥ ||
祂是無可分割的、免於燒灼、免於浸濕或甚至乾透。祂是永恆的、無處不在的、穩定的、不動搖的和最根本的。

25. *avyakto 'yamacintyo 'yam avikāryo 'yam ucyate* |
tasmād evaṁ viditvainaṁ nānuśocitum arhasi ||
據說祂是未化現的、不可思議的，並且了無變易。因此，瞭知祂後，你不應繼續悲傷。

26. *atha cainaṁ nityajātaṁ nityaṁ vā manyase mṛtaṁ* |
tathāpi tvaṁ mahābāho nainaṁ śocitum arhasi ||
再者，即使你以為祂總是在經歷生死，噢，臂力非凡的英勇戰士，你也不應為此悲傷。

27. *jātasya hi dhruvo mṛtyur dhruvaṁ janma mṛtasya ca* |
tasmādaparihārye 'rthe na tvaṁ śocitum arhasi ||

的確，對於已出生者而言，死亡是必然的；對於死者而言，出生是必然的。因此，對於其完全不可避免的結果，你無需悲傷。

28. *avyaktādīni bhūtāni vyaktamadhyāni bhārata* |
avyaktanidhanānyeva tatra kā paridevanā ||
眾生始於無顯化，在中間階段顯化，而在結束時再度無顯化。於此何悲之有？

29. *āścaryavat paśyati kaścidenam āścaryavad vadati tathaiva cānyaḥ* |
āścaryavac cainam anyaḥ śṛṇoti śrutvā 'py enaṁ veda na caiva kaścit ||
有人視其不可思議，另人言其不可思議，甚至他人聽其不可思議。而即使聽聞之後，卻也完全無人知曉祂。

30. *dehī nityamavadyo 'yaṁ dehe sarvasya bhārata* |
tasmāt sarvāni bhūtāni na tvaṁ śocitumarhasi ||
祂居住在所有的肉體中，永遠免於傷害，噢，Bhārata。因此，你不應為任何人哀悼。

31. *svadharmam api cāvekṣya na vikampitum arhasi* |
dharmyāddhi yuddhācchreyo 'nyat kṣatriyasya na vidyate ||
再者，考慮自己的法性職責（svadharma），你就不應動搖。沒有什麼比如法的戰鬥更適合戰士（kṣatriya）了。

32. *yadṛcchayā copapannaṁ svargadvāram apāvṛtam* |
sukhinaḥ kṣatriyāḥ pārtha labhante yuddham īdṛśam ||
如天堂之門幸運的打開，噢，普爾嗒之子啊，戰士會很高興參加這場戰鬥。

33. *atha cet tvamimaṁ dharmyaṁ saṁgrāmaṁ na kariṣyasi* |
tataḥ svadharmaṁ kīrtiṁ ca hitvā pāpam avāpsyasi ||

現在，要是你不履行這如法的戰鬥，而逃避自己的責任和名望，你將招致罪惡。

34. *akīrtiṁ cāpi bhūtāni kathayiṣyanti te 'vyayām* ।
saṁbhāvitasya cākīrtir maraṇād atiricyate ।।
人們還會永遠議論你的恥辱故事。對於尊貴的人而言，恥辱比死亡更糟。

35. *bhayād raṇād uparataṁ maṁsyante tvāṁ mahārathāḥ* ।
yeṣāṁ ca tvaṁ bahumato bhūtvā yāsyasi lāghavam ।।
偉大的戰士們會認為你出於恐懼而臨陣脫逃。那些曾經尊敬你的人將會輕視你。

36. *avācyavādāṁśca bahūn vadiṣyanti tavāhitāḥ* ।
nindantastava sāmarthyaṁ tato duḥkhataraṁ nu kim ।।
你的敵人會用許多不堪入耳的話語談論你，嘲笑你的能力。有什麼比這更痛苦的呢？

37. *hato vā prāpsyasi svargaṁ jitvā vā bhokṣyase mahīm* ।
tasmāḍ uttiṣṭha kaunteya yuddhāya kṛtaniścayaḥ ।।
要不就戰死而上天國，要不就獲勝享受人世。因此，起身，貢蒂之子，立下決心投入戰鬥。

38. *sukhaduḥkhe same kṛtvā lābhālābhau jayājayau* ।
tato yuddhāya yujyasva naivaṁ pāpamavāpsyasi ।।
苦樂、得失、勝敗皆等同視之，然後投入戰鬥！如此一來，你就不會招致罪惡。

39. *eṣā te 'bhihitā sāṁkhye buddhiryoge tvimaṁ śṛnu* ।
buddhyā yukto yayā pārtha karmabandhaṁ prahāsyasi ।।

這就是數論所賜予你的智慧；你現在已聞此智慧以利瑜伽的修持。連結這份智慧，普爾嗒之子，你就能擺脫業力的束縛。

40. *nehābhikramanāśo 'sti pratyavāyo na vidyate* |
svalpamapyasya dharmasya trāyate mahato bhayāt ||
在這條修持的道路上，努力不會白費，也不致退步。即使是些微的修持（法性）也可以免於巨大的恐懼。

41. *vyavasāyātmikā buddhir eke 'ha kurunandana* |
bahuśākhā hy anantāś ca buddhayo 'vyavasāyinām ||
要有堅定專一的意志，俱盧族之樂啊，散亂的心智則迷失於許多無窮盡的分岐。

42. *yāmimāṁ puṣpitāṁ vācaṁ pravadantyavipaścitaḥ* |
vedavādaratāḥ pārtha nānyad astīti vādinaḥ ||
無辨別力的人，欣喜於吠陀經的華麗詞藻，認為無出其右者。

43. *kāmātmānaḥ svargaparā janmakarmaphalapradām* |
kriyāviśeṣabahulāṁ bhogaiśvaryagatiṁ prati ||
他們的（無辨別力者）本質是欲望，將天堂作為最高的目標，同時利用許多特定的儀式來獲得享受和權力。華而不實之吠陀論述視來世為行動的果實。

44. *bhogaiśvaryaprasaktānāṁ tayāpahṛtacetasām* |
vyavasāytmikā buddhiḥ samādhau na vidhīyate ||
執迷於享樂和權力，他們的心智已被這些（吠陀經述）所竊取，無法獲得冥想專一定境的智慧。

45. *traiguṇyaviṣayā vedā nistraiguṇyo bhavārjuna* |
nirdvandvo nityasattvastho niryogakṣema ātmavān ||

三屬性（guṇas）的諸活動乃吠陀經的領域。阿周納啊，超脫這三屬性的束縛。永遠依止真理，超脫二元性，不要在乎獲取和執有，保任真我。

46. *yāvān artha udapāne sarvataḥ saṁplutodake* |
tāvān sarveṣu vedeṣu brāhmaṇasya vijānataḥ ||
就如同洪水全面注滿水井，真正了悟至上的人，通透所有吠陀經（儀式）的內涵。

47. *karmaṇyevādhikāraste mā phaleṣu kadācana* |
mā karmaphalahetur bhūr mā te saṅgo 'stvakarmaṇi ||
你有權採取行動，亦永遠無求其成果。行動的果實永遠不應是你的動機，也永遠不要執著於不行動。

48. *yogasthaḥ kuru karmāṇi saṅgaṁ tyaktvā dhanañjaya* |
siddhyasiddhyoḥ samo bhūtvā samatvaṁ yoga ucyate ||
讓採取的行動立基於瑜伽，噢，財富的贏家，不執著，對成敗等量齊觀。清淨平等心是謂瑜伽。

49. *dūreṇa hyavaraṁ karma buddhiyogād dhanaṁjaya* |
buddhau śaraṇam anviccha kṛpaṇāḥ phalahetavaḥ ||
僅僅行動，是遠不及智慧瑜伽（buddhi yoga）之修持的，噢，財富的征服者。尋求覺醒之智慧（buddhau śaraṇam）的庇護。可悲的是那些受果報驅使的人。

50. *buddhiyukto jahātīha ubhe sukṛtaduṣkṛte* |
tasmād yogāya yujyasva yogaḥ karmasu kauśalam ||
融入智慧者，即使在今世也能擺脫無論善惡的行動。因此，與瑜伽合一。瑜伽是善巧行動的藝術。

51. *karmajaṁ buddhiyuktā hi phalaṁ tyaktvā manīṣiṇaḥ* |

janmabandhavinirmuktāḥ padaṁ gacchanty anāmayam ||

智者放下了行動的果報，就確實與智慧融合。解脫了輪轉的束縛，他們通達無苦之境。

52. *yadā te mohakalilaṁ buddhir vyatitariṣyati* |

tadā gantāsi nirvedaṁ śrotavyasya śrutasya ca ||

當你的智慧穿越妄心的泥沼時，你將對無論過去或未來所聽和能聽的內容（吠陀經述）如如不動。

53. *śrutivipratipannā te yadā sthāsyati niścalā* |

samādhāvacalā buddhis tadā yogama vāpsyasi ||

當你的智慧堅定不移，專注於深度冥想，不困惑於吠陀經文的誤解時，你將獲致瑜伽。

arjuna uvāca

54. *sthitaprajñasya kā bhāṣā samādhisthasya keśava* |

sthiṭadhīḥ kim prabhāṣeta kimāsīta vrajeta kim ||

阿周納說：

怎麼描述具有洞觀智慧、安止三摩地（samādhi）的人，噢，Keśava？一個智慧堅定的人會如何言？如何坐？如何行？

śrībhagavān uvāca

55. *prajahāti yadā kāmān sarvān pārtha manogatān* |

ātmanyevātmanā tuṣṭaḥ sthitaprajñas tadocyate ||

美麗的主說：

當一個人屏棄了所有來自心智的欲望，噢！帕爾塔（阿周納），當自我依止於自性時，他被稱為穩定於智慧之境。

56. *duḥkheṣv anudvignamanāḥ sukheṣu vigataspṛhaḥ* |

vītarāgabhayakrodhaḥ sthitadhīr munir ucyate ||

他的心智不因悲苦而擾動，不因喜樂而貪求，免於激情、恐懼和憤怒，即名「牟尼」（muni）—— 智慧堅定的聖者。

57. *yaḥ sarvatrānabhisnehas tattat prāpya śubhāśubham* |

nābhinandati na dveṣṭi tasya prajñā pratiṣṭhitā ||

對於一切皆無所執取，無論是令人愉快或厭惡的境遇，既不歡喜也不嫌棄，他們的洞見穩定建立。

58. *yadā saṁharate cāyaṁ kūrmo 'ṅgānīva sarvaśaḥ* |

indriyāṇīndriyārthebhyas tasya prajñā pratiṣṭhitā ||

如同烏龜縮入四肢一般，從感官對境收攝感知時，他們的洞見穩定建立。

59. *viṣayā vinivartante nirāhārasya dehinaḥ* |

rasavarjaṁ raso 'pyasya paraṁ dṛṣṭvā nivartate ||

感官對境無染於不為之所惑者，雖然（所接觸之塵境的）氣味猶存，但在了悟至上之後，甚至氣味也逝去了。

60. *yatato hyapi kaunteya puruṣasya vipaścitaḥ* |

indriyāṇi pramāthīni haranti prasabhaṁ manaḥ ||

即使是矢志完美的智者，其心智仍受感官破壞性的強行席捲。

61. *tāni sarvāṇi saṁyamya yukta āsīta matparaḥ* |

vaśe hi yasyendriyāṇi tasya prajñā pratiṣṭhitā ||

調伏這一切，此人應該靜坐著，與瑜伽合一，憶念於我。無疑地，那些馴服感官的人，其智慧穩定建立。

62. *dhyāyato viṣayān puṁsaḥ saṅgasteṣūpajāyate* |

saṅgāt sañjāyate kāmaḥ kāmāt krodho 'bhijāyate ||

若心繫於感官的對境，即生執著；執著生欲望，欲望生憤怒。

63. *krodhād bhavati sammohaḥ sammohāt smṛtivibhramaḥ* |

smṛtibhraṁśād buddhināśo buddhināśāt praṇaśyati ||

憤怒生妄覺，妄覺渙散正念。渙散的正念破壞覺智（buddhi）。覺智喪失，人亦迷失。

64. *rāgadveśaviyuktas tu viśayān indriyaiś caran* |

ātmavaśyair vidheyātmā prasādam adhigacchati ||

然而，透過擺脫欲求和厭惡，一個自覺、自制的人，即使感官接觸了感官對象，也能保持清晰和平靜。

65. *prasāde sarvaduḥkhānāṁ hānir asyo 'pajāyate* |

prasannacetaso hyāśu buddhiḥ paryavatiṣṭhate ||

於此寧靜的澄明之境，一切痛苦終止。明悉的心，能快速建立覺智。

66. *nāsti buddhir ayuktasya na cāyutasya bhāvanā* |

na cābhāvayataḥ śāntir aśāntasya kutaḥ sukham ||

一個沒有與瑜伽連結的人，無法獲得非凡的覺智，也無法深沉的冥想，而無法冥想的人，就沒有平靜。一個沒有平靜的人，何來幸福之有？

67. *indriyāṇāṁ hi caratāṁ yanmano 'nuvidhīyate* |

tadasya harati prajñāṁ vāyur nāvam ivāmbhasi ||

當遊蕩的感官持續地驅動一個人的心識，它就帶走了般若智，就像風吹走水上的船隻。

68. *tasmād yasya mahābāho nigṛhītāṇi sarvaśaḥ* |

indriyāṇīndriyārthebhyas tasya prajñā pratiṣṭhitā ||

因此，噢，臂力非凡的英勇戰士，感官不往任何方向執取感官對境，般若智（prajñā）便能穩固建立。

69. *yā niśā sarvabhūtānāṁ tasyāṁ jāgarti saṁyamī* |
yasyāṁ jāgrati bhūtāni sā niśā paśyato muneḥ ||
眾生的夜晚，是專注者的覺醒時刻；眾生的清醒時刻，是智者的夜晚。

70. *āpūryamāṇam acalapratiṣṭhaṁ samudram āpaḥ praviśanti yadvat* |
tadvat kāmā yaṁ praviśanti sarve sa śāntim āpnoti na kāmakāmī ||
如同百川匯流入海，海水滿盈而仍靜止，所有的欲望湧入而仍止於如如不動者，達到平靜；貪求私欲之人則不然。

71. *vihāya kāmān yaḥ sarvān pumāṁś carati niḥspṛhaḥ* |
nirmamo nirahaṁkāraḥ sa śāntim adhigacchati ||
放下所有的欲求，沒有期望的行動，無佔有欲，無我，即入平靜與清明。

72. *eṣā brāhmī sthitiḥ pārtha naināṁ prāpya vimuhyati* |
sthitvā 'syām antakāle 'pi brahmanirvāṇam ṛcchati ||
這是至上的平衡，噢，帕爾塔。得此成就，即使在時間的盡頭（死亡），皆能無惑，如實根植安住，達到至上涅槃（Brahman-nirvāṇa）。

第三章

---

arjuna uvāca

1. *jyāyasī cet karmaṇas te matā buddhir janārdana |*

   tat kiṁ karmaṇi ghore māṁ niyojayasi keśava ||

阿周納說：

如果您認為智慧勝於行動，噢，Janārdana，那麼為何您要敦促我採取這種可怕的行動，噢，Keśava？

2. *vyāmiśreṇeva vākyena buddhiṁ mohayasīva me |*

   tad ekaṁ vada niścitya yena śreyo 'ham āpnuyām ||

   您彷彿矛盾、模稜兩可的話使我困惑。告訴我一個確定的答案，讓我可以達到最高目標。

śrībhagavān uvāca

3. *loke 'smin dvividhā niṣṭhā purā proktā mayānagha |*

   jñānayogena sāṁkhyānāṁ karmayogena yoginām ||

美麗的主說：

自古以來，我在這世上所教的道途有兩種基礎：沉思數論（Sāṁkhya）者修持知識瑜伽，瑜伽行者修持行動瑜伽。

4. *na karmaṇāmanārambhān naiṣkarmyaṁ puruṣo 'śnute |*

   na ca saṁnyasanād eva siddhiṁ samadhigacchati ||

   屏棄行動並不能使人（puruṣa）免於行動的業報，也不是單靠遁世

（saṁnyāsa）就能達到圓滿。

5. *na hi kaścit kṣaṇamapi jātu tiṣṭhatyakarmakṛt* |
kāryate hyavaśaḥ karma sarvaḥ prakṛtijairguṇaiḥ ||
事實上，無人能不行動而存在，即便僅是片刻。每個人都被創造勢能衍生的屬性（gunas）而不由自主的從事活動。

6. *karmendriyāṇi saṁyamya ya āste manasā smaran* |
indriyārthān vimūḍhātmā mithyācāraḥ sa ucyate ||
控制行動的器官，但妄念耽溺感官對境，他們被稱為偽善者。

7. *yastvindriyāṇi manasā niyamyārbhate 'rjuna* |
karmendriyaiḥ karmayogam asaktaḥ sa viśiṣyate ||
但是，一個以心智克制感官的人，噢，阿周納，沒有執著，在行動瑜伽中運用行動的器官，超越他人，才是最好的。

8. *niyataṁ kuru karma tvaṁ karma jyāyo hyakarmaṇaḥ* |
śarīrayātrāpi ca te na prasidhyedakarmaṇaḥ ||
因此，做必要的行動！行動真正地優於不行動。沒有行動，就連肉身都難以延續。

9. *yajñārthāt karmaṇo 'nyatra loko 'yaṁ karmabandhanaḥ* |
tadarthaṁ karma kaunteya muktasaṅgaḥ samācara ||
整個世界都受制於行動，除非行動的目的與其本身就是奉獻。噢，貢蒂（Kuntī）之子啊，為奉獻而行動，擺脫執著。

10. *sahayajñāḥ prajāḥ sṛṣṭvā purovāca prajāpatiḥ* |
anena prasaviṣyadhvam eṣa vo 'stviṣṭakāmadhuk ||
Prajāpati（造物主梵天）以奉獻創造了人類，久遠前就曾說：「以此（奉獻）願為你繁衍後代，願此成為豐盛之牛，滿足你的欲望。」

11. *devān bhāvayatānena te devā bhāvayantu vaḥ* ।
parasparaṁ bhāvayantaḥ śreyaḥ paramavāpsyatha ।।
以此願你滋養諸神，也願諸神滋養你。透過互相滋養，你將獲得無上的幸福。

12. *iśṭān bhogān hi vo devā dāsyante yajñabhāvitāḥ* ।
tair dattān apradāyaibhyo yo bhuṇkte stena eva saḥ ।।
神明受了奉獻的滋養，一定會賜予你所期望的喜樂。享受這些禮物而沒有任何供養的人僅僅是個小偷。

13. *yajñaśiṣṭāśinaḥ santo mucyante sarvakilbiṣaiḥ* ।
bhuñjate te tvaghaṁ pāpā ye pacantyātmakāraṇāt ।।
善者食祭品之所餘，免於一切過錯。而惡者只為自己烹煮，吃自己的罪業。

14. *annād bhavanti bhūtāni parjanyād annasaṁbhavaḥ* ।
yajñād bhavati parjanyo yajñaḥ karmasamudbhavaḥ ।।
眾生靠食物維生；雨水是食物的來源；奉獻帶來雨水。行動（業）孕育了奉獻。

15. *karma brahmodbhavaṁ viddhi brahmākṣarasamudbhavam* ।
tasmāt sarvagataṁ brahma nityaṁ yajñe pratiṣṭhitam ।।
明瞭行動源自梵（吠陀詩句），而梵則源於不朽。因此，無所不在、遍布四方的梵總是建立於奉獻中。

16. *evaṁ pravartitaṁ cakraṁ nānuvartayatīha yaḥ* ।
aghāyurindriyārāmo moghaṁ pārtha sa jīvati ।।
而此輪造來就是為了轉動。在這世上，不幫忙轉動此輪的人，噢，普爾嗒之子，白活一場；殘酷又耽溺於感官。

17. *yas tvatāmaratireva syādātmatṛptaśca mānavaḥ* |
ātmanyeva ca saṁtuṣṭas tasya kāryaṁ na vidyate ||
一個在真我（ātman）中愉悅的人，滿意於真我，而完全滿足於真我的人，對他們來說，沒有需要做的事。

18. *naiva tasya kṛtenārtho nākṛteneha kaścana* |
na cāsya sarvabhūteṣu kaścid arthavyapāśrayaḥ ||
他們的行動志不在得，其不行動亦是別無所求。對任何眾生皆是無欲無求。

19. *tasmād asaktaḥ satataṁ kāryaṁ karma samācara* |
asakto hyācaran karma param āpnoti pūruṣaḥ ||
因此，無所執著，總是從事必須做的職責。確實，無所執著而行動，可達到至高境界。

20. *karmaṇaiva hi saṁsiddhim āsthitā janakādayaḥ* |
lokasaṁgrahamevāpi saṁpaśyan kartuṁ arhasi ||
Janaka（王）和其他人僅是經由行動就能達到圓滿。你應該以促進世界合一的願景來行動（致力工作）。

21. *yad yad ācarati śreṣṭhas tadtad evetaro janaḥ* |
sa yat pramāṇaṁ kurute lokastadanuvartate ||
偉人所做的一切，其餘的人效法。世人皆循偉人所樹立之典範。

22. *na me pārthāsti kartavyaṁ triṣu lokeṣu kiṁcana* |
nānavāptamavāptavyaṁ varta eva ca karmaṇi ||
對我而言，噢，帕爾塔，在三界中根本沒有任何事情要做，也沒有什麼要獲取或尚未獲得。但我仍致力工作。

23. *yadi hyahaṁ na varteyaṁ jātu karmaṇyatandritaḥ* |

mama vartmānuvartante manuṣyāḥ pārtha sarvaśaḥ ||

的確，若我未能不懈地工作，人類將無法完全遵循我的道路，普爾嗒之子。

24. *utsīdeyurime lokā na kuryāṁ karma cedaham* |

saṅkarasya ca kartā syām upahanyām imāḥ prajāḥ ||

若我停止活動，這些世界將淪為廢墟。我將成為混亂的創造者，將摧毀這些生靈。

25. *saktāḥ karmaṇyavidvāṁso yathā kurvanti bhārata* |

kuryād vidvāṁs tathā saktaś cikīrṣur lokasaṁgraham ||

正如無明者帶著執著而行動，噢，Bhārata，智者亦應為了使世界合一，無所執的致力行動。

26. *na buddhibhedaṁ janayed ajñānāṁ karmasaṅginām* |

joṣayet sarvakarmāṇi vidvān yuktaḥ samācaran ||

無明者執著於行動，他們（智者）不應擾亂無明者的覺智（buddhi）。智者依瑜伽行動，藉此感召他們（無明者）歡喜於所有行動。

27. *prakṛteḥ kriyamāṇāni guṇaiḥ karmāṇi sarvaśaḥ* |

ahaṅkāravimūḍhātmā kartāham iti manyate ||

所有行動都是由創造勢能（prakṛti）的三屬性所造成。因自大而迷惑之人認為「我是成事者」。

28. *tattvavittu mahābāho guṇakarmavibhāgayoḥ* |

guṇā guṇeṣu vartanta iti matvā na sajjate ||

但是，了解事物真正本質、三屬性的角色和行為之人，噢，臂力非凡的英勇戰士，他並不執著，想著：「僅僅是屬性力之間的交相作用。」

29. *prakṛter guṇasaṁmūḍhāḥ sajjante guṇakarmasu* |
tān akṛtsnavido mandān kṛtsnavin na vicālayet ||
那些被造化勢能的三種屬性所迷惑的人，執著於屬性力所影響的行動。全知者應勿擾亂那些看不清全貌的人的心智。

30. *mayi sarvāṇi karmāṇi saṁnyasyādhyātmacetasā* |
nirāśīr nirmamo bhūtvā yudhyasva vigatajvaraḥ ||
將所有的行動奉獻與託付給我，覺知真我，擺脫欲望和自負，隨著悲傷的消逝，戰鬥吧！

31. *ye me matam idaṁ nityam anutiṣṭhanti mānavāḥ* |
śraddhāvanto 'nasūyanto mucyante te 'pi karmabhiḥ ||
不斷地修持我的教導，充滿信任並且不懷有對他人的惡意 / 嫉妒，必定能解脫行動的束縛。

32. *ye tvetad abhyasūyanto nānutiṣṭhanti me matam* |
sarvajñānavimūḍhāṁs tān viddhi naṣṭānacetasaḥ ||
但是那些嘲笑又不具正念地遵循我所教導的人，混淆了所有知識，要了解他們的迷失和愚蠢。

33. *sadṛśaṁ ceṣṭate svasyāḥ prakṛter jñānavān api* |
prakṛtiṁ yānti bhūtāni nigrahaḥ kiṁ kariṣyati ||
一個人依據自己業緣（創造勢能）行動，即便是那些充滿智慧的人。所有生物都遵循其本具的特質。壓抑能有何用？

34. *indriyasye ndriyasyārthe rāgadveṣau vyavasthitau* |
tayor na vaśamāgacchet tau hyasya paripanthinau ||
覺知感官對境的當下，執著和厭惡油然而生。不應屈服於它們的力量，因為它們在各方面都是敵人。

35. *śreyān svadharmo viguṇaḥ paradharmāt svanuṣṭhitāt |*

svadharme nidhanaṁ śreyaḥ paradharmo bhayāvahaḥ ||

一個人自己的法性職責即使做得不完美，仍勝過完美執行他人的法性職責。在履行自己真正的法性職責（svadharma）時死去更好。履行他人的法性職責帶來極大的危險。

arjuna uvāca

36. *atha kena prayukto 'yaṁ pāpaṁ carati pūruṣaḥ |*

anicchannapi vārṣṇeya balād iva niyojitaḥ ||

阿周納說：

那麼，是甚麼緣故驅使一個人犯罪，即便無此意願，卻有如被一股力量推動，噢，Vṛṣṇi 的族人？

śrībhagavān uvāca

37. *kāma eṣa krodha eṣa rajoguṇasamudbhavaḥ |*

mahāśano mahāpāpmā viddhyenamiha vairiṇam ||

美麗的主說：

它是渴望，是由激情的創造勢能（變性）而生的滔天大怒，吞沒一切、造成極大傷害（罪惡）。在這種情況之下，要了解這是敵人。

38. *dhūmenāvriyate vahnir yathādarśo malena ca |*

yatholvenā vṛto garbhas tathā tenedam āvṛtam ||

如同煙霧覆蓋著火，灰塵覆蓋著鏡子，胎膜包裹著胚胎，這一切也被激情所障蔽。

39. *āvṛtaṁ jñānam etena jñānino nityavairiṇā |*

kāmarūpeṇa kaunteya duṣpūrenānalena ca ||

這種形式的欲望、憤怒、不滿足的欲火掩蓋了智慧（jñāna），是智者永恆的敵人。

40. *indriyāṇi mano buddhir asyādhiṣṭhānam ucyate* |
etair vimohayatyeṣa jñānam āvṛtya dehinam ||
據說它駐留在感官、心智和智慧上。這些迷惑也障蔽了智慧。

41. *tasmāt tvaṁ indriyāṇyādau niyamya bharatarṣabha* |
pāpmānam prajahi hyenaṁ jñānavijñānanāśanam ||
因此，打從開始，控制感官，噢，婆羅多族的公牛，降伏這個智慧和明辨智的萬惡破壞者。

42. *indriyāṇi parāṇyāhur indriyebhyaḥ paraṁ manaḥ* |
manasas tu parā buddhir yo buddheḥ paratas tu saḥ ||
他們說感官是重要的。高於感官的是心智（manas），高於心智的是覺智（buddhi），但這更高於覺智。

43. *evaṁ buddheḥ paraṁ buddhvā saṁstabhyātmānamātmanā* |
jahi śatruṁ mahābāho kāmarūpaṁ durāsadam ||
因此，了解（buddhvā）它高於覺智，以真我守持真我，斷除難以抵禦、以欲望形式出現的敵人，噢，臂力非凡的英勇戰士。

第四章

śrībhagavān uvāca

1. *imaṁ vivasvate yogaṁ proktavān aham avyayam* |

   vivasvān manave prāha manur ikṣvākave 'bravīt ||

美麗的主說：

我傳授了 Vīvasvān 此不朽的瑜伽。他將其傳給了 Manu，而 Manu 傳給 Ikṣvāku。

2. *evaṁ paramparāprāptam imaṁ rājarṣayo viduḥ* |

   sa kālene 'ha mahatā yogo naṣṭaḥ paraṁtapa ||

   尊貴的先知們都因這種延續的傳承而悉知。過了許久，瑜伽在世上失傳了，噢，敵人的剋星。

3. *sa evāyaṁ mayā te 'dya yogaḥ proktaḥ purātanaḥ* |

   bhakto 'si me sakhā ceti rahasyaṁ hyetaduttamam ||

   今日，我向你傳授了這門相同、古老的原始瑜伽，因為你是我的愛徒與摯友。這確實是至高無上的祕密。

arjuna uvāca

4. *aparaṁ bhavato janma paraṁ janma vivasvataḥ* |

   katham etad vijānīyām tvam ādau proktavāniti ||

阿周納說：

您出生較晚，而 Vīvasvān 的出生較早。我該如何理解您是傳授瑜伽的第一人？

śrībhagavān uvāca

5. *bahūni me vyatītāni janmāni tava cārjuna* |
tānyahaṁ veda sarvāṇi na tvaṁ vettha paraṁtapa ||

美麗的主說：

我和你已歷經生生世世。我知道所有這些人，但你卻不知道，噢，敵人的災難。

6. *ajo 'pi sann avyayātmā bhūtānām īśvaro 'pi san* |
prakṛtiṁ svām adhiṣṭhāya saṁbhavānyātmamāyayā ||
儘管我是無生、不朽的，儘管我是眾生所摯愛之主，我基於我的創造勢能，透過我的幻相（māyā）的創造力而顯化肉身。

7. *yadā yadā hi dharmasya glānir bhavati bhārata* |
abhyutthānamadharmasya tadātmānaṁ sṛjāmyaham ||
無論何時何地，只要正義（dharma）衰落和不義（adharma）興起，我都會示現。

8. *paritrāṇāya sādhūnāṁ vināśāya ca duṣkṛtām* |
dharmasaṁsthāpanārthāya saṁbhavāmi yuge yuge ||
全力保護善良並消滅惡行的人，並建立法性，我示現為人，一代接著一代。

9. *janma karma ca me divyam evaṁ yo vetti tattvataḥ* |
tyaktvā dehaṁ punarjanma naiti māmeti so 'rjuna ||
知道我神聖起源和行動的真實本質之人，離開肉身時不會轉世，而是走向我，阿周納。

10. *vītarāgabhayakrodhā manmayā māmupāśritāḥ* |

bahavo jñānatapasā pūtā madbhāvam āgatāḥ ||

不再有貪婪、恐懼和憤怒，融入我，堅守我，許多受智慧之火淨化的人已與我的存在合一。

11. *ye yathā māṁ prapadyante tāṁs tathaiva bhajāmyaham* |

mama vartmānuvartante manuṣyāḥ pārtha sarvaśaḥ ||

任何他們皈依我的方式，亦是我寵愛他們的方式。四面八方的人們都依循我的路，噢，普爾嗒之子。

12. *kāṅkṣantaḥ karmaṇāṁ siddhiṁ yajanta iha devatāḥ* |

kṣipraṁ hi mānuṣe loke siddhir bhavati karmajā ||

這世上有些人祈求圓滿的儀式行動，向神獻祭。確實，在這個人類世界中，儀式的行動加速了顯化的成功。

13. *cāturvarṇyaṁ māyā sṛṣṭaṁ guṇakarmavibhāgaśaḥ* |

tasya kartāramapi māṁ viddhyakartāram avyayam ||

我根據三屬性的組成，展現了四種種姓。即使我是它們的創造者，也應知我為不朽的無所作為者。

14. *na māṁ karmāni limpanti na me karmaphale spṛhā* |

iti māṁ yo 'bhijānāti karmabhir na sa badhyate ||

行動不會玷汙我。我不渴求任何行動的成果。因此，了悟我的人不受果報的束縛。

15. *evaṁ jñātvā kṛtaṁ karma pūrvairapi mumukṣubhiḥ* |

kuru karmaiva tasmāt tvaṁ pūrvaiḥ purvataraṁ kṛtaṁ ||

了解這點的古人，為了尋求開悟而致力於事。因此，你應該效法古人來從事你的職責。

16. *kiṁ karma kim akarmeti kavayo 'pyatra mohitāḥ* |

tat te karma pravakṣyāmi yaj jṇātvā mokṣyase 'śubhāt | |

什麼是行動？什麼是不行動？即使是偉大的詩人也對此感到困惑。我將向你闡述行動（karma），了解它將使你免於惡業。

17. *karmaṇo hyapi boddhavyaṁ boddhavyaṁ ca vikarmaṇaḥ* |
akarmaṇaśca boddhavyaṁ gahanā karmaṇo gatiḥ | |

要了解行動，要了解錯誤的行動，還要了解不行動。行動之道極為奧妙。

18. *karmaṇyakarma yaḥ paśyed akarmaṇi ca karma yaḥ* |
sa buddhimān manuṣyeṣu sa yuktaḥ kṛtsnakarmakṛt | |

在行動中見到不行動、在不行動中見到行動的人，便是人中之覺者，而他所有的行動皆與瑜伽相繫。

19. *yasya sarve samārambhāḥ kāmasaṁkalpavarjitāḥ* |
jñānāgni dagdhakarmāṇaṁ tam āhuḥ paṇḍitaṁ budhaḥ | |

一個已經從所有行動中擺脫了欲望和幻想的人，他的果報受知識之火所焚燒，這個覺醒的人稱為睿智者（paṇḍit）。

20. *tyaktvā karmaphalāsaṅgaṁ nityatṛpto nirāśrayaḥ* |
karmaṇy abhipravṛtto 'pi naiva kiñcit karoti saḥ | |

他釋放了對行動成果的所有執著，始終滿足於不偏不倚，即使沉浸於行動之中，他也是什麼都沒做。

21. *nirāśiryatacittātmā tyaktasarvaparigrahaḥ* |
śārīraṁ kevalaṁ karma kurvannāpnoti kilviṣam | |

沒有冀望，控制心念和自我，僅靠身體行動，其人免於惡業。

22. *yadṛcchālābhasantuṣṭo dvandvātīto vimatsaraḥ* |
samaḥ siddhāvasiddhau ca kṛtvāpi na nibadhyate | |

隨遇而安，超越二元的對待（幸福與痛苦），不帶惡意，成敗皆同，即使採取了行動，其人也不受限制。

23. *gatasaṅgasya muktasya jñānāvasthitacetasaḥ* |
yajñāyācarataḥ karma samagraṁ pravilīyate ||
一個不執著、自由的人，他的心智建立於智慧（jñāna）中，他的行動（karma）出於奉獻，一切作為都被完全、均勻地消融了。

24. *brahmārpaṇaṁ brahma havir brahmāgnau brahmaṇā hutam* |
brahmaiva tena gantavyaṁ brahmakarmasamādhinā ||
奉獻的行動和工具是梵，祭品本身是梵，將祭品投入火（梵）中的是梵。沉思的行動是梵的人，了悟梵。

25. *daivam evāpare yajñaṁ yoginaḥ paryupāste* |
brahmāgnāvapare yajñaṁ yajñeṇaivopajuhvati ||
有些瑜伽士向神行獻祭。有些人透過奉獻於梵之火，以自身為獻祭。

26. *śrotrādīnīdriyāṇy anye saṁyamāgniṣu juhvati* |
śabdādīn viṣayān anya indriyāgniṣu juhvati ||
有些人則奉獻所有的感官，從聽覺開始，投入收攝專注之火。有些人則將以聲音為主的所有感官對境，投入純淨的感官之火。

27. *sarvāṇīndriyakarmāṇi prāṇakarmāṇi cāpare* |
ātmasaṁyamayogāgnau juhvati jñānadīpite ||
有些人將其所有感官的活動和所有氣（prāṇa）的活動都投入瑜伽之火，專注於真我，點燃於智慧。

28. *dravyayajñās tapoyajñā yogayajñās tathā 'pare* |
svādhyāyajñānayajñāśca yatayaḥ saṁśitavratāḥ ||
有些人可能奉獻物質財產，另一些人以苦行和瑜伽作為奉獻，而謹

守誓戒的修道者則奉獻知識、自修和梵誦。

29. *apāne juhvati prāṇaṁ prāṇe 'pānaṁ tathā 'pare* |
prāṇāpānagatī ruddhvā prāṇāyāmaparāyaṇāḥ ||
有些人專注於調息法（prāṇāyāma），清楚地定義吸氣和吐氣的路徑，將吸氣模式（prāṇa）奉獻給吐氣模式（apāna），將吐氣模式（apāna）奉獻給吸氣模式（prāṇa）。

30. *apare niyatāhārāḥ prāṇān prāṇeṣu juhvati* |
sarve 'pyete yajñavido yajñakṣapitakalmaṣāḥ ||
有些人控制飲食，以不同的氣的模式奉獻給氣。這些人都知曉奉獻，而它們的不淨已透過奉獻而被消除。

31. *yajñaśiṣṭāmṛtabhujo yānti brahma sanātnam* |
nāyaṁ loko 'styayajñasya kuto 'nyaḥ kurusattama ||
他們享受著奉獻所餘留的甘露，達到本初梵。這個世界不屬於不奉獻者。況且其他的世界呢，噢，俱盧族的人中之龍？

32. *evaṁ bahuvidhā yajñā vitatā brahmaṇo mukhe* |
karmajān viddhi tān sarvān evaṁ jñātvā vimokṣyase ||
因此，從梵演繹出各種形式的奉獻。要知道他們都是從行動中誕生。了悟這點，你將獲得解脫。

33. *śreyān dravyamayād yajñāj jñānayajñaḥ parantapa* |
sarvaṁ karmākhilaṁ pārtha jñāne parisamāpyate ||
奉獻知識比奉獻物質財產更好，噢，敵人的剋星。所有行動無一例外，普爾嗒之子，達到知識的頂峰。

34. *tad viddhi praṇipātena paripraśnena sevayā* |
upadekṣyanti te jñānaṁ jñāninas tattvadarśinaḥ ||

透過謙卑的敬意、到處提問，以及提供實質服務來學習這一點。智者，了悟「真如」，會傳授智慧給你。

35. *yaj jñātvā na punarmoham evaṁ yāsyasi pāṇḍava |*
yena bhūtānyaśeṣeṇa drakṣyasyātmanyatho mayi ||
了解這點，你就不會再陷入迷妄，般度之子。透過它，你將看見萬有皆存在真我之中，也在我之中。

36. *api cedasi pāpebhyaḥ sarvebhyaḥ pāpakṛttamaḥ |*
sarvaṁ jñānaplavenaiva vṛjinaṁ santariṣyasi ||
即使你是所有造惡業者中之罪大惡極者，你也將乘著智慧之舟完全度過所有的騙局。

37. *yathaidhāṁsi samiddho 'gnir bhasmasāt kurute 'rjuna |*
jñānāgniḥ sarvakarmāṇi bhasmasāt kurete tathā ||
如同點燃的火將柴燒為灰燼，阿周納，知識之火也將所有的業行化做灰燼。

38. *na hi jñānena sadṛśaṁ pavitramiha vidyate |*
tat svayaṁ yogasaṁsiddhaḥ kālenātmani vindati ||
世上確實沒有任何淨化的方式勝過知識。一個透過瑜伽獲得圓滿的人，終將透過自己找到真我。

39. *śraddhāvāṅl labhate jñānaṁ tatparaḥ saṁyatendriyaḥ |*
jñānaṁlabdhvā parāṁ śāntim acireṇādhigacchati ||
堅定信念者獲得智慧。在透過感官觀看的同時保持著這種智慧，其人完全獲得智慧，並快速走向無上的平靜。

40. *ajñaścāśraddadhānaśca saṁśayātmā vinaśyati |*
nāyaṁ loko 'sti na paro na sukhaṁ saṁśayātmanaḥ ||

無知、不信仰真理者，懷疑真我者，走向毀滅。無論是在今生或來世，自我懷疑者都無法獲得幸福。

41. *yogasaṁnyastakarmāṇaṁ jñānasaṁcchinnasaṁśayam* |
ātmavantaṁ na karmāṇi nibadhnanti dhanañjaya ||
噢，財富的征服者，行動並不會束縛安住真我的人，他的行動在瑜伽中放下，智慧斬斷他的疑惑。

42. *tasmādajñānasambhūtaṁ hṛtsthaṁ jñānasinātmanaḥ* |
chittvainaṁ saṁśayaṁ yogam ātiṣṭhottiṣṭha bhārata ||
因此，用知識之劍立斷你內心的疑惑（來自無知），修持瑜伽！起身吧，Bhārata 的後代！

第五章

arjuna uvāca

1. *saṁnyāsaṁ karmaṇāṁ kṛṣṇa punar yogaṁ ca śaṁsasi* |
   yacchreya etayor ekaṁ tan me brūhi suniścitam ||

阿周納說：

嗅！奎師納，您讚揚捨棄行動，但又讚揚瑜伽。在這兩者之中，何者更好？請明確地告訴我。

śrībhagavān uvāca

2. *saṁnyāsaḥ karmayogaś ca ca niḥśreyasakarāvubhau* |
   tayostu karmasaṁnyāsāt karmayogo viśiṣyate ||

美麗的主說：

捨棄行動與合於瑜伽的行動（行動瑜伽）都能得到至樂。在這兩種方法中，行動瑜伽比捨棄行動更好。

3. *jñeyaḥ sa nityasaṁnyāsī yo na dveṣṭi nakāṅkṣati* |
   nirdvandvo hi mahābāho sukhaṁ bandhāt pramucyate ||
   既不憎恨也不渴求的人被稱為永恆的棄絕者（saṁnyāsīn）。真正的免於對立的二元，嗅，臂力非凡的阿周納。他們很容易獲得解脫。

4. *sāṁkhyayogau pṛthāg bālāḥ pravadanti na paṇḍitāḥ* |
   ekam apyāsthitaḥ samyag ubhayor vindate phalam ||
   幼稚的人宣稱數論和瑜伽是不同的，而睿智者卻不區別。正確地致

力其一，都能得到兩者的成果。

5. *yat sāṁkhyaiḥ prāpyate sthānaṁ tadyogairapi gamyate |*
ekaṁ sāṁkhyañca yogañca yaḥ paśyati sa paśyati ||
數論修持者所達的境界，即是瑜伽修持者所達的境界。數論和瑜伽是一。看見這點的人，是真知者。

6. *saṁnyāsastu mahābāho duḥkhamāptumayogataḥ |*
yogayukto munirbrahma na cireṇādhigacchati ||
但是，棄絕（saṁnyāsa），噢，臂力非凡的阿周納，很難不透過瑜伽而獲得。專注於瑜伽的聖者（muni）很快就達到了梵。

7. *yogayukto viśuddhātmā vijitātmā jitendriyaḥ |*
sarvabhūtāmabhūtātmā kurvann api na lipyate ||
一個專注於瑜伽的人，其自我已淨化，透過降伏感官，其自性即是眾生的自性，即使在行動時也不為之所染。

8. *naiva kiñcit karomīti yukto manyeta tattvavit |*
paśyan śṛṇvan spṛśañ jighrann aśnan gacchan svapañ śvasan ||
了悟真相的人與瑜伽連結，甚至在看、聽、觸、嗅、食、行、睡覺、呼吸時，他都認為「我什麼也沒做」。

9. *pralapan visṛjan gṛhṇann unmiṣan nimiṣann api |*
indriyāṇīndriyārtheṣu vartanta iti dhārayan ||
在交談、排泄、抓取、睜開眼睛、閉上眼睛時，他們認為僅是感官對於感官對境的作用。

10. *brahmaṇyādhāya karmāṇi saṅgaṁ tyaktvā karoti yaḥ |*
lipyate na sa pāpena padmapattram ivāmbhasā ||
將行動獻給梵、放下所有執著的人，不受罪惡或錯事所染，如同蓮

花出淤泥而不染。

11. *kāyena manasā buddhyā kevalairindriyairapi* |
yoginaḥ karma kurvanti saṅgaṁ tyaktvātmaśuddhaye ||
瑜伽士僅用身體、心智、智慧，甚至只有感官來行動（為了自我淨化，放下了執著）。

12. *yuktaḥ karmaphalaṁ tyaktvā śāntimāpnoti naiṣṭhikīm* |
ayuktaḥ kāmakāreṇa phale sakto nibadhyate ||
連結瑜伽的人放下了行動的果實，達到全然地平靜。沒有連結瑜伽的人執著於行動的果實，受到欲望的束縛。

13. *sarvakarmāṇi manasā saṁnyasyāste sukhaṁ vaśī* |
navadvāre pure dehī naiva kurvan na kārayan ||
將心念與所有行動一同放下，了悟者展現出如同九門城的統治者般，快樂地安住著，既不行動也不引起行動。

14. *na kartṛtvaṁ na karmāṇi lokasya sṛjati prabhuḥ* |
na karmaphalasaṁyogaṁ svabhāva stu pravartate ||
本初我（真主）並不創造行動的方法、眾生的行動，也不創造行動與其果實之間的連結。自然屬性乃自發性地運作。

15. *nādatte kasyacit pāpaṁ na caiva sukṛtaṁ vibhuḥ* |
ajñānenāvṛtaṁ jñānaṁ tena muhyanti jantavaḥ ||
無所不在的主不接收任何人的惡行或善行。無知障蔽著智慧，迷惑眾生。

16. *jñānena tu tada jñānaṁ yeṣāṁ naśitam ātmanaḥ* |
teṣām ādityavaj jñānaṁ prakāśayati tat param ||
但是知識摧毀了自性中的無明，知識使至上如太陽般散發光輝。

17. *tadbuddhayas tadātmānas tanniṣṭhās tatparāyaṇāḥ* |
gacchantyapunarāvṛttiṁ jñānanirdhūtakalmaṣāḥ ||
彼者的覺智與自性即此知識，以祂為根基，視祂為至高無上，便能抵達輪迴的盡頭，知識已洗盡了他們的罪業。

18. *vidyāvinayasampanne brāhmaṇe gavi hastini* |
śuni caiva śvapāke ca paṇḍitāḥ samadarśinaḥ ||
睿智者（paṇḍit）對智德兼修的婆羅門（Brāhman）、牛、象、狗或被剝奪種姓者等，皆一視同仁。

19. *ihaiva tairjitaḥ sargo yeṣāṁ sāmye sthitaṁ manaḥ* |
nirdoṣaṁ hi samaṁ brahma tasmād brahmaṇi te sthitāḥ ||
即使於此世間，那些心智安住於不偏不倚（平等）的人不再落入輪迴。梵是完美無缺、與萬有平等的，因此他們都安住於梵。

20. *na prahṛṣyet priyaṁ prāpya nodvijet prāpya cāpriyam* |
sthirabuddhir asaṁmūḍho brahmavid brahmaṇi sthitaḥ ||
得之所欲，不應歡喜；得所不欲，不應顫慄。了悟梵者覺智堅定，無惑者依止於梵。

21. *bāhyasparśeṣvasaktātmā vindatyātmani yat sukham* |
sa brahmayogayuktātmā sukham akṣayam aśnute ||
自性（真我）不執著於所接觸的外在事物，而在自性（真我）中找到喜樂，自性（真我）與梵合一於瑜伽，獲得了堅不可摧的喜悅。

22. *ye hi saṁsparśajā bhogā duḥkhayonaya eva te* |
ādyantavantaḥ kaunteya nā teṣu ramate budhaḥ ||
因接觸感官對境而生的快樂，就是痛苦的溫床。它們有生有滅，貢蒂之子。覺者（budhaḥ）不會因其而滿足。

23. *śaknotīhaiva yaḥ soḍhuṁ prāk śarīravimokṣaṇāt* |

kāmakrodhodbhavaṁ vegaṁ sa yuktaḥ sa sukhī naraḥ ||

若在放棄今世的肉身之前，能對躁動的欲望和憤怒培養耐心，即是穩定於瑜伽，其人即是個快樂的人。

24. *yo 'ntaḥsukho 'ntarārāmas tathāntarjyotir eva yaḥ* |

sa yogī brahmanirvāṇaṁ brahmabhūto 'dhigacchati ||

幸福存於內在，喜悅存於內在，因此由內在散發光芒，這樣的瑜伽士達到了梵涅槃之境（Brahman-nirvāṇa），沉浸於梵。

25. *labhante brahmanirvāṇaṁṛṣayaḥ kṣīṇakalmaṣāḥ* |

chinnadvaidhā yatātmānaḥ sarvabhūtahite ratāḥ ||

覺者的不純淨褪盡了，二元性（疑惑）斷除了，他們為眾生的福祉而歡喜，達到梵涅槃之境。

26. *kāmakrodhaviyuktānāṁ yatīnāṁ yatacetasām* |

abhito brahmanirvāṇaṁ vartate viditātmanām ||

梵涅槃之境親近了悟自我者、征服心智的苦行者，不受欲望和憤怒的束縛。

27. *sparśān kṛtvā bahir bāhyāṁś cakṣuścai 'vantare bhruvoḥ* |

prāṇāpānau samau kṛtvā nāsābhyantaracāriṇau ||

排除了與外塵諸境的接觸，凝神於眉心，使上行氣（prāṇa，吸氣）和下行氣（apāna，吐氣）均勻地通過鼻孔。

28. *yatendriyamanohuddhir munir mokṣaparāyaṇaḥ* |

vigatecchābhayakrodho yaḥ sadā mukta eva saḥ ||

聖者視解脫為至上目標，控制其感官、心智和智慧，不再有欲望、恐懼和憤怒，這些人總是自由的。

29. *bhoktāraṁ yajñatapasāṁ sarvalokamaheśvaram* |

suhṛdaṁ sarvabhūtānāṁ jñātvā māṁ śāntimṛcchati ||

聖者瞭知我即奉獻和苦行的享受者，是諸界的最高主宰，也是眾生的摯友，便能達到平靜之境。

第六章

ṣrībhagavān uvāca

1. *anāśritaḥ karmaphalaṁ kāryaṁ karma karoti yaḥ* |
sa saṁnyāsī ca yogī ca na niragnir na cākriyaḥ ||

美麗的主說：

履行應盡職責而不求回報者，是一位循世者和瑜伽士。他並非那種不點燃（神聖的）火、不盡職責（儀式）的人。

2. *yaṁ saṁnyasamiti prāhur yogaṁ taṁ viddhi pāṇḍava* |
na hy asaṁnyastasaṁkalpo yogī bhavati kaścana ||

人們所謂的棄世，你要知道那就是瑜伽，般度之子。確實，若無法放下（saṁnyāsa）想像的意圖，沒有人能成為瑜伽士。

3. *āruruksor muner yogaṁ karma kāraṇam ucyate* |
yogārūḍhasya tasyaiva śamaḥ kāraṇam ucyate ||

行動即是聖人昇華至瑜伽的方法。對於已到達瑜伽的人來說，平靜明晰（śamah）是其方法。

4. *yadā hi nendriyārtheṣu na karmasvanuṣajjate* |
sarvasaṁkalpasaṁnyāsī yogārūḍhas tadocyate ||

當一個人既不執著於感官對境，也不執著於行動，而放下（saṁnyāsa）所有目的時，是謂已昇華至瑜伽境界。

5. *uddhared ātmanātmānaṁ nātmānam avasādayet* |
ātmaiva hyātmano bandhur ātmaiva ripur ātmanaḥ ||
一個人應該透過自我來提升，而非使自我墮落。的確，唯獨自我是自己的朋友，也唯有自我才是自己的敵人。

6. *bandhur ātmātmanas tasya yenātmaivātmanā jitaḥ* |
anātmanas tu śatrutve vartetātmaiva śatruvat ||
已降伏自我者，自我就是自己的朋友。無法降伏自我者，自我如敵人一般充滿惡意。

7. *jitātmanaḥ praśāntasya paramātmā samāhitaḥ* |
śītoṣṇasukhaduḥkheṣu tathā mānāpamānayoḥ ||
對於自我已柔順的平靜者，其大我堅定不移，並在冷熱、苦樂以及榮辱中從容自若。

8. *jñānavijñānatṛptātmā kūṭastho vijitendriyaḥ* |
yukta ityucyate yogī samaloṣṭāśmakāñcanaḥ ||
智慧的知識和特定脈絡的知識，滿足了瑜伽士的自我，他堅定不移、馴服感官，對土塊、石頭和金塊一視同仁，人們說他與瑜伽合一。

9. *suhṛnmitrāyudāsīna madhyasthadveṣyabandhuṣu* |
sādhuṣvapi ca pāpeṣu samabuddhir viśiṣyate ||
平等的對待同伴、朋友或敵人，立足於仇人和支持者之間，對善人甚至於惡人皆維繫同等正念，他即是超群絕倫者。

10. *yogī yuñjīta satatam ātmānaṁ rahasi sthitaḥ* |
ekākī yatacittātmā nirāśīr aparigrahaḥ ||
瑜伽士應持續專注於真我（ātman），透過私下獨處，身心收攝、無所抱負，不攀緣任何外境。

11. *śucau deśe pratiṣṭhāpya sthiram āsanam ātmanaḥ* |
nātyucchritaṁ na 'tinīcaṁ cailājinakuśottaram ||
瑜伽士應安置座席在乾淨的地方，勿過高或過低，覆蓋以聖草、鹿皮和布。

12. *tatratikāgraṁ manaḥ kṛtvā yatacittendriyakriyaḥ* |
upaviśyāsane yuñjyād yogamātmaviśuddhaye ||
端坐（āsana）其上，全神貫注集中於單一標的，照見念頭和感官的活動，他應連結瑜伽以淨化自我。

13. *samaṁ kāyaśirogrīvaṁ dhārayann acalaṁ sthiraḥ* |
saṁprekṣya nāsikāgraṁ svaṁ diśaścānavalokayan ||
保持身體、頭頸端正，如如不動，凝視鼻尖，不四處張望。

14. *praśāntātmā vigatabhīr brahmacārivrate sthitaḥ* |
manaḥ saṁyamya maccitto yukta āsīta matparaḥ ||
平靜而無懼，堅守心不離道的誓願，收攝心念並憶念我，他應坐著、專注並奉獻於我。

15. *yuñjann evaṁ sadātmanaṁ yogī niyatamānasaḥ* |
śāntiṁ nirvāṇaparamāṁ matsaṁsthām adhigacchati ||
以這種方式，瑜伽士的心念整合並始終與真我連結，走向清晰、至上的涅槃，依止於我。

16. *nātyaśnatas tu yogo 'sti na caikāntam anaśnataḥ* |
na cātisvapnaśīlasya jāgrato naiva cārjuna ||
瑜伽是不過食，當然也非過度斷食；非練習睡眠過度，也非睡眠不足，阿周納。

17. *yuktāhāravihārasya yuktaceṣṭaysa karmasu* |

yuktasvapnāvabodhasya yogo bhavati duḥkhahā ||

適度的飲食和休閒，保持正念地行動，平衡睡眠和清醒，瑜伽是痛苦的休止。

18. *yadā viniyataṁ cittam ātmany evāvatiṣṭhate* |

niḥspṛhaḥ sarvakāmebhyo yukta ityucyate tadā ||

當精確地運用智慧，常住於真我中，免於一切欲望的渴求，才是謂連結（於瑜伽之境）。

19. *yathā dīpo nivātastho neṅgate sopamā smṛtā* |

yogino yatacittasya yuñjato yogam ātmanaḥ ||

正如油燈的火焰不閃爍於無風之處，修持真我瑜伽的瑜伽士，其心念也是如此專注。

20. *yatroparamate cittaṁ niruddhaṁ yogasevaya* |

yatra caivātmanātmānaṁ paśyann ātmani tuṣyati ||

當心念因瑜伽的專注修持（服務，seva）而懸止，當真我確實地照見真我時，他就完全滿足於真我。

21. *sukham ātyantikaṁ yat tad buddhigrāhyam atīndriyam* |

vetti yatra na caivāyaṁ sthitaścalati tattvataḥ ||

明瞭持守覺智（buddhi）的無限喜樂，超越感官，此人堅信不移，不悖離真理。

22. *yaṁ labdhvā cāparaṁ lābhaṁ manyate nādhikaṁ tataḥ* |

yasmin sthito na duḥkhena guruṇāpi vicālyate ||

抵此境界，他明白再也沒有更高的目標。立足於此，即使是沉重的悲傷也無法動搖他。

23. *taṁ vidyād duḥkhasaṁyoga viyogaṁ yogasaṁjñitam* |
sa niścayena yoktavyo yogo 'nirviṇṇacetasā ||
廣為宣揚，所謂瑜伽即是斷除與痛苦的連結。要有堅定的決心和熱切的意志，來修煉瑜伽。

24. *saṅkalpaprabhavān kāmāṁs tyaktvā sarvān aśeṣataḥ* |
manasaivendriyagrāmaṁ viniyamya samantataḥ ||
毫無例外地放下自私意圖（想像，saṅkalpa）產生的所有欲望，並以心智精確地檢視所有的感官與其各個的面向。

25. *śanaiḥśanairuparamed buddhyā dhṛtigṛhītaya* |
ātmasaṁsthaṁ manaḥ kṛtvā na kiñcid api cintayet ||
慢慢地、逐步地，透過堅定的覺智，應能達到平靜。他心無旁騖，將心智建立於真我中。

26. *yato yato niścarati manaś cañcalam asthiram* |
tatastato niyamyaitad ātmany eva vaśaṁ nayet ||
當不扎根且搖擺無定的心智遊蕩之際，他都應引導它回到真我的領域。

27. *praśāntamanasaṁ hyenaṁ yoginaṁ sukham uttamam* |
upaiti śāntarajasaṁ brahmabhūtam akalmaṣam ||
的確，此一擁有平靜心智的瑜伽士，獲得了至上的幸福，平息了激情，免除一切罪業，與梵合一。

28. *yuñjann evaṁ sadātmānaṁ yogī vigatakalmaṣaḥ* |
sukhena brahmasaṁsparśam atyantaṁ sukham aśnute ||
始終與此自性保持連結，擺脫了惡業，瑜伽士獲得無限的幸福，從容地到達梵。

29. *sarvabhūtastham ātmānaṁ sarvabhūtāni cātmani |*
īkṣate yogayuktātmā sarvatra samadarśanaḥ ||
見真我安住於眾生，且眾生安住於真我，自性與瑜伽合一，對萬有平等齊觀。

30. *yo māṁ paśyati sarvatra sarvaṁ ca mayi paśyati |*
tasyāhaṁ na praṇaśyāmi sa ca me na praṇaśyati ||
在萬有中見「我」，在「我」中見萬有的人；他沒有失去「我」，「我」也沒有失去他。

31. *sarvabhūtasthitaṁ yo māṁ bhajat yekatvam āsthitaḥ |*
sarvathā vartamāno 'pi sa yogī mayi vartate ||
穩定於合一，敬愛安住於萬有中的「我」，無論任何變化或行動，瑜伽士安住於「我」。

32. *ātmaupamyena sarvatra samaṁ paśyati yo 'rjuna |*
sukhaṁ vā yadi vā duḥkhaṁ sa yogī paramo mataḥ ||
無論苦樂，充滿同理心和慈悲心，平等地看待萬有，他被視為是最高境界的瑜伽士。

arjuna uvāca
33. *yo 'yaṁ yogas tvayā proktaḥ sāmyena madhusūdana |*
etasyāhaṁ na paśyāmi cañcalatvāt sthitiṁ sthirām ||
阿周納說：
您開示的這種平等心瑜伽，噢！屠魔者，我看不到它持久的基礎，因為心智是如此不穩定。

34. *cañcalaṁ hi manaḥ kṛṣṇa pramāthi balavad dṛḍham |*
tasyāhaṁ nigrahaṁ manye vāyor iva suduṣkaram ||
心智總是浮動的，噢！奎師納，帶來苦惱、頑強而固執。我認為它

像風（vāyu）一般難以駕馭。

śrībhagavān uvāca

35. asaṁśayaṁ mahābāho mano durnigrahaṁ calam |

abhyāsena tu kaunteya vairāgyeṇa ca gṛhyate ||

美麗的主說：

毫無疑問地，噢，臂力非凡的英勇戰士，心智很難控制且總是搖擺不定。但是，噢，貢蒂之子，透過不斷的練習（abhyāsa）和放下（vairāgyam）可以駕馭它。

36. asaṁyatātmanā yogo duṣprāpa iti me matiḥ |

vaśyātmanā tu yatatā śakyo 'vāptum upāyataḥ ||

我認為，當無法持續專注於真我，就很難達到瑜伽，但是透過堅定地專注於真我，瑜伽的境界就可以透過善巧的方法來達到。

arjuna uvāca

37. ayatiḥ śraddhayopeto yogāc calitamānasaḥ |

aprāpya yogasaṁsiddhiṁ kāṁ gatiṁ kṛṣṇa gacchati ||

阿周納說：

一個無法自制但擁有信念（śraddhā）的人，他的心智已偏離瑜伽，無法在瑜伽中達到圓滿，他們的道途為何，噢，奎師納？

38. kaccin nobhayavibhraṣṭaś chinnābhram iva naśyati |

apratiṣṭho mahābāho vimūḍho brahmaṇaḥ pathi ||

他們已經自兩條道途上墜落，像崩解的雲一樣迷途，在梵之道上失去根基且迷惑了，不是嗎？

39. etan me saṁśayaṁ kṛṣṇa chettum arhasy aśeṣataḥ |

tvadanyaḥ saṁśayasyāsya chettā na hy upapadyate ||

這是我的疑惑，噢，奎師納。您能夠完全消除它。除您之外，無人能解惑。

śrībhagavān uvāca

40. *pārtha naiveha nāmutra vināśastasya vidyate* |

na hi kalyāṇakṛt kaścid durgatiṁ tāta gacchati ||

美麗的主說：

噢，帕爾塔，無論是在世上還是在天上，他們都不遭毀滅。我的朋友，行善之人不會墮入惡道。

41. *prāpya puṇyakṛtāṁ lokān uṣitvā śāśvatīḥ samāḥ* |

śucīnāṁ śrīmatāṁ gehe yogabhraṣṭo 'bhijāyate ||

他到達善人的世界並在那居住了無數的歲月，從瑜伽中墜落者，將出生於歡樂和顯赫的家庭。

42. *athavā yoginām eva kule bhavati dhīmatām* |

etad dhi durlabhataraṁ loke janma yad īdṛśam ||

或者，他出生在具智慧的瑜伽士家族中。這樣的出身在世上更難獲得。

43. *tatra taṁ buddhisaṁyogaṁ labhate paurvadehikam* |

yatate ca tato bhūyaḥ saṁsiddhau kurunandana ||

在那裡，前世智慧瑜伽的連結甦醒，他再次朝著圓滿而努力修持，噢，俱盧族的喜悅。

44. *pūrvābhyāsena tenaiva hriyate hy avaśo 'pi saḥ* |

jijñāsur api yogasya śabdabrahmātivartate ||

透過前世的修持，即便與他的意願（志向）相左，也有股不可抗拒的吸引力帶領他的心。即使僅是探求瑜伽，他都超越了吠陀儀式。

45. *prayatnād yatamānas tu yogī saṁśuddhakilbiṣaḥ* |

anekajanmasaṁsiddhas tato yāti parāṁ gatim ||

透過持續不斷的修持和引導心智，瑜伽士的不純淨會受到完全洗滌，並在經歷許多世代後獲得成功，最終達到至上的目標。

46. *tapasvibhyo 'dhiko yogī jñānibhyo 'pi mato 'dhikaḥ* |
karmibhyaś cādhiko yogī tasmād yogī bhavārjuna ||

瑜伽士超越了苦行者，被視為超越了博學的智者，也超越了奉獻儀式的行者。因此，成為一名瑜伽士吧，阿周納！

47. *yogināṁ api sarveṣāṁ madgatenāntarātmanā* |
śraddhāvān bhajate yo māṁ sa me yuktatamo mataḥ ||

在所有這些瑜伽士之中，以內在自性與「我」合一者，以全然的信念虔敬我者，我認為他是與我的相應最深的人。

第七章

śrībhagavān uvāca

1. *mayyāsaktamanāḥ pārtha yogaṁ yuñjan madāśrayaḥ* ।
asaṁśayaṁ samagraṁ māṁ yathā jñāsyasi tac chṛṇu ।।

美麗的主說：

普爾嗒之子，全神貫注於「我」，修持瑜伽，依止於「我」，毫無懷疑，全然了悟「我」。現在諦聽。

2. *jñānaṁ te 'haṁ savijñānam idaṁ vakṣyāmyaśeṣataḥ* ।
yaj jñātvā neha bhūyo 'nyaj jñātavyamavaśiṣyate ।।
我將向你完整、去蕪存菁地闡述這門知識（世俗智慧，jñāna）和這種明辨智（靈性智慧，vijñāna），藉由瞭知這些，便不再有任何知識需要知道了。

3. *manuṣyāṇaṁ sahasreṣu kaścid yatati siddhaye* ।
yatatām api siddhānāṁ kaścin māṁ vetti tattvataḥ ।।
千人之中，或有一人追求完美。而那些努力修持、甚至達到完美的人，稀有一人真正了悟「我」。

4. *bhūmir āpo 'nalo vāyuḥ khaṁ mano buddhir eva ca* ।
ahaṁkāra itīyaṁ me bhinnā prakṛtir aṣṭadhā ।।
地、水、火、風、空、心識、覺智和自我等功能，這是我創造勢能（prakṛti）之八種部分。

5. *apareyam itas tvanyāṁ prakṛtiṁ viddhi me parām* |
jīvabhūtāṁ mahābāho yayedaṁ dhāryate jagat ||
這些是「我」較低的創造勢能。但是，噢，臂力非凡的英勇戰士，
瞭知「我」個體意識的較高化現，這個世界因其而得以維繫。

6. *etadyonīni bhūtāni sarvāṇīty upadhāraya* |
ahaṁ kṛtsnasya jagataḥ prabhavaḥ pralayastathā ||
了解這孕育了萬有。「我」是整個世界的生和滅。

7. *mattaḥ parataraṁ nānyat kiñcid asti dhanañjaya* |
mayi sarvam idaṁ protaṁ sūtre maṇigaṇā iva ||
沒有任何高於「我」者，噢，財富的勝利者。萬物都與「我」相連，
如同珠寶串在一根線上。

8. *raso 'ham apsu kaunteya prabhāsmi śaśisūryayoḥ* |
praṇavaḥ sarvavedeṣu śabdaḥ khe pauruṣaṁ nṛṣu ||
「我」是水的味道，貢蒂之子啊，「我」是月亮和太陽的光輝，「我」
是所有吠陀經典中的嗡音（Oṁ），空間中的聖音，人的活力。

9. *puṇyo gandhaḥ pṛthivyāṁ ca tejaścāsmi vibhāvasau* |
jīvanaṁ sarvabhūteṣu tapaścāsmi tapasviṣu ||
「我」是大地的神聖芬芳，太陽的燦爛光芒，眾生的生命和苦行者
的苦行。

10. *bījaṁ māṁ sarvabhūtānāṁ viddhi pārtha sanātanam* |
buddhir buddhimatām asmi tejas tejasvinām aham ||
知曉「我」是眾生的真實、原始種子，普爾嗒（Pṛthā）之子。「我」
是智者的智慧，是光輝者之光。

11. *balaṁ balavatāṁ cāham kāmarāgavivarjitam* |
dharmāviruddho bhūteṣu kāmo 'smi bharatarṣabha ||
「我」是強者的力量，免於欲望和激情。「我」是眾生合於法性（無悖法性）的性愛。

12. *ye caiva sāttvikā bhāvā rājasās tāmasāś ca ye* |
matta eveti tān viddhi na tvahaṁ tesu te mayi ||
無論是悅性（和諧）、變性（激情）、惰性（固定）之中的哪種狀態，要知道他們來自於「我」。但是「我」不受他們的影響，他們在「我」之中。

13. *tribhir guṇamayair bhāvair ebhiḥ sarvam idaṁ jagat* |
mohitaṁ nābhijānāti mām ebhyaḥ param avyayam ||
整個世界都被這些三屬性力所組成的狀態（bhāvas）所迷惑。它不認識「我」；「我」高於這些且是不朽的。

14. *daivī hy eṣā guṇamayi mama māyā duratyayā* |
mām eva ye prapadyante māyām etāṁ taranti te ||
神性力實為我的屬性所組成之幻相（māyā），而且難以超越。只有那些依止於我的人才能穿越。

15. *na māṁ duṣkṛtino mūḍhāḥ prapadyante narādhamāḥ* |
māyayāpahṛtajñānā āsuraṁ bhāvam āśritāḥ ||
無賴、愚者、惡人，那些被迷幻奪走了知識、訴諸惡魔天性的人不會依止於我。

16. *caturvidhā bhajante māṁ janāḥ sukṛtino 'rjuna* |
ārto jijñāsur arthārthī jñānī ca bharatarṣabha ||
善人之中有四種人虔敬我，阿周納；受苦者、鑽研知識者、求財者和智者，婆羅多族的公牛啊！

17. *teṣāṁ jñānī nityayukta ekabhaktir viśiṣyate* |
priyo hi jñānino 'tyartham ahaṁ sa ca mama priyaḥ ||
在這些人當中，最殊勝者總是與瑜伽連結，而且唯獨虔敬我。我非常鍾愛此智者（jñānī），而他也鍾愛我。

18. *udārāḥ sarva evaite jñānī tvātmaiva me matam* |
āsthitaḥ sa hi yuktātmā mām evānuttamāṁ gatim ||
所有這些人確實都很崇高，然而，我唯視智者（jñānī）為真正的我。堅定地連結真我，他以依止我為至上之道。

19. *bahūnāṁ janmanām ante jñānavān māṁ prapadyate* |
vāsudevaḥ sarvam iti sa mahātmā sudurlabhaḥ ||
在生生世世的輪迴結束時，智者尋求我的庇護，了悟「Vāsudeva（奎師納）就是一切。」如此偉大的人很罕見。

20. *kāmais taistair hṛtajñānāḥ prapadyante 'nyadevatāḥ* |
taṁ taṁ niyamam āsthāya prakṛtyā niyatāḥ svayā ||
有些人的知識被種種欲望所竊取，求助其他神祇並進行種種宗教儀式，他們被自己習氣的本質（創造勢能）所控制。

21. *yo yo yāṁ yāṁ tanuṁ bhaktaḥ śraddhayārcitum icchati* |
tasya tasyācalāṁ śraddhāṁ tām eva vidadhāmy aham ||
虔敬者無論渴望崇拜任何形象與對象，我皆賜予他堅定不移的信念，不論此虔敬者是誰。

22. *sa tayā śraddhyā yuktas tasyā 'rādhanam īhate* |
labhate ca tataḥ kāmān mayaiva vihitān hi tān ||
與此信仰合一，虔敬者滿足了所崇拜的對象，並從中獲得他們的欲望，事實上這些皆由我所賜予。

23. *antavattu phalaṁ teṣāṁ tad bhavaty alpamedhasām* |
devān devayajo yānti madbhaktā yānti mām api ||
然而，他們卻不了解，這個結果轉瞬即逝。眾神的崇拜者走向眾神，而愛我的人必定走向我。

24. *avyaktaṁ vyaktim āpannaṁ manyante mām abuddhayaḥ* |
paraṁ bhāvam ajānanto mamāvyayam anuttamam ||
那些不知道我的人，以為無顯化的我落入顯化，卻不知道我至上的本性是不朽且無與倫比的。

25. *nāhaṁ prakāśaḥ sarvasya yogamāyāsamāvṛtaḥ* |
mūḍho 'yaṁ nābhijānāti loko mām ajam avyayam ||
那些蒙蔽在瑜伽幻相的人看不見我。這個迷惑的世界無法認出我，我不生、不變。

26. *vedāhaṁ samatītāni vartamānāni cārjuna* |
bhaviṣyāṇi ca bhūtāni māṁ tu veda na kaścana ||
我知道故人、逝者，與生者，阿周納，還有尚未出生的那些人，但並非人人都知道我。

27. *icchādveṣasamutthena dvandvamohena bhārata* |
sarvabhūtāni saṁmohaṁ sarge yānti paraṁtapa ||
由於欲望和仇恨的升起，由於對二元性的誤解，噢，Bhārata，眾生在誕生時就已陷入迷惑，敵人的征服者。

28. *yeṣāṁ tv antagataṁ pāpaṁ janānāṁ puṇyakarmaṇām* |
te dvandvamohanirmuktā bhajante māṁ dṛḍharvatāḥ ||
但是那些行善之人，已經終結罪惡，擺脫了對二元性的誤解，他們以堅定的誓言奉愛我。

29. *jarāmaraṇamokṣāya mām āśritya yatanti ye* |

te brahma tad viduḥ kṛtsnam adhyātmaṁ karma cākhilam ||

那些努力自老、死中獲得解脫的人，尋求我的庇護，完全徹底了解梵（本初自我）和行動（業力）。

30. *sādhibhūtādhidaivaṁ māṁ sādhiyajñaṁ ca ye viduḥ* |

prayāṇakāle 'pi ca māṁ te vidur yuktacetasaḥ ||

他們瞭知我是所有顯化的世界，所有神力，以及奉獻的過程。他們的心智穩定於瑜伽，臨死之際也知曉我。

第八章

arjuna uvāca

1. *kiṁ tadbrahma kim adhyātmaṁ kiṁ karma puruṣottama* |
adhibhūtaṁ ca kiṁ proktam adhidaivaṁ kim ucyate ||

阿周納說：

何謂梵？噢，人之至尊，真我為何？行動為何？物質的原始之境為何？原始的神性為何？

2. *adhiyajñaḥ kaṭhaṁ ko 'tra dehe 'smin madhusūdana* |
praypāṇakāle ca kaṭhaṁ jñeyo 'si niyatātmabhiḥ ||

噢！屠魔者，於此身體中之奉獻方式和本質為何？臨終時，那些能控制自我的人如何了悟您？

śrībhagavān uvāca

3. *akṣaraṁ brahma paramaṁ svabhāvo 'dhyātmam ucyate* |
bhūtabhāvodbhavakaro visargaḥ karmasaṁjñitaḥ ||

美麗的主說：

梵是不朽、至高無上的。自性（svabhāva）是本初的自我，它造成眾生的存在。它的行動（karma）被理解為創造的力量。

4. *adhibhūtaṁ kṣaro bhāvaḥ puruṣaś cādhidaivatam* |
adhiyajño 'ham evātra dehe dehabhṛtāṁ vara ||

物質的原始之境（adhibhūta）是易逝的存在。純意識（puruṣa，覺性）是至上創造的基礎。我本人即是一切奉獻的具體呈現，噢！最好的化現。

5. *antakāle ca mām eva smaran muktvā kalevaram* |
yaḥ prayāti sa madbhāvaṁ yāti nāstyatra saṁśayaḥ ||
臨終之時，憶念我，釋放了肉身，向前進入我的存在狀態。這一點是無庸置疑的

6. *yaṁ yaṁ vāpi smaran bhāvaṁ tyajaty ante kalevaram* |
taṁ tam evaiti kaunteya sadā tadbhāvabhāvitaḥ ||
而且，臨終離開肉身時，一個人所思量或惦念的任何狀態，他即進入那種狀態，噢，貢蒂之子，永遠成為那種存在狀態。

7. *tasmāt sarveṣu kāleṣu mām anusmara yudhya ca* |
mayy arpitamanobuddhir māmevaiṣyasyasaṁśayaḥ ||
因此，時時刻刻的憶念我並為我而戰。心智和智慧專注於我，你將毫無疑問地與我合一。

8. *abhyāsayogayuktena cetasā nānyagāminā* |
paramaṁ puruṣaṁ divyaṁ yāti pārthānucintayan ||
噢，普爾嗒之子，透過無散亂的專注力來修持瑜伽，持續地冥想，就走向了最高的神聖意識。

9. *kaviṁ purāṇam anuśāsitāram aṇor aṇīyāṁsam anusmared yaḥ* |
sarvasya dhātāram acintyarūpam ādityavarṇaṁ tamasaḥ parastāt ||
一個人應該秉持正念地冥想著詩人，古人，主宰者，比原子更精微者，萬有的維繫者，具不可思議的形象者，如太陽的光輝、超越黑暗者。

10. *prayāṇakāle manasā 'calena bhaktyā yukto yogabalena caiva |*
bhruvor madhye prāṇam āveśya samyak sa taṁ paraṁ puruṣam upaiti divyam ||
臨終之時，以不游移的心智、滿腔的愛和瑜伽的力量，使氣（prana）正確地來到眉心，此人便走向了至高無上的神聖意識（puruṣa）。

11. *yad akṣaraṁ vedavido vadanti viśanti yad yatayo vītarāgāḥ |*
yad icchanto brahmacaryaṁ caranti tat te padaṁ saṁgraheṇa pravakṣye ||
我向你簡單闡釋知曉吠陀者所謂之不朽的道途，擺脫激情的苦行者踏上其中，遵循心不離道。

12. *sarvadvārāṇi saṁyamya mano hṛdi nirudhya ca |*
mūrdhnyādhāyātmanaḥ prāṇam āsthito yogadhāraṇām ||
守住所有（肉身）的門戶，意念懸止於心，將自己的氣置於頭內，確立在瑜伽的集中修煉。

13. *aum ity ekākṣaraṁ brahma vyāharam mām anusmaran |*
yaḥ prāyāti tyajan dehaṁ sa yāti paramāṁ gatim ||
念「嗡」，梵之神聖單音，持續冥想我，離開肉身的人，邁入至上之路。

14. *anayacetāḥ satataṁ yo māṁ smarati nityaśaḥ |*
tasyāhaṁ sulabhaḥ pārtha nityayuktasya yoginaḥ ||
持續憶念（正念於）我的人，他的專注力不散亂，此一保持連結的瑜伽士，很容易到達我，噢，普爾嗒。

15. *māṁ upetya punarjanma duḥkhālayam aśāśvatam |*
nāpnuvanti mahātmānaḥ saṁsiddhiṁ paramāṁ gatāḥ ||
這些偉大的人親近我之後，就不會在無常的苦難中再次出生，因為它們已經達到了無上的圓滿。

16. *ābrahmabhuvanāllokāḥ punarāvartino 'rjuna* |

mām upetya tu kaunteya punarjanma na vidyate ||

梵界以下的世界，全部都得再投生，阿周納。但是，持續走向我，貢蒂之子，就不再轉世。

17. *sahasrayugaparyantam aharyad brahmaṇo viduḥ* |

rātriṁ yugasahasrāntāṁ te 'horātravido janāḥ ||

那些知道梵之白晝持續一千個世代（yugas），而梵的夜晚則在一千個世代之後結束的人，是「白晝和黑夜的知者」。

18. *avyaktād vyaktayaḥ sarvāḥ prabhavantyaharāgame* |

rātryāgame pralīyante tatraivāvyaktasaṁjñake ||

在一天的黎明，萬有從未顯化中顯化。在黑夜來臨時，他們消融回到被稱為未顯化之狀態。

19. *bhūtagrāmaḥ sa evāyaṁ bhūtvā bhūtvā pralīyate* |

rātryāgame 'vaśaḥ pārtha prabhavatyaharāgame ||

這些一次又一次地崛起的眾多存有，在夜晚來臨時無助地消散，噢，帕爾塔，然後在一天的來臨時又再次出生。

20. *paras tasmāt tu bhāvo 'nyo 'vyakto 'vyaktāt sanātanaḥ* |

yaḥ sa sarveṣu bhūteṣu naśyatsu na vinaśyati ||

但是，在此未顯化之上，還有一未顯現的永恆存在，顯化的萬有消逝之後，仍永存不滅。

21. *avyakto 'kṣara ityuktas tamāhuḥ paramāṁ gatim* |

yaṁ prāpya na nivartante taddhāma paramaṁ mama ||

他們宣稱此未顯化為至上的目標，到達後便不再返回。這是我的至上居所。

22. *puruṣaḥ sa paraḥ pārtha bhaktyā labhyastvananyayā* |
yasyāntaḥsthāni bhūtāni yena sarvam idaṁ tatam ||
這是最高的存有（puruṣa），普爾嗒，僅能透過愛而達到，萬有於其中建立，因其而存在。

23. *yatra kāle tvanāvṛttim āvṛttiṁ caiva yoginaḥ* |
prayātā yānti taṁ kālaṁ vakṣyāmi bharatarṣabha ||
我將告訴你，噢，婆羅多的精英，瑜伽士離世並重生的時間，以及他們不重生的時間。

24. *agnirjyotirahaḥ śuklaḥ ṣaṇmāsā uttarāyaṇam* |
tatra prayātā gacchanti brahma brahmavido janāḥ ||
火、光、白晝、月明的兩周和太陽北行的六個月，是了悟梵者走向梵之時。

25. *dhūmo rātristathā kṛṣṇaḥ ṣaṇmāsā dakṣiṇāyanam* |
tatra cāndramasaṁ jyotir yogī prāpya nivartate ||
煙霧、黑夜、月黯的兩周（kṛṣṇaḥ，黑暗）和太陽南行的六個月，是瑜伽士返回並帶來月光之時。

26. *śuklakṛṣṇe gatīhyete jagataḥ śāśvate mate* |
ekayā yātyanāvṛttim anyayāvartate punaḥ ||
此兩條路徑——明與暗，是世界的永恆之路。第一條，一去無返，另一條，去而再返。

27. *naite sṛtī pārtha jānan yogī muhyati kaścana* |
tasmāt sarveṣu kāleṣu yogayukto bhavārjuna ||
瞭知這兩條路徑，普爾嗒之子，瑜伽士便不會再受到迷惑。因此，阿周納，始終堅持瑜伽合一之境。

28. *vedeṣu yajñeṣu tapaḥsu caiva dāneṣu yat puṇyāphalaṁ pradiṣṭam* ।

atyeti tat sarvamidaṁ viditvā yogī paraṁ sthānamupaiti cādyam ।।

通曉所有這些知識之後，瑜伽士超越了吠陀在奉獻、苦行和布施所勸行的善果，並達到了本初的至上居所。

第九章

śrībhagavān uvāca

1. *idaṁ tu te guhyatamaṁ pravakṣyāmyanasūyave* |

   jñānaṁ vijñānasahitaṁ yajjñātvā mokṣyase 'śubhāt ||

美麗的主說：

對沒有嫉妒和惡意的你，我將說明智慧（jñāna）和明辨智（vijñāna）的終極祕密。曉知它，你將擺脫罪惡。

2. *rājavidyā rājaguhyaṁ pavitramidam uttamam* |

   pratyakṣāvagamaṁ dharmyaṁ susukhaṁ kartuṁ avyayam ||

   這是勝王的知識與祕密，是至上的淨化者。它的理解即在於如法（規則）當下，它是永恆的，易於修持的。

3. *aśraddahānāḥ puruṣā dharmasyāsya paraṁtapa* |

   aprāpya māṁ nivartante mṛtyusaṁsāravartmani ||

   不遵從法性的人無法連結我，噢，敵人的剋星，將再次返回死亡與輪迴的道路。

4. *mayā tatam idaṁ sarvaṁ jagadavyaktamūrtinā* |

   matsthāni sarvabhūtāni na cāhaṁ teṣvavasthitaḥ ||

   我以我未顯化的形式遍及整個世界。萬有都在我之內，而我卻不住在他們之內。

5. *na ca matsthāni bhūtāni paśya me yogamaiśvaram* |
bhūtabhṛn na ca bhūtastho mamātmā bhūtabhāvanaḥ ||
然而，眾生也非在我之內。看看我雄偉而神祕的連結。我本人顯化於萬有，支持萬有，而非在萬有之內。

6. *yathākāśasthito nityaṁ vāyuḥ sarvatrago mahān* |
tathā sarvāṇi bhūtāni matsthānītyupadhāraya ||
如同席捲各處的強風，總是在開放的空間中，所以眾生都在我之中。冥想這點！

7. *sarvabhūtāni kaunteya prakṛtiṁ yānti māmikām* |
kalpakṣaye punastāni kalpādau visṛjāmyaham ||
噢，貢蒂之子，在一個宇宙循環（kalpa）結束時，眾生都進入了我的造化勢能（prakṛti）。在宇宙循環開始時，我將他們傾倒而出。

8. *prakṛtim svāmavaṣṭabhya visṛjāmi punaḥ punaḥ* |
bhūtagrāmam imaṁ kṛtsnam avaśaṁ prakṛtervaśāt ||
以我的造化勢能賦予生命後，我一次又一次地展示這些造化勢能之下無助的萬有。

9. *na ca māṁ tāni karmāṇi nibadhnanti dhanañjaya* |
udāsīnavad āsīnam asaktaṁ teṣu karmasu ||
這些行動並沒有束縛我，戰勝財富者（dhanañjaya），就像一位公正的旁觀者，對這些行動沒有執著。

10. *mayādhyakṣeṇa prakṛtiḥ sūyate sacarācaram* |
hetunānena kaunteya jagad viparivartate ||
創造勢能在我身為見證者之下，產生了動與靜的一切。由於這個過程，噢，貢蒂之子，整個宇宙運轉。

11. *avajānanti māṁ mūḍhā mānuṣīṁ tanumāśritam* |

paraṁ bhāvamajānanto mama bhūtanaheśvaram ||

當我化現為人形，愚人鄙視我，無知我乃萬有之主的崇高本質。

12. *moghāśā moghakarmāṇo moghajñānā vicetasaḥ* |

rākṣasīm āsurīṁ caiva prakṛtiṁ mohinīṁ śritāḥ ||

他們執著於愚痴的本質，殘忍且如邪魔般，他們的希望毫無益處，他們的行動徒勞無功，他們的知識無用，了無判斷力。

13. *mahātmānas tu māṁ pārtha daivīṁ prakṛtimāśritāḥ* |

bhajantyananyamanaso jñātvā bhūtādim avyayam ||

但是偉大的人，噢，帕爾塔，安住於至上的創造勢能中，全心全意地虔敬我，知道我是萬物不朽的源頭。

14. *satataṁ kīrtayanto māṁ yatantaśca dṛḍhavratāḥ* |

namasyantaśca māṁ bhaktyā nityayuktā upāsate ||

他們總是慶祝、讚頌我，全心全意地以堅定的誓言和愛虔敬我，持續地投入，他們榮耀我。

15. *jñānayajñena cāpyanye yajanto māmupāsate* |

ekatvena pṛthāktvena bahudhā viśvatomukham ||

有些人以知識向我奉獻，禮敬我為唯一、眾多、面對各方的千變萬化。

16. *ahaṁ kraturahaṁ yajñaḥ svadhā 'hamahamauṣadhaṁ* |

mantro 'ham aham evājyam ahamagnirahaṁ hutam ||

我是祭祀的儀式，我是奉獻，我是祭品，我是草藥，我是梵咒，我是酥油，我是火，我是澆注。

17. *pitā 'ham asya jagato mātā dhātā pitāmahaḥ* |
vedyaṁ pavitram auṅkāra ṛk sāma yajureva ca | |
我是這個世界的父親、母親、祖父、知識的對象、淨化者、音節嗡（Oṁ），也是梨俱吠陀（Ṛg）、娑摩吠陀（Sāma）和夜柔吠陀（Yajur Vedas）。

18. *gatirbhartā prabhuḥ sākṣī nivāsaḥ śaraṇaṁ suhṛt* |
prabhavaḥ pralayaḥ sthānaṁ nidhānaṁ bījam avyayam | |
我是目標、支持者、主人、見證者、家、庇護所、朋友、起源、消融、大地、精華的寶庫和永恆的種子。

19. *tapāmyahamahaṁ varṣaṁ nigṛhṇāmyutsṛjāmi ca* |
amṛtañcaiva mṛtyuśca sadasaccāham arjuna | |
我給予熱能。我收回並降下雨水，我也是永生和死亡。我是實相和幻相，阿周納。

20. *traividyā māṁ somapāḥ pūtapāpā yajñairiṣṭvā svargatiṁ prārthayante* |
te puṇyamāsādya surendralokamnaśnanti divyān divi devabhogān | |
三吠陀的知曉者，喝著祭祀的月露（soma），洗淨了邪惡，以奉獻崇敬我，尋求通往天堂的道路。虔誠的他們到達了因陀羅（Indra）之界。他們在神聖的天堂裡享受著眾神的快樂。

21. *te taṁ bhuktvā svargalokaṁ viśālaṁ kṣīṇe punye martyalokaṁ viśanti* |
evaṁ trayīdharmam anuprapannā gatāgataṁ kāmakāmā labhante | |
他們享受廣闊的天堂世界，直至耗盡美德和功績，再次進入肉身世界。因此，跟隨了三吠陀的法則，渴望著享樂的事物，他們所獲得的來了又去。

22. *ananyāścintayanto māṁ ye janāḥ paryupāste* |
teṣāṁ nityābhiyuktānāṁ yogakṣemaṁ vahāmyaham | |

那些不論在何處都虔敬我、一心一意憶念我的人，因為他們持續地與瑜伽連結，我將保護他們，滿足他們的需求。

23. *ye 'pyanyadevatā bhaktā yajhante 'sraddhayā 'nvitāḥ* |
te 'pi māmeva kaunteya yajantyavidhipūrvakam ||
即使對於那些崇敬其他神祇，非常虔誠卻不遵循傳統規範的人，他們也正在崇敬我，噢，貢蒂之子。

24. *ahaṁ hi sarvayajñānāṁ bhoktā ca prabhureva ca* |
nātu mām abhijānanti tattvenātaś cyavanti te ||
我確實是所有奉獻的享受者和主人。但是，那些不了解我之真實（即「真如」）的人，他們就會墮落。

25. *yānti devavratā devān pitṛn yānti pitṛvratāḥ* |
bhūtāni yānti bhūtejyā yānti madyājino 'pi māṁ ||
眾神的奉獻者走向眾神。祖先的奉獻者走向祖先。那些為靈而奉獻的人走向靈。那些為我奉獻的人走向我。

26. *patraṁ puṣpaṁ phalaṁ toyaṁ yo me bhaktyā prayacchati* |
tadahaṁ bhaktyupahṛtam aśnāmi prayatātmanaḥ ||
對於帶著愛向我獻出葉片、花朵、水果或水的人，我接受那份愛的奉獻，它來自一顆純潔的心。

27. *yat karoṣi yadaśnāsi yajjuhoṣi dadāsi yat* |
yat tapasyasi kaunteya tat kuruṣva madarpaṇam ||
無論你做什麼、吃什麼、獻上什麼、給予什麼、修什麼苦行，貢蒂之子，都將它奉獻給我。

28. *śubhāśubhaphalair evaṁ mokṣyase karmabandhanaiḥ* |
saṁnyāsayogayuktātmā vimukto māmupaiṣyate ||

如此，你將擺脫行動的束縛，擺脫善與惡的果實。連結你的真我與棄絕的瑜伽，你將獲得自由，並走向我。

29. *samo 'haṁ sarvabhūteṣu na me dveṣyo 'sti na priyaḥ* |
ye bhajanti tu māṁ bhaktyā mayi te teṣu cāpyaham ||
我視萬有一律平等，不討厭、不偏愛。但是那些虔誠地愛我的人，他們在我之內，我也在他們之內。

30. *api cet sudurācāro bhajate māmananyabhāk* |
sādhureva sa mantavyaḥ samyag vyavasito hi saḥ ||
如果有人做了惡行，只要他以堅定不移的奉獻精神虔敬我，那麼他們將被視為是良善的，因為他們懷抱著正確的決擇。

31. *kṣipraṁ bhavati dharmātmā śaśvacchāntiṁ nigacchati* |
kaunteya pratijānīhi na me bhaktaḥ praṇaśyati ||
他們迅速成為自我正直的人，並走向永恆的平靜。貢蒂之子，瞭知我的奉獻者從未迷失。

32. *māṁ hi pārtha vyapāśritya ye 'pi syuḥ pāpayonayaḥ* |
striyo vaiśyāstathā śūdrās te'pi yānti parāṁ gatim ||
所有尋求我的庇護的人，噢，帕爾塔，即使他們來自惡魔般的子宮，以及婦女、吠舍（Vaiśyas）和首陀羅（Śūdras），都會達到最高目標。

33. *kiṁ punarbrāhmaṇāḥ puṇyā bhaktā rājarṣayas tathā* |
anityamasukhaṁ lokam imaṁ prāpya bhajasva mām ||
更何況純正、真正的婆羅門和虔誠的聖賢？你已來到這個無常、苦痛的世界，將自己奉獻給我。

34. *manmanā bhava madbhakto madyājī māṁ namaskuru* |
māmevaiṣyasi yuktvaivam ātmānaṁ matparāyaṇaḥ ||

在我之中建立你的心智。奉獻於我，給予我，向我致敬。你將走向我，與我穩定合一於瑜伽，作為你內心的最高目標。

第十章

śrībhagavānuvāca

1. *bhūyaevamahābāhośṛṇu me paramaṁvacaḥ* |
yatte 'haṁprīyamāṇāyavakṣyāmihitakāmyayā ||

美麗的主說：

再次聽我言，噢，臂力非凡的阿周納，你是我的摯愛，為了你的福祉，我將講述最崇高的訊息。

2. *na me viduḥsuragaṇāḥprabhavaṁnamaharṣayaḥ* |
ahamādirhidevānāṁmaharṣīṇāṁ ca sarvaśaḥ ||

眾神之主和偉大先知都不知我的來歷。的確，我即是諸神和偉大先知們的起源。

3. *yomāmajamanādiṁ ca vettilokamaheśvaram* |
asaṁmūḍhaḥsamartyeṣusarvapāpaiḥpramucyate ||

了解我是無生且無始之人，即知眾界至尊。在凡人中，他不受迷惑，免於一切惡業。

4. *buddhirjñānamasaṁmohaḥkṣamāsatyaṁdamaḥśamaḥ* |
sukhaṁduḥkhaṁbhavo 'bhavobhāyaṁcābhayameva ca ||

智慧、知識、無惑、耐心、誠信、自律、平靜、快樂與痛苦、存在與不存在、恐懼與無畏。

5. *ahiṁsāsamatātuṣṭistapodānaṁyaśo 'yaśaḥ* ।
bhavantibhāvābhūtānāṁmattaevapṛthagvidhāḥ ।।
不傷害、平等、滿足、苦行、慷慨、毀和譽——這些眾生的各種狀態皆源於我。

6. *maharṣayaḥsaptapūrvecatvāromanavastathā* ।
madbhāvāmānasājātāyeṣāṁlokaimāḥprajāḥ ।।
這些世界的眾生源於遠古的七位偉大先知，以及四位人類的祖先（Manus），他們都源於我的本性，由我心念所生。

7. *etāṁvibhūtiṁyogaṁ ca mama yovettitattvataḥ* ।
so 'vikampenayogenayujyatenātrasaṁśayaḥ ।।
毫無疑問地，瞭知我無與倫比的連結和力量之真相（真如）的人，與堅定不移的瑜伽達到合一。

8. *ahaṁsarvasyaprabhavomattaḥsarvaṁpravartate* ।
iti matvā bhajante māṁ budha bḥavasamanvitāb ।।
我是萬有的顯化。萬有的揭露始於我。覺者（budhaḥ）理解這一點，全然崇敬我，進入存有的深層。

9. *maccittāmadgataprāṇābodhayantaḥparasparam* ।
kathayantaścamāṁnityaṁtuṣyanti ca ramanti ca ।।
他們憶念我，氣（生命能和所有覺受）導向我，喚醒彼此，總是談論我，他們感到滿足和喜悅。

10. *teṣāṁsatatayuktānāṁbhajatāṁprītipūrvakam* ।
dadāmibuddhiyogaṁtaṁyenamāmupayāntite ।।
對於那些不斷地奉獻和崇敬所鍾愛之人，他們充滿了喜悅的愛，我賜予智慧瑜伽，他們藉此走向我。

11. *teṣāmevānukampārthamahamajñānajaṁtamaḥ* |

nāśayāmyātmabhāvasthojñānadīpenabhāsvatā ||

出於對他們的慈愛，我住在他們的心中，用光輝的智慧明燈，驅散因無知而生的黑暗。

arjuna uvāca

12. *paraṁ brahma paraṁdhāmapavitraṁparamaṁbhavān* |

puruṣaṁśāśvatamdivyamādidevamajaṁvibhum ||

阿周納說：

您是至高的梵、最究竟的居所、無上的淨化者、永恆的至上純意識、本初的神，無生卻也無所不在。

13. *āhustvāmṛṣayaḥsarvedevarṣirnāradastathā* |

asitodevalovyāsaḥsvayaṁcaivabravīṣi me ||

所有的先知（ṛṣiṣ）都這樣描述您，神聖的先知 Nārada、Asita、Devala、Vyāsa，甚至您也親自這樣告訴我。

14. *sarvametadṛtaṁmanyeyanmāṁvadasikeśava* |

na hi tebhagavanvyaktiṁvidurdevānadānavāḥ ||

我相信您告訴我的一切都是真的，噢，Keśava。的確，神祇或是惡魔都不了解您的顯化。

15. *svayamevātmanātmānaṁvetthatvaṁpuruṣottama* |

bhūtabhāvanabhūteśadevadevajagatpate ||

只有透過您本身才能了解您自己，噢，至高的存有、萬有的福祉之源、萬有之主、眾神之神、世界的庇護。

16. *vaktumarhasyaśeṣeṇadivyāhyātmavibhūtayaḥ* |

yābhirvibhūtibhirlokānimāṁstvaṁvyāpyatiṣṭhasi ||

請詳細描述，在這些世界中，您所滲透和所居住的神聖自我化現。

17. *kaṭhaṁvidyāmahaṁyogiṁstvāṁsadāparicintayan* ।
keṣukeṣu ca bhāveṣucintyo 'sibhagavanmayā ।।
噢，瑜伽士，我該如何恆常地冥想您、了解您？我該如何觀想您各種不同的面相，噢，豐盛者？

18. *vistareṇātmanoyogaṁvibhūtiṁ ca janārdana* ।
bhūyaḥkathayatṛptirhiśṛṇvatonāsti me 'mṛtam ।।
進一步向我詳細說明，噢，Janārdana，奎師納，自我之化現的力量。我的確永不厭倦地聆聽這甘露法語。

śrībhagavānuvāca

19. *hanta tekathayiṣyāmidivyāhyātmavibhūtayaḥ* ।
prādhānyataḥkuruśreṣṭhanāstyantovistarasya me ।।
美麗的主說：
諦聽！我只會告訴你最重要的顯化形式，噢，俱盧族的佼佼者，因為我的化現宏大無邊。

20. *ahamātmāguḍākeśasarvabhūtāśayasthitaḥ* ।
ahamādiścamadhyañcabhūtānām anta eva ca ।।
噢，Guḍākeśa，我是住於萬有中的真我。我是萬有的起始、中間與結束。

21. *ādityānāmahaṁviṣṇurjyotiṣāṁraviraṁśumān* ।
marīcirmarutāmasminakṣātrāṇāmahaṁśaśī ।।
我是吠陀神祇（Ādityas）中的 Viṣṇu；我是璀璨太陽的光輝；我是風暴神祇（Maruts）中的摩利支天（Marīci）；我是星體中的月亮。

22. *vedānāṁsāmavedo 'smidevānāmasmivāsavaḥ* ।
indriyāṇāmmanaścāsmibhūtānāmasmicetanā ।।
我是吠陀中的娑摩吠陀；我是神祇中的因陀羅；我是感官中的心智；

我是萬有中的意識。

23. *rudrāṇāṁśaṁkaraścāsmivitteśoyakṣarakṣasām* |
vasūnāṁpāvakaścāsmimeruḥśikhariṇāmaham | |
我是 Rudras 神祇中的和平締造者（Śaṁkara）；我是 Yakṣas 和 Rakṣas 神祇中的財富之神（Kubera）；我是 Vasus 神祇中的火神（Agni）；我是山峰中的須彌山（Meru）。

24. *purodhasāṁ ca mukhyaṁmāṁviddhipārthabṛhaspatim* |
senānīnāmahaṁskandaḥsarasāmasmisāgaraḥ | |
瞭知我是大祭司之首 Bṛhaspati，噢，普爾嗒之子。我是軍隊將領中的戰神（Skanda）。我是水澤中的海洋。

25. *maharṣīṇāṁbhṛgurahaṁgirāmasmyekamakṣaram* |
yajñānāṁjapayajño 'smisthāvarāṇāṁhimālayaḥ | |
我是偉大先知中的 Bhṛgu。我是語言中的單音（嗡，Oṁ ）。我是奉獻中的輕聲持咒（japayajña），我是堅定之物中的喜馬拉雅山。

26. *aśvatthaḥsarvavṛkṣāṇāṁdevarṣīṇāñcanāradaḥ* |
gandharvāṇāṁcitrarathaḥsiddhānāṁkapilomuniḥ | |
我是所有樹木中的菩提樹（aśvattha）。我是神聖的先知中的 Nārada。我是天界樂神中的 Citraratha；我是聖人中的 Kapila。

27. *uccaiḥśravasamaśvāṇāṁviddhimāmamṛtodbhavam* |
airāvataṁgajendrāṇāṁnarāṇāñcanarādhipam | |
瞭知我是馬匹中的 Uccaihśravas，生於甘露。我是象王中的 Āirāvata。我是人類之中的君主。

28. *āyudhānāmahaṁvajraṁdhenūnāmasmikāmadhuk* |
prajanaścāsmikandarpaḥsarpāṇāmasmivāsukiḥ | |

我是武器中的雷電。我是牛群中的如意神牛（願望實現者）（Kāmadhuk）。我是祖輩中的愛之神（Kandarpa）；我是蛇中的Vāsuki。

29. *anantaścāsmināgānāṁvaruṇoyādasāmaham* ।
pitṛnāmaryamācāsmiyamaḥsaṁyamatāmaham ।।
我是靈蛇（Nāgas）中的 Ananta（無限）。我是海洋生物中的Varuṇa；我是所有祖先中的 Aryaman。我是執法者中的 Yama（死亡）。

30. *prahlādaścāsmidaityānāṁkālaḥkalayatāmaham* ।
mṛgāṇāñcamṛgendro 'haṁvainateyaś ca pakṣiṇām ।।
我是眾神之敵人（Daityas）中的 Prahlāda。我是判官中的時間。我是萬獸中的獅子；我是鳥類中 Vinatā（Garuda）之子。

31. *pavanaḥpavatāmasmirāmaḥśastrabhṛtāmahaṁ* ।
jhaṣāṇāṁmakaraścāsmisrotasāmasmijāhnavī ।।
我是淨化者的風。我是武器持有者中的 Rāma。我是魚中的鯊魚。我是河流中的恆河（Jāhnavī）。

32. *sargāṇāmādirantaś ca madhyañcaivāham arjuna* ।
adhyātmavidyāvidyānāṁvādaḥpravadatāmaham ।।
我是創造中的起點和終點，也是中間，阿周納。我是科學中之本初自我的科學。我是那些辯論者中的辯證。

33. *akṣarāṇakāro 'smidvandvaḥsāmāsikasya ca* ।
ahamevākṣayaḥkālodhātā 'haṁviśvatomukhaḥ ।।
我是字母中的 a，我是複合詞類型中的複合連詞。確實，我是無盡的時間。我是給予者，面向八方。

34. *mṛtyuḥsarvaharaścāhamudbhavaścabhaviṣyatām* ।
kīrtiḥśrīrvāk ca nārīṇāṁsmṛtirmedhādhṛtiḥkṣamā ।।
我是毀滅一切的死亡，和尚未成形的萬有之源。我是陰性詞中的名譽、繁盛、語言、記憶、智慧、穩定和耐心。

35. *bṛhatsāmatathāsāmnāṁgāyatrīchandasāmahaṁ* ।
māsānāṁmārgaśīrṣo 'ham ṛtūnāṁkusumākaraḥ ।।
我是娑摩吠陀（Sāma Veda）中的 Bṛhatsāma。我是音律中的 Gāyatrī。我是月份中的 Mārga-śīrṣa，「鹿頭」；我是四季中繁花似錦的春天。

36. *dyūtaṁchalayatāmasmitejastejasvināmaham* ।
jayo 'smivyavasāyo 'smisattvaṁsattvavatāmaham ।।
我是騙子的賭博。我是輝煌者的光輝。我是勝利，我是精進。我是善人的美德。

37. *vṛṣṇīnāṁvāsudevo 'smipāṇḍavānāṁdhanañjayaḥ* ।
munīnāmapyahaṁvyāṣaḥkavīnāmuśanākaviḥ ।।
我是 Vṛṣṇi 家族中的奎師納（Vāsudeva），我是般度諸子中的阿周納（Dhanañjaya）。我是聖人中的 Vyāsa；我是詩人中的 Uśanā。

38. *daṇdodamayatāmasminītirasmijigīṣatām* ।
maunaṁcaivāsmiguhyānāṁjñānaṁjñānavatāmaham ।।
我是懲戒者的杖。我是求勝者的謀略，而我是祕密中的靜默。我是智者的智慧。

39. *yaccāpisarvabhūtānāṁbījaṁtadahamarjuna* ।
natadastivināyatsyānmayābhūtaṁcarācaram ।।
我就是萬有的種子，阿周納。沒有了我，就沒有——無論移動或不移動的——存有。

40. *nānto 'sti mama divyānāṁvibhūtīnāṁparantapa* |
eṣatūddeśataḥproktovibhūtervistaromayā ||
我的神聖的化現永無止境，噢，敵人的剋星，阿周納。所有這些皆由我呈現，作為無窮盡化現的例證。

41. *yadyadvibhūtimatsattvaṁśṛīmadūrjitamevavā* |
tattadevāvagacchatvaṁ mama tejo 'ṁśasaṁbhavam ||
無論是多麼輝煌的存在，美麗或甚至雄偉，你都應該知道，在每種情況下，它都僅是由我的些微部分所化現之光輝。

42. *athavābahunaitenakiṁjñātenatavārjuna* |
viṣṭabhyāhamidamkṛtsnamekāṁśenasthitojagat ||
但是所有這些詳細的知識對你來說有什麼用呢，阿周納？我的任何一小部分就足以維繫整個世界。

第十一章

arjuna uvāca

1. *madanugrahāyaparamaṁguhyamadhyātmasaṁjñitam* |
yattvayoktaṁvacastenamoho 'yaṁvigato mama ||

阿周納說：

您出於對我的仁慈，道出了最大的祕密，稱作本初存有。如此一來，我的迷惑就消失了。

2. *bhavāpyayau hi bhūtānāṁśrutauvistaraśomayā* |
tvattaḥkamalapatrākṣamāhātmyamapicāvyayam ||

我從您那裡詳細地聽到了萬有的生滅，噢，蓮花般的眼，與您不朽的偉大存有。

3. *evametadyathātthatvamātmānaṁparameśvara* |
draṣṭumicchāmiterūpamaiśvaraṁpuruṣottama ||

如您所描述的自己，噢，至高無上的主。我想看看您威嚴神聖的形式，噢，至高的純淨存有。

4. *manyaseyaditacchakyaṁmayādraṣṭumitiprabho* |
yogeśvaratato me tvaṁdarśayātmānamavyayam ||

噢，主啊，如果您認為那是能夠體驗的，讓我看看您不朽的真實自我，噢，瑜伽之主。

śrībhagavānuvāca

5. *paśya me pārtharūpāṇiśataśo 'thasahasraśaḥ* |
nānāvidhānidivyāninānāvarṇākṛtīni ca ||

美麗的主回答：

嗅，帕爾塔，看看我的聖相，百倍；成千上萬，神聖的各種類型、各種顏色和形狀。

6. *paśyādityānvasūnrudrānaśvinaumarutastathā* |
bahūnyadṛṣṭapūrvāṇipaśyāścaryāṇibhārata ||

看看 Ādityas、Vasus、Rudras、雙生 Aśvins 和 Maruts。看看許多前所未見的奇蹟，婆羅多族裔（阿周納）。

7. *ihaiksthaṁjagatkṛtsnaṁpaśyādyasacarācaram* |
mama deheguḍākeśayaccānyaddraṣṭumicchasi ||

看到站在這裡的是一個完整的宇宙，所有動與靜的一切，一同於此，在我體內，嗅，Guḍākeśa，以及其他你想見者。

8. *natumāṁśakyasedraṣṭumanenaivasvaccakṣuṣā* |
divyaṁdadāmitecakṣuḥpaśya me yogamaiśvaram ||

但是你不能以你的肉眼看到我。我賜你聖眼。看我璀璨的瑜伽。

sañjayauvāca

9. *evamuktvātatorājanmahāyogeśvaroharih* |
darśayāmāsapārthāyaparamaṁrūpamaiśvaram ||

薩尼亞說：

嗅，國王，Hari（瑜伽之王，即奎師納）言畢之後，便向普爾嗒之子展示了至高無上的璀璨聖像。

10. *anekavaktranayanamanekādbhutadarśanam* |
anekadivyābharaṇaṁdivyānekodyatāyudham ||

並非一個，而是許多的嘴和眼、許多奇妙的景象、許多神聖的裝飾、高舉許多神聖的武器。

11. *divyamālyāmbaradharaṁdivyagandhānulepanam* |
sarvāścaryamayaṁdevamanantaṁviśvatomukham ||
穿戴著神聖的花環和服裝，配以神聖的香水和油膏，由一切奇蹟所組成，主的無限聖容向著各處。

12. *divisūryasahasrasyabhavedyugapadutthitā* |
yadibhāḥsadṛśīsāsyādbhāsastasyamahātmanaḥ ||
宛若天空同時升起千萬個太陽，這份燦爛就可能是這個偉大存有之壯麗光輝。

13. *tatraikasthaṁjagatkṛtsnaṁpravibhaktamanekadhā* |
apaśyaddevadevasyaśarīrepāṇḍavastadā ||
Pāṇḍava 在神中之神的身體中看到了世界的全貌，無限的分支合而為一。

14. *tataḥsavismayāviṣṭohṛṣṭaromādhanañjayaḥ* |
praṇamyaśirasādevaṁkṛtāñjalirabhāṣata ||
然後，財富征服者敬畏的目瞪口呆，他所有的毛髮全數豎立，雙手合十向主頂禮。

arjuna uvāca
15. *paśyāmidevāṁstava deva dehesarvāṁstathābhūtaviśeṣasaṅghān* |
brahmāṇamīśaṁkamalāsanasthamṛṣīṁścasarvānuragāṁścadivyān ||
阿周納說：

我在您體內看見眾神和變化多端的存有，敬愛的梵天坐在蓮花座上，以及所有真正的覺者和神聖的水蛇。

16. *anekabāhūdaravaktranetraṁpaśyāmitvāṁsarvato 'nantarūpam* |
nāntaṁnamadhyaṁnapunastavādiṁpaśyāmiviśveśvaraviśvarūpa ||
主啊，宇宙的至愛、宇宙的形象，我看不到您的終點、中間或起始。我看到您朝向四面八方的無數形象，無數的手臂、腹部、臉和眼睛。

17. *kirīṭnaṁgadinaṁcakriṇañcatejorāśimsarvatodīptimantam* |
paśyāmitvāṁdurnirīkṣyaṁsamantāddīptānalārkadyutimaprameyam ||
配戴頭冠，手持權杖，旋轉飛輪，巨大光芒四射，燦爛奪目，您難以被窺得全貌，您是火和太陽無與倫比的光芒。

18. *tvamakṣaraṁparamaṁveditavyaṁtvamasyaviśvasyaparaṁnidhānam* |
tvaṁavyayaḥśāśvatadharmagoptāsanātanastvaṁpuruṣomato me ||
您是人們應了悟的、堅不可摧的至高無上。您是萬有真正的、至高的安息所和依止。您是永恆無朽的法性護持者。我認為您是本初的至上意識，覺醒之靈。

19. *anādimadhyāntamanantavīryamanantabāhuṁśaśisūryanetram* |
paśyāmitvāṁdīptahutāśavaktraṁsvatejasāviśvamidaṁtapantam ||
我看到您沒有起始、中間或終點，無限、無窮的力量，無數隻手臂，以日月為眼，吞噬供品的嘴噴著熾烈的火焰，光芒燃燒這個世界。

20. *dyāvāpṛthivyoridamantaraṁ hi vyāptaṁtvayaikenadiśaścasarvāḥ* |
dṛṣṭvā 'dbhutaṁrūpamugraṁtavedaṁlokatrayaṁpravyathitaṁmahātma ||
充塞於天地之間，遍布十方。噢，至尊，看到您令人敬畏的恐怖形象，三界都在顫抖。

21. *amī hi tvāṁsurasaṅghāviśantikecidbhītāḥprāñjalayogṛṇanti* |
svastītyuktvāmaharṣisiddhasaṅghāḥstuvantitvāṁstutibhiḥpuṣkalābhiḥ ||
在那兒，成群的神祇進入您，有些很害怕，他們用虔誠的姿態讚頌您。偉大的覺者與聖者高喊著安康吉祥（svastī），用許多美好的歌

曲來讚頌您。

22. *rudrādityāvasavo ye ca sādhyāviśve 'śvinaumarutaścoṣmapāśca* |
gandharvayakṣāsurasiddhasaṅghāvīkṣantetvāṁvismitāścaivasarve ||
Rudras、Ādityas、Vasus、Sādhyas、Viśvas、雙生 Aśvins、Maruts 和啜飲溪流的 Ūṣmapās，Gandharvas、Yakṣas、Āsuras 和 Siddha 都驚奇地看著您。

23. *rūpaṁmahattebahuvaktranetraṁmahābāhobahubāhūrupādam* |
bahūdaraṁbahudaṁṣṭrākarālaṁdṛṣṭvālokāḥpravyathitāstathāham ||
所有的世界與我已看到了您偉大的聖像，噢，威武之臂，我們為之戰慄，它有許多嘴和眼睛、無數的手臂、大腿和足，以及有很多肚子和嘴巴，嘴裡有許多可怕的利牙。

24. *nabhaḥspṛśaṁdīptamanekavarṇaṁvyāttānanaṁdīptaviśālanetram* |
dṛṣṭvā hi tvāṁpravyathitāntarātmādhṛtiṁnavindāmiśamaṁ ca viṣṇo ||
看到您高聳天際，閃耀著繽紛的顏色、大張著嘴，和巨大的噴火雙眼，我的內心深處顫抖。我無法保持穩定與平靜，噢，Viṣṇu！

25. *daṁṣṭrākarālāni ca temukhānidṛṣṭvaivakālānalasannibhāni* |
diśona jane nalabhe ca śarmaprasīdadeveśajagannivāsa ||
看到您眾多的嘴巴滿是利齒，像末日的火焰，我感到迷茫，也找不到庇護所或慰藉。請憐憫我，眾神之主，宇宙的庇護所！

26. *amī ca tvāṁdhṛtarāṣṭrasyaputrāḥsarvesahaivāvanipālasaṅghaiḥ* |
bhīṣmodroṇaḥsūtaputrastathā 'sausahāsmadīyairapiyodhamukhyaiḥ ||
在那兒，持國諸子都進入了您。的確，歷代的國王和統治者也是如此。在我們這一端，Bhīṣma、Droṇa 和駕車者之子 Karṇa，甚至我方的大將。

27. *vaktrāṇitetvaramāṇāviśantidaṁṣṭrākarālānibhayānakāni* |

kecidvilagnādaśanāntareṣusaṁdṛśyantecūrṇitairuttamāṅgaiḥ ||

他們快速地進入您許多充滿了可怖利牙的巨口中。我看到有些人的頭被碾碎在齒縫間！

28. *yathānadīnāṁbahavo 'mbuvegāḥsamudramevābhimukhādravanti* |

tathātavāmīnaralokavīrāviśantivaktrāṇyabhivijvalanti ||

如同條條河水、溪流匯入大海，人間的這些英雄也湧入了您燃燒的巨口。

29. *yathāpradīptaṁjvalanaṁpataṅgāviśantināśāyasaṁṛddhavegāḥ* |

tathaivanāśāyaviśantilokāstavāpivaktrāṇisaṁṛddhavegāḥ ||

有如飛蛾撲火迅速飛向毀滅，這些世界也迅速進入您的巨口中，走進毀滅。

30. *lelihyasegrasamānaḥsamantāllokānsamagrānvadanairjvaladbhiḥ* |

tejobhirāpūryajagatsamagraṁbhāsastavogrāḥpratapantiviṣṇo ||

您燃燒的口舔食和吞噬了十方世界。噢，毗濕奴，您殘忍、恐怖的光充滿並吞噬了整個宇宙。

31. *ākhyāhi me ko bhavānugrarūponamo 'stutedevavaraprasīda* |

vijñātumicchāmibhavantamādyaṁna hi prajānāmitavapravṛttim ||

告訴我您是誰。噢，恐怖的形相。我向您頂禮，最傑出的神。請您悲憫。我想了解您，噢，原始的存有。

śrībhagavānuvāca

32. *kālo 'smilokakṣayakṛtpravṛddholokānsamāhartumihapravṛttaḥ* |

ṛte 'pi tvāṁnabhaviṣyantisarve ye 'vasthitāḥpratyanīkeṣuyodhāḥ ||

美麗的主說：

我是時間，宇宙中強大、發達、成熟的破壞，在這裡徹底消滅了各個世界。即使你們沒有對陣而戰，也將全部死亡。

33. *tasmāttvaṁuttiṣṭhayaśolabhasvajitvāśatrūnbhuṅkṣvarājyaṁsamṛd dham* |

māyāivaitenihatāḥpūrvamevanimittamātraṁ bhava svayasācin ||

因此，你應該起身並獲得讚頌和榮譽。戰勝敵人，享受繁榮的王國。

他們已經被我摧毀了。僅作為一個媒介吧，噢，靈巧的弓箭手。

34. *droṇañcabhīṣmañcajayadrathañcakarnaṁtathā 'nyānapiyodhavīrān* |

mayāhatāṁstvaṁjahimāvyathiṣṭhāyudhyasvajetāsiraṇesapatnān ||

我已經殺死 Droṇa、Bhīṣma、Jayadratha、Karṇa 和其他勇敢的戰士。

不要害怕。殺戮，奮戰，你將在戰鬥中擊敗對手。

sañjayauvāca

35. *etacchrutvāvacanaṁkeśavasyakṛtāñjalirvepamānaḥkirīṭī* |

namaskṛtvābhūyaevāhakṛṣṇaṁsagadgadaṁbhītabhītaḥprāṇamya ||

薩尼亞說：

顫抖的王族聽到了 Keśava（俊美的頭髮）的這句話後，雙手在他的

心前合十致敬。他再次頂禮，非常恐懼，結結巴巴地對奎師納說。

arjuna uvāca

36. *sthānehṛṣīkeśatavaprakīrtyājagatprahṛṣyatyanurajyate ca* |

rakṣāṁsibhītānidiśodravantisarvenamasyanti ca siddhasaṁghāḥ ||

阿周納說：

這個世界當然為您的化現感到興高采烈。惡魔嚇壞了，四處逃竄。

聖人們向您頂禮致敬。

37. *kasmāccatenanameranmahātmangarīyasebrahmaṇo 'pyādikartre* |

anantadeveśajagannivāsatvamakṣaraṁsadasat tat paraṁyat ||

他們怎麼會不向您致敬，噢，偉大的存有，你比原始的創造者梵天

更偉大、更重要，噢，無限的眾神之主、宇宙的庇護所，你是不朽

的，實與虛的、與超越此二元性的。

38. *tvamādidevaḥpuruṣaḥpurāṇastvamasyaviśvasyaparaṁnidhānam* |
vettāsivedyañcaparañcadhāmatvayātataṁviśvamanantarūpa ||
您是本初之神、原始之人。您是世界的終極庇護所。您是知者和所知，也是最終的目標和緣由。這個世界充滿了您，噢，無限的形相。

39. *vāyuryamo 'gnirvaruṇaḥśaśāṅkaḥprajāpatistvaṁprapitāmahaśca* |
namo namaste 'stusahasrakṛtvaḥpunaścabhūyo 'pi namo namaste ||
您是 Vāyu、Yama、Agni、Varuṇa、Śaśānka、Prajāpati，萬物之主；以及，您是原始的曾祖父。向您致敬百千遍，向您頂禮一次又一次。

40. *namaḥpurastādathapṛṣṭhatastenamo 'stutesarvataevasarva* |
anantavīryāmitavikramastvaṁsarvaṁsamāpnoṣitato 'sisarvaḥ ||
從正面和背面，從四面八方對您景仰和崇敬，您是萬有。您是無限的勇氣和廣大無邊的力量。您包圍並滲透萬有，所以您就是全部，一切。

41. *sakhetimatvāprasabhaṁyaduktaṁ he kṛṣṇa he yādava he sakheti* |
ajānatāmahimānaṁtavedaṁmayāpramādātpraṇayenavāpi ||
我以朋友的身分思考，不知道您的崇高與威嚴，出於陶醉，甚至是出於喜愛，魯莽地對您說：「嘿，奎師納，嘿，Yādava，嘿，我的夥伴（sakha）。」

42. *yaccāvahāsārthamasatkṛto 'sivihāraśayyāsanabhojaneṣu* |
eko 'thavāpyacyutatatsamakṣaṁ tat kṣāmayetvāmahamaprameyam ||
我好像是在開玩笑似地，當在玩耍或在您睡覺、坐著、吃飯時，私下相處時，甚至在別人眼前，沒有尊重您。我請求您的赦免，噢，無量之人！

43. *pitā 'silokasyacarācarasyatvamasyapūjyaścagururgarīyān* |
natvatsamo 'styabhyadhikaḥkuto 'nyolokatraye 'pyapratimaprabhāva | |
你是這個世界中靜者與動者之父，是世界崇敬、喜愛的最可敬的上師。在三界中，無以倫比。怎麼能有可超越你的，噢，舉世無雙的存在？

44. *tasmātpraṇamyapraṇidhāyakāyaṁprasādayetvāmahamīśamīḍyam* |
pitevaputrasyasakhevasakhyuḥpriyaḥpriyāyārhasi deva soḍhum | |
因此，我臣服並全身禮拜，求你豁免我，噢，尊敬的主。請像父親對兒子、朋友對朋友、情人對摯愛，請憐憫我，噢，Deva。

45. *adṛṣṭapūrvaṁhṛṣito 'smidṛṣṭvābhayena ca pravyathitaṁ mano me* |
tadeva me darśaya deva rūpaṁprasīdadeveśajagannivāsa | |
我很歡喜見到前所未見，我的心智因恐懼而顫抖。請顯現你平常的形相，噢，主啊。請你憐憫，眾神之所愛與諸世界的歸宿。

46. *kirīṭinaṁgadinaṁcakrahastamicchāmitvāṁdraṣṭumahaṁtathaiva* |
tenaivarūpeṇacaturbhujenasahasrabāho bhava viśvamūrte | |
我想看到您戴著頭冠、手持權杖，旋轉飛輪。成為擁有四臂的形相吧，噢，千臂者，噢，諸世界中萬有的示現。

śrībhagavānuvāca
47. *mayāprasannenatavārjunedaṁrūpaṁparaṁdarśitamātmayogāt* |
tejomayaṁviśvamanantamādyaṁyanmetvadanyenanadṛṣṭapūrvam | |
美麗的主說：
以我對你的恩寵，阿周納，來自「真我」的瑜伽、光輝、萬有、無限而本初的至高形相，除你之外，沒有任何人見過。

48. *navedayajñādhyayanairnadānairna ca kriyābhirnatapobhirugraiḥ* |
evaṁrūpaḥśakyaahaṁnṛlokedraṣṭumtvadanyenakurupravīra | |

不論是藉吠陀經的奉獻或唱頌，或行之以布施、儀式祭典、苦行的鍛鍊，除了你以外，在這人世中，無人能見到此顯相，噢，俱盧族的英雄。

49. *mātevyathāmā ca vimūḍhabhāvodṛṣṭvārūpaṁghoramīdṛṅmamedam* |
vyapetabhīḥprītamanāḥpunastvaṁtadeva me rūpamidaṁprapaśya ||
不要因為看到我令人驚恐的形相而害怕與迷惑。不再驚嚇而內在愉悅時，看看我的這個形相。

sañjayauvāca

50. *ityarjunaṁvāsudevastathoktvāsvakaṁrūpaṁdarśayāmāsabhūyaḥ* |
āśvāsayāmāsa ca bhītamenaṁbhūtvāpunaḥsaumyavapurmahātmā ||
薩尼亞說：

與阿周納言畢，Vāsudeva 再次展現了自己的樣貌。偉大的存有 Mahātmā 再次變得溫柔、外型甜美，平撫了嚇壞的阿周納。

arjuna uvāca

51. *dṛṣtvedaṁmānuṣaṁrūpaṁtavasaumyaṁjanārdana* |
idānīmasmisaṁvṛttaḥsacetāḥprakṛtiṁgataḥ ||
阿周納說：

看到您這種美好的人形，噢，Janārdana，我的心智安寧，回復了我的自然狀態。

śrībhagavānuvāca

52. *sudurdarśamidaṁrūpaṁdṛṣṭavānasiyanmama* |
devāapyasyarūpasyanityaṁdarśanakāṅkṣiṇaḥ ||
美麗的主說：

這個你在我之中所看到的形相，是很難得見的，甚至眾神也總是渴望見到它。

53. *nāhaṁvedairnatapasānadānenanacejyayā* |

śakyaevaṁvidhodraṣṭuṁdṛṣṭavānasimāṁyathā | |

無論透過吠陀、苦行、布施、祭祀，都無法看到你所見的我。

54. *bhaktyātvananyayāśakyaahamevaṁvidho 'rjuna* |

jñātuṁdraṣṭuṁ ca tattvenapraveṣṭuṁ ca paraṁtapa | |

僅憑著全心全意的奉獻，就能了悟和見到我，並真正融入我，噢，Paraṁtapa。

55. *matkarmakṛnmatparamomadbhaktaḥsaṅgavarjitaḥ* |

nirvairaḥsarvabhūteṣuyaḥsamāmetipāṇḍava | |

為我從事所有行動，視我為目標，愛我，放棄對一切的執著，對萬有皆了無敵意的人，他就走向我，噢，般度之子。

第十二章

arjuna uvāca

1. *evaṁ satatayuktā ye bhaktās tvāṁ paryupāsate* |

   ye cāpyakṣamavyaktaṁ teṣāṁ ke yogavittamāḥ ||

阿周納說：

那些持續投入、隨處皆以愛來禮敬您的人，以及那些崇敬無朽的未顯化的人，哪個更了解瑜伽？

śrībhagavān uvāca

2. *mayyāveśya mano ye māṁ nityayuktā upāsate* |

   śraddhayā parayopetās te me yuktatamā matāḥ ||

美麗的主說：

那些將心智專注於我並禮敬我的人，持續相應，擁有最高的信念，我視他們為最虔誠。

3. *ye tvakṣaram anirdeśyam avyaktaṁ paryupāste* |

   sarvatragamacintyañca kūṭastham acalaṁ dhruvam ||

   但是那些禮敬堅不可摧、無法定義、未顯化、無所不在且不可思議、永不變易、如如不動、永恆的人。

4. *saṁniyamyendriyagrāmaṁ sarvatra samabuddhayaḥ* |

   te prāpnuvanti māmeva sarvabhūtahite ratāḥ ||

   容納著感官的多樣性，對四方具有平等心的智慧，為眾生的福祉而歡欣鼓舞，的確，他們也到達了我。

5. *kleśo 'dhikatarasteṣām avyaktāsaktacetasām* |
avyaktā hi gatirduḥkhaṁ dehavadbhiravāpyate ||
那些心智執著於未顯化的人，痛苦也更大。肉身難以達到未顯化的目標。

6. *ye tu sarvāṇi karmāṇi mayi saṁnyasya matparāḥ* |
ananyenaiva yogena māṁ dhyāyanta upāsate ||
但是那些在我面前放下所有行動的人，透過修持無散亂的瑜伽，視我為至上，冥想我，榮耀我。

7. *teṣāmahaṁ samuddhartā mṛtyusaṃsārasāgarāt* |
bhavāmi na cirāt pārtha mayyāveśitacetasām ||
那些憶念已經進入我的人，我很快就將他們從死亡輪迴之海解救出來，噢，帕爾塔。

8. *mayyeva mana ādhatsva mayi buddhiṁ niveśaya* |
nivasiṣyasi mayyeva ata ūrdhvaṁ na saṁśayaḥ ||
心智專念於我。讓覺智（buddhi）進入我。毫無疑問，從此以後你將生活在我之內。

9. *atha cittaṁ samādhātuṁ na śaknoṣi mayi sthiram* |
abhyāsayogena tato māmicchāptuṁ dhanañjaya ||
現在，如果你無法穩定地收攝心智於我，那麼，試著透過瑜伽的修持到達我，噢，Dhanañjaya。

10. *abhyāse 'pyasamartho 'si matkarmaparamo bhava* |
madartham api karmāṇi kurvan siddhimavāpsyasi ||
如果你無法修持，那麼，將我的工作（服務）視為你的最高目標。

為我而付出從事行動（服務），你將達到圓滿。

11. *athaitadapyaśakto 'si kartuṁ madyogamāśritaḥ* ।
sarvakarmaphalatyāgaṁ tataḥ kuru yatātmavān ।।
如果你連這一點也無法做到，那就行動，放下一切行動的成果，倚賴我的奇妙本性，配合自制。

12. *śreyo hi jñānamabhyāsāj jñānād dhyānaṁ viśiṣyate* ।
dhyānāt karmaphalatyāgas tyāgācchāntiranantaram ।।
知識優於修煉。冥想優於知識。放下行動的果實優於冥想。從放下（tyāga）可以立即獲得平靜。

13. *adveṣṭā sarvabhūtānāṁ maitraḥ karuṇa eva ca* ।
nirmamo nirahaṁkāraḥ samaduḥkhasukhaḥ kṣamī ।।
無忌眾生、友好和慈悲之人，擺脫了佔有欲和自我中心，對苦樂具平等心，有耐心。

14. *santuṣṭaḥ satataṁ yogī yatātmā dṛḍhaniścayaḥ* ।
mayyarpitamanobuddhir yo madbhaktaḥ sa me priyaḥ ।।
完全滿足的瑜伽士，總是自我控制，堅定不移，心念與智慧與我合一，虔敬於我，是我所鍾愛。

15. *yasmān nodvijate loko lokānnodvijate ca yaḥ* ।
harṣāmarṣabhayodvegair mukto yaḥ sa ca me priyaḥ ।।
世界不會退卻遠離他，他也不退卻遠離世界，擺脫享樂、急躁、恐懼和痛苦，是我鍾愛之人。

16. *anapekṣaḥ śucirdakṣa udāsīno gatavyathaḥ* ।
sarvārambhaparityāgī yo madbhaktaḥ sa me priyaḥ ।।
無私、純淨、靈巧、不偏不倚、無憂無慮，諸緣放下，禮敬我者，

是我鍾愛之人。

17. *yo na hṛṣyati na dveṣṭi na śocati na kāṅkṣati* |

śubhāśubhaparityāgī bhaktimān yaḥ sa me priyaḥ ||

無喜無憎，無悲無欲，放棄善惡，充滿愛者，是我鍾愛之人。

18. *samaḥ śatrau ca mitre ca tathā mānāpamānayoḥ* |

śitoṣṇasukhaduḥkheṣu samaḥ saṅga vivarjitaḥ ||

敵友等賢待之、榮辱等同視之、冷熱苦樂等閒受之，擺脫執著之人。

19. *tulyanindāstutir maunī santuṣto yena kenacit* |

aniketaḥ sthiramatir bhaktimān me priyo naraḥ ||

毀譽不動，觀修沉靜，凡事知足，無執居所，判斷力穩定，充滿愛，是我鍾愛之人。

20. *ye tu dharmyāmṛtamidaṁ yathoktaṁ paryupāsate* |

śraddadhānā matparamā bhaktāste 'tīva me priyāḥ ||

上述那些處處遵從這種智慧甘露的人，懷抱信任的信念，以我為他們的最終目標，這樣的信奉者是我極為鍾愛之人。

第十三章

arjuna uvāca

prakṛtiṁpuruṣaṁcaivakṣetraṁkṣetrajñameva ca |

etadveditumicchāmijñānaṁjñeyaṁ ca keśava ||

阿周納說：

我想知道創造勢能和至上意識（prakṛti and puruṣa）領域和該領域的知者，知識與知識對象（已知），噢，Keśava。

śrībhagavānuvāca

1. *idaṁśarīraṁkaunteyakṣetramityabhidhīyate* |

etadyovettitaṁprāhuḥkṣetrajñaititadvidaḥ ||

美麗的主說：

這副肉身，貢蒂之子，被稱為領域。智者宣稱，知曉它的人為領域的知者。

2. *kṣetrajñañcāpimāṁviddhisarvakṣetreṣubhārata* |

kṣetrakṣetrajñayorjñānaṁyattajjñānaṁmataṁ mama ||

曉知我是所有領域的知者，噢，婆羅多族裔。我視領域的知識和領域的知者為真正的知識。

3. *tat kṣetraṁyac ca yādṛk ca yadvikāriyataścayat* |

sa ca yoyatprabhāvaś ca tatsamāsena me śṛṇu ||

聽我扼要地告訴你，這個領域為何、功能為何、各種變化為何以及源自於何，還有他的身分（領域的知者）及其力量為何。

4. *ṛṣibhirbahudhāGītāṁchandobhirvividhaiḥpṛthak* |
brahmasūtrapadaiścaivahetumadbhirviniścitaiḥ | |
這些曾被偉大的先知清楚地唱頌，以各種不同方式、各種神聖詩句，並且在梵經中也有完善且清晰的義理。

5. *mahābhūtānyahaṅkārobuddhiravyaktameva ca* |
indriyāṇidaśai 'kaṁ ca pañcacendriyagocarāḥ | |
五個元素、我執、智慧、未顯化者、十種感官、心智和五種感官對境。

6. *icchādveṣaḥsukhaṁduḥkhaṁsaṁghātaścetanādhṛtiḥ* |
etatkṣetraṁsamāsenasavikāramudāhṛtam | |
欲望、仇恨、苦樂、整個有機體、智慧和勇氣，這簡單說明了該領域其變化的能力。

7. *amānitvamadambhitvamahiṁsākṣāntirārjavam* |
ācāryopāsanaṁśaucaṁsthairyamātmavinigrahaḥ | |
不驕不躁、無欺無暴、具德、隨侍老師（坐在一旁）、整潔、穩定踏實和自制力。

8. *indriyārtheṣuvairāgyamanahaṅkāraeva ca* |
janmamṛtyujarāvyādhiduḥkhadoṣānudarśanam | |
放下感官對境，了無我執，不斷觀察生、死、老、病和苦的問題。

9. *asaktiranabhiṣvaṅgaḥputradāragṛhādiṣu* |
nityaṁ ca samacittatvamiṣṭāniṣṭopapattiṣu | |
不執著，不緊抓孩子、配偶、房屋等等，以及對於所欲和所不欲者，持續保持同等的正念。

10. *mayicā 'nanyayogenabhaktiravyabhicāriṇi* |
viviktadeśasevitvamaratirjanasaṁsadi | |
（透過）專注瑜伽展現對我堅定不移的愛，居住僻靜的地方，不依附人群。

11. *adhyātmajñānanityatvaṁtattvajñānārthadarśanam* |
etajjñānamitiproktamajñānaṁyadato 'nyathā | |
不斷了解本初真我，瞭知何謂知識的真相（tattva）之境。除此之外，一切都是無知。

12. *jñeyaṁyat tat pravakṣyāmiyajjñātvā 'mṛtamaśnute* |
anādimatparaṁ brahma na sat tan nā 'sad ucyate | |
我將解釋應瞭知的知識，瞭知祂可達到無朽。祂是無始、至高無上的梵，既非常，也非無常（非有「sat」亦非無「asat」）。

13. *sarvataḥpāṇipādaṁ tat sarvatokṣiśiromukham* |
sarvataḥśrutimallokesarvamāvṛtyatiṣṭhati | |
手和足無處不在，眼、頭和臉無處不在，耳聽八方，祂遍布整個世界。

14. *sarvendriyaguṇābhāsaṁsarvendriyavivarjitam* |
asaktaṁsarvabhṛccaivanirguṇaṁguṇabhoktṛ ca | |
祂具有所有感官的特質，卻不受感官的束縛，無執，卻支持著一切，不受屬性（guṇas）的束縛，卻享受著屬性。

15. *bhairantaścabhūtānāmacaraṁcarameva ca* |
sūkṣmatvāt tad avijñeyaṁdūrasthaṁcā 'ntike ca tat | |
在眾生內與外，亦動亦靜，微妙難解，既在咫尺也在天涯。

16. *avibhaktaṁ ca bhūteṣuvibhaktamiva ca sthitam* |

bhūtabhartṛ ca tajjñeyaṁgrasiṣṇuprabhaviṣṇu ca | |

祂不可分割，然而在眾生之中又彷彿被區隔，祂被視為眾生的支持；是他們的吞噬者和創造者。

17. *jyotiṣāmapitajjyotistamasaḥ param ucyate* |

jñānaṁjñeyaṁjñānagamyaṁhṛdisarvasyadhiṣṭhitam | |

祂是明性的光，祂超越了黑暗、知識、能知和所知，居於一切的心中。

18. *itikṣetraṁtathājñānaṁjñeyaṁ co 'ktaṁsamāsataḥ* |

madbhaktaetadvijñāyamadbhāvāyo 'papadyate | |

至此，已經簡要地描述了領域、知識和所知。敬愛我的人，理解這一點，就進入我的存在。

19. *prakṛtiṁpuruṣaṁcai 'vaviddhyanādīubhāvapi* |

vikārāṁś ca guṇāṁścaivaviddhiprakṛtisaṁbhavān | |

瞭知創造勢能和至上意識（prakṛti and puruṣa）都沒有起始。並且，瞭知所有的變化和屬性也都源於創造勢能。

20. *kāryakaraṇakartṛtvehetuḥprakṛtirucyate* |

puruṣaḥsukhaduḥkhānāṁbhoktṛtveheturucyate | |

創造勢能是行動的理由、行動的工具與方法，以及行動的執行者。至上意識是經歷苦樂的緣因。

21. *puruṣaḥprakṛtistho hi bhuṅkteprakṛtijānguṇān* |

kāraṇaṁguṇasaṅgo 'syasadasadyonijanmasu | |

位於創造勢能之中的至上意識，享受由創造勢能而生的屬性。對於屬性的執著，是生於好或壞家庭的原因。

22. *upadraṣṭā 'numantā ca bhartābhoktāmaheśvaraḥ* |

paramātmeticāpyuktodehe 'sminpuruṣaḥparaḥ ||

在這個肉身中，至高的至上意識被稱為至上真我（paramātman），摯愛尊主，見證者和批准者，支持者和享受者。

23. *yaevaṁvettipuruṣaṁprakṛtiṁ ca guṇaiḥsaha* |

sarvathāvartamāno 'pi nasabhūyo 'bhijāyate ||

以此方式了悟至上意識、創造勢能和三屬性的人，無論處於什麼發展階段，都不再轉世重生。

24. *dhyānenātmanipaśyantikecidātmānamātmanā* |

anyesāṁkhyenayogenakarmayogenacā 'pare ||

透過冥想，一些人觀修自性真我；有些人透過數論瑜伽（Sāṁkhya yoga），而有些人透過行動瑜伽（Karma yoga）。

25. *anye tv evamajānantaḥśrutvā 'nyebhyaupāsate* |

te 'pi cātitarantyevamṛtyuṁśrutiparāyaṇāḥ ||

然而，許多不了解這些的人，是以傾聽他人作為依皈。他們對傾聽的虔誠也超越了死亡。

26. *yāvatsañjāyatekiñcitsattvaṁsthāvarajaṅgamam* |

kṣetrakṣetrajñasaṁyogāt tad viddhibharatarṣabha ||

任何方式出生的存在、動或靜，都來自領域和領域知者的合一。瞭知這點，婆羅多族的公牛！

27. *samaṁsarveṣubhūteṣutiṣṭhantaṁparameśvaram* |

vinaśyatsvavinaśyantaṁyaḥpaśyatisapaśyati ||

能夠見到無上、無朽的摯愛，等存於有生滅的個體中者，是真知者。

28. *samaṁpaśyan hi sarvatrasamavasthitamīśvaram* |

nahinastyātmanā 'tmānaṁtatoyātiparāṁgatim | |
見到主之平等與遍在，他的真我就不會被自我傷害，而達到至上目標。

29. *prakṛtyai 'va ca karmāṇikriyamāṇānisarvaśaḥ* |
yaḥpaśyatitathā 'tmānamakartāraṁsapaśyati | |
確見所有行動皆是由創造勢能執行的人，以及自我（或他們自己）並非執行者，就是真知者。

30. *yadābhūtapṛthagbhāvamekasthamanupaśyati* |
tata eva ca vistāraṁ brahma saṁpadyatetadā | |
當一個人持續地維繫正念，了解存在的多種狀態皆依止於一，並於此擴展，他們便到達了梵。

31. *anāditvānnirguṇatvātparamātmā 'yam avyayaḥ* |
śarīrastho 'pi kaunteyanakarotinalipyate | |
至上真我、崇高的自我，沒有起始、沒有屬性（轉化的諸品質），即使存於肉身內，沒有行動也不被玷汙，貢蒂之子。

32. *yathāsarvagataṁsaukṣmyādākāśaṁ no 'palipyate* |
sarvatrā 'vasthitodehetathātmā no 'palipyate | |
正如遍布的虛空因其微妙而不被垢染，存於所有肉身中的真我，也永遠不會被垢染。

33. *yathāprakāśayatyekaḥkṛtsnaṁlokamimaṁraviḥ* |
kṣetraṁkṣetrītathākṛtsnaṁprakāśayatibhārata | |
正如整個世界都被單一個太陽照亮，領域之主照見整個領域，噢，婆羅多族裔。

34. *kṣetrakṣetrajñayorevamantaraṁjñānacakṣuṣā* |

bhūtaprakṛtimokṣaṁ ca ye viduryāntite param ||

那些以慧眼瞭知領域與領域知者之間的差異，以及自創造勢能中解脫的人，達到了至上之境。

第十四章

śrībhagavānuvāca

1. *paraṁbhūyaḥpravakṣyāmijñānānaṁjñānamuttamam* |
yajjñātvāmunayaḥsarveparāṁsiddhimitogatāḥ ||

美麗的主說：

我將進一步闡釋最究竟的、所有知識形式最至高無上的知識，了悟它的智者已經由此達到最至上的圓滿。

2. *idaṁjñānamupāśritya mama sādharmyamāgatāḥ* |
sarge 'pi nopajāyantepralayenavyathanti ca ||

於此知識中安立者，他們就能有如我之性。創造時，他們甚至不投胎，消融時，他們也不受干擾。

3. *mama yonirmahadbrahmatasmingarbhaṁdadhāmyaham* |
sambhavaḥsarvabhūtānāṁtatobhavatibhārata ||

對我來說，梵即是根源（yoni，子宮）。我給予種子。眾生自那裡誕生，噢，婆羅多族的後裔。

4. *sarvayoniṣukaunteyamūrtayaḥsaṁbhavantiyāḥ* |
tāsāṁ brahma mahadyonirahaṁbījapradaḥpitā ||

噢，貢蒂之子，對於所有從子宮中孕育出的任何物種形式，梵即是偉大的子宮，而我是賜種的父親。

5. *sattvaṁrajastamaitiguṇāḥprakṛtisambhavāḥ* |
nibadhnantimahābāhodehedehinamavyayam ||
因此，悅性、變性和惰性是源於創造勢能的屬性性質，臂力非凡的人，他們將身體中無朽的居住者，束縛在體內。

6. *tatrasattvaṁnirmalatvātprakāśakamanāmayam* |
sukhasaṅgenabadhnātijñānasaṅgenacānagha ||
其中，悅性無瑕，給予光輝和良好的健康。噢，純潔的人，它透過對幸福與知識的執著來束縛你。

7. *rajorāgātmakaṁviddhitṛṣṇāsaṅgasamudbhavam* |
tannibadhnātikaunteyakarmasaṅgenadehinam ||
瞭知變性具有激情的特質，它源於欲望和執著。噢，貢蒂之子，它以對行動的執著來束縛個體。

8. *tamastvajñānajaṁviddhimohanaṁsarvadehinām* |
pramādālasyanidrābhistannibadhnātibhārata ||
但是，瞭知惰性是由迷惑眾生的無知所生。它使他們陷入妄想、懶惰和昏沉之中，噢，婆羅多族的後裔。

9. *sattvaṁsukhesañjayatirajaḥkarmaṇibhārata* |
jñānamāvṛtyatutamaḥpramādesañjayatyuta ||
悅性導致對幸福的執著，變性導致對行動的執著，噢，婆羅多族的後裔，而惰性蒙蔽知識，導致對妄想的執著。

10. *rajas tamaścābhibhūyasattvaṁbhavatibhārata* |
rajaḥsattvaṁtamaścaivatamaḥsattvaṁ rajas tathā ||
悅性升起，凌駕於變性與惰性，噢，婆羅多族的後裔。然後變性凌駕於悅性與惰性；同樣地，惰性凌駕於悅性和變性。

11. *sarvadvāreṣudehe 'sminprakāśaupajāyate* |
jñānaṁyadātadāvidyādvivṛddhaṁsattvamityuta | |
當知識的光芒在人體所有的孔竅中誕生時，則可得知悅性實為主導。

12. *lobhaḥpravṛttirārambhaḥkarmaṇāmaśamaḥspṛhā* |
rajasyetānijāyantevivṛddhebharatarṣabha | |
當變性主導時，婆羅多的公牛，這些就誕生了：貪婪、努力、開始行動、焦躁和欲望。

13. *aprakāśo 'pravṛttiścapramādomohaeva ca* |
tamasyetānijāyantevivṛddhekurunandana | |
當惰性主導時，就會產生缺乏光明、懶惰、放逸和妄想，俱盧族的喜悅。

14. *yadāsattvepravṛddhetupralayaṁyātidehabhṛt* |
tadottamavidāṁlokānamalānpratipadyate | |
個體臨終時，若悅性主導，他就進入瞭知至上者的純淨無染世界。

15. *rajasipralayaṁgatvākarmasaṅgiṣujāyate* |
tathāpralīnastamasimūḍhayoniṣujāyate | |
個體臨終時，若變性主導，他就出生於執著行動的人群之中。若惰性在死亡時主導，他將自迷惑者的子宮中誕生。

16. *karmaṇaḥsukṛtasyāhuḥsāttvikaṁnirmalaṁphalam* |
rajasastuphalaṁduḥkhamajñānaṁtamasaḥphalam | |
他們說，行動若做得好，它的成果是悅性和純淨的。但是，變性行動的成果是痛苦，而惰性行動的成果是無知。

17. *sattvātsañjāyatejñānaṁrajasolobhaeva ca* |

pramādamohautamasobhavato 'jñānameva ca ||

知識生於悅性；貪婪生於變性；而散亂、妄想和無知，則生於惰性。

18. *ūrdhvaṁgacchantisattvasthāmadhyetiṣṭhantirājasāḥ* |

jaghanyaguṇavṛttisthāadhogacchantitāmasāḥ ||

悅性的人向上提升；變性的人留在中間；惰性的人束縛於最低的屬性，向下沉淪。

19. *nānyaṁguṇebhyaḥkartāraṁyadādraṣṭā 'nupaśyati* |

guṇebhyaścaparaṁvettimadbhāvaṁ so 'dhigacchati ||

若能正念地洞察到除了屬性之外並無行動者，並且了悟至上乃是超越屬性的，他們就到達了我的存在。

20. *guṇānetānatītyatrīndehīdehasamudbhavān* |

janmamṛtyujarāduḥkhairvimukto 'mṛtamaśnute ||

當個體超越了這三種屬性，此三種屬性同時自肉體升起並穿越時，他就得到了永生的甘露，並且從生、死、老和苦中解脫。

arjuna uvāca

21. *kairliṅgaistrīnguṇānetānatītobhavatiprabho* |

kimācāraḥkathaṁcaitāṁstrīnguṇānativartate ||

阿周納說：

超越三種屬性的人有什麼特點，噢，高貴的人？他們的行為舉止為何，以及他們如何超越這三種屬性？

śrībhagavānuvāca

22. *prakāśañcapravṛttiñcamohameva ca pāṇḍava* |

nadveṣṭisampravṛttāninanivṛttānikānkṣatī ||

美麗的主說：

對於悅性的光明、變性的活動或惰性的妄想之發生或欠缺，他們既不憎恨也不祈願，般度之子。

23. *udāsīnavadāsīnoguṇairyonavicālyate* |
guṇāvartantaityevayo 'vatiṣṭhatineñgate | |
他安住著彷彿不感興趣，不被屬性所動搖或干擾，知道那只是屬性的流轉，沉著鎮定而不反應。

24. *samaduḥkhasukhaḥsvasthaḥsamaloṣṭāśmakāñcanaḥ* |
tulyapriyāpriyodhīrastulyanindātmasaṁstutiḥ | |
對苦樂一視同仁，滿足於自己，對他來說，一塊泥土、石頭和金子是一樣的，對可愛與不可愛的態度堅定和平等，對他們來說，誹謗和讚美是平等的。

25. *mānāpamānayostulyastulyomitrāripakṣayoḥ* |
sarvārambhaparityāgīguṇātītaḥsaucyate | |
據說超越屬性的人，榮辱不移，平等看待敵友，並且放下了所有行動的發起。

26. *māṁ ca yo 'vyabhicāreṇabhaktiyogenasevate* |
saguṇānsamatītyaitānbrahmabhūyāyakalpate | |
超越三屬性，以堅定奉獻之瑜伽為我服務的人，已經準備好融入梵。

27. *brahmaṇo hi pratiṣṭhā 'ham amṛtasyāvyayasya ca* |
śāśvatasya ca dharmasyasukhasyaikāntikasya ca | |
我是梵的住所，無朽的甘露、永恆的法性，以及無條件的、究竟的幸福。

第十五章

śrībhagavānuvāca

1. *ūrdhvamūlamadhaḥśākhamaśvatthaṁprāhuravayayam* |
chandāṁsiyasyaparṇāniyastaṁvedasavedavit ||

美麗的主說：

人們說不朽的菩提樹（輪迴），樹根在上，樹枝在下，其葉子是神聖的詩句。了解這一點的人即吠陀經的真知者。

2. *adhaścordhvaṁprasṛtāstasyaśākhāguṇapravṛddhāviṣayapravālāḥ* |
adhaścamūlānyanusantatānikarmānubandhīnimanuṣyaloke ||

它受三屬性滋養，在發芽時，樹枝無盡地隨著感官對境向上下開展。而在下方（業）的樹根無休止地延伸，促使人世間的活動。

3. *narūpamasyehatathopalabhyatenāntonacādirna ca sampratiṣṭhā* |
aśvatthamenamsuvirūḍhamūlamasaṅgaśastreṇadṛḍhenachittvā ||

它是完整的，因為在這個世界上它是不可感知的，它的結束、開始、不斷蘊合的存在皆是如此。用強大的無所執之劍砍斷這株根深蒂固的菩提樹。

4. *tataḥpadaṁ tat parimārGītāvyaṁyasmingatānanivartantibhūyaḥ* |
tamevacādyaṁpuruṣaṁprapadyeyataḥpravṛttiḥprasṛtāpurāṇī ||

在探索了周圍所有的路徑而到達那種狀態後，他們就不再復返。「我依止於本初的存在，移動、螺旋般的活動永遠源於祂。」

5. *nirmānamohājitasaṅgadoṣāadhyātmanityāvinivṛttakāmāḥ* |
dvandvairvimuktāḥsukhaduḥkhasaṁjñairgacchantyamūḍhāḥpadamavyayaṁ tat ||
克服了執著的謬誤的人，沒有驕傲和妄想，總是處於本初狀態，遠離了無休止的欲望，擺脫了苦樂二元的束縛，無惑的人進入了這種不朽之境。

6. *natadbhāsayatesūryonaśaśāṇkonapāvakaḥ* |
yadgatvānanivartantetaddhāmaparamaṁ mama ||
在此境地，太陽不照亮，月亮、火焰亦然。到達之後，他們不再復返。這是我的至上居所。

7. *mamaivāṁśojīvalokejīvabhūtaḥsanātanaḥ* |
manaḥṣaṣthānīndriyāṇiprakṛtisthānikarṣati ||
僅僅一部分的我，化現為眾生世界中持續的個體生命，受到五種感官和心識（第六識）的吸引，在創造勢能之中運作。

8. *śarīraṁyadavāpnotiyaccāpyutkrāmatīśvaraḥ* |
gṛhītvaitānisaṁyātivāyurgandhānivāśayāt ||
當主（Īśvara）佔據一副肉身，然後離開時，祂帶走這些，如同微風從源頭帶走香氣。

9. *śrotraṁcakṣuḥsparśanañcarasanaṁghrāṇameva ca* |
adhiṣṭhāyamanaścāyaṁviṣayānupasevate ||
主支配這些，享受著感官對境——聆聽、觀看、觸摸、品嘗、聞嗅，以及心智。

10. *utkrāmantaṁsthitaṁvāpibhuñjānaṁvāguṇānvitam* |
vimūḍhānānupaśyantipaśyantijñānacakṣuṣaḥ ||
困惑的人不能清楚辨識主，不見其在離開、停留或沉溺於三屬性之

際。那些具慧眼的人就能得見。

11. *yatantoyoginaścainaṁpaśyantyātmanyavasthitam* |

yatanto 'pyakṛtātmānonainaṁpaśyantyacetaseaḥ ||

瑜伽士修持時，能見自性真我。然而那些不付出行動、不用心修持的人，即使再努力，亦無法見到自性。

12. *yadādityagataṁtejojagadbhāsayate 'khilam* |

yaccandramasiyaccāgnau tat tejoviddhimāmakam ||

無間斷照耀著這個世界的太陽光輝，存在月亮和火焰中——曉知那光輝是我（我的）。

13. *gāmāviśya ca bhūtānidhārayāmyahamojasā* |

puṣṇāmicauṣadhīḥsarvāḥsomobhūtvārasātmakaḥ ||

我是大地，以內在的能量（ojas）維繫所有生命。我使所有的植物和香草都茂盛與開花，成為月露（soma）的多汁之美和風味。

14. *ahaṁvaiśvānarobhūtvāprāṇināṁdehamāśritaḥ* |

prāṇāpānasamāyuktaḥpacāmyannaṁcaturvidham ||

我成為所有人的消化之火。我居住在所有呼吸的軀體，連結完整的吸氣模式和完整的吐氣模式。我消化四種食物。

15. *sarvasyacāhaṁhṛdisanniviṣṭomattaḥsmṛtirjñānamapohanañca* |

vedaiścasarvairahamevavedyovedāntakṛdvedavidevacāham ||

我立於眾生心中。記憶、知識和邏輯能力來自於我。透過所有吠陀經可以了解我。我是吠陀經（Vedas）的知者和吠檀多（Vedanta）的創造者（吠陀經的結尾或結論）。

16. *dvāvimaupuruṣaulokekṣaraścākṣaraeva ca* |

kṣaraḥsarvāṇibhūtānikūṭastho 'kṣaraucyate ||

世界上有兩種具意識的知者：會逝去的和不朽的。萬物皆會變易毀壞。不變的謂之不朽。

17. *uttamaḥpuruṣastvanyaḥparamātmetyudāhṛtaḥ* |
yolokatrayamāviśyabibhartyavyayaīśvaraḥ ||
但是，最高的純意識（知者）是另一個，稱為至上真我（paramātman），即主（Īśvara），祂包含並支持三界。

18. *yasmātkṣaramatīto 'ham akṣarādapicottamaḥ* |
ato 'smilokevede ca prathitaḥpuruṣottamaḥ ||
因為我是轉化易逝的，也是超越不朽的，所以我在這個世界、在吠陀經中被尊崇為最至高無上的存有。

19. *yomāmevamasaṁmūḍhojānātipuruṣottamam* |
sasarvavidbhajatimāṁsarvabhāvenabhārata ||
無惑之人瞭知我是至高無上的存有，他理解一切，並全心全意敬愛著我，噢，婆羅多族裔。

20. *itiguhyatamaṁśāstramidamuktaṁmayā 'nagha* |
etadbuddhvābuddhimānsyātkṛtakṛtyaścabhārata ||
我已傳授了這個終極祕密的教導，噢，無罪之人。瞭知這些就能成為全然覺醒的人，完成所有責任和行動，噢，婆羅多的族裔。

第十六章

śrībhagavānuvāca

1. *abhayaṁsattvasaṁśuddhirjñānayogavyavasthitiḥ* ।
dānaṁdamaścayajñaścasvādhyāyastapaārjavam ।।

美麗的主說：

無所畏懼、心靈純淨、對知識和瑜伽的堅持、慷慨好施、克己自制和犧牲奉獻，以及自學、苦行和誠心誠意。

2. *ahimsāsatyamakrodhastyāgaḥśāntirapaiśunam* ।
dayābhūteṣvaloluptvaṁmārdavaṁhrīracāpalam ।।

不傷害、真實、不嗔怒、棄絕、平靜、不批判、慈悲眾生、無欲、溫柔、謙虛、沉穩。

3. *tejaḥkṣamādhṛtihśaucamadrohonātimānitā* ।
bhavantisaṁpadaṁdaivīmabhijātasyabhārata ।।

有活力、耐心、堅毅、潔淨、不仇恨、不傲慢；這些是具有神聖品格之人的稟賦，噢，婆羅多族裔。

4. *dambhodarpo 'bhimānaścakrodhaḥpāruṣyameva ca* ।
ajñānamcābhijātasyapārthasaṁpadamāsurīm ।।

炫耀、驕傲，自大，憤怒、惡毒言語和無知，是屬於天生具有魔性特質之人，普爾嗒之子。

5. *daivīsaṁpadivimokṣāyanibandhāyāsurīmatā* |
māśucaḥsaṁpadaṁdaivīmabhijāto 'sipāṇḍava ||
人們認為，神聖的稟賦通往解脫，而魔性的特質帶來束縛。別擔心，般度之子，你天生具有神聖的稟賦。

6. *dvaubhūtasargauloke 'smindaivaāsuraeva ca* |
daivovistaraśaḥproktaāsuraṁpārtha me śṛṇu ||
這個世界上有兩種被創造的眾生：神聖的和魔性的。我已詳細解釋了神聖的，普爾嗒之子。聽我講述魔性的。

7. *pravṛttiñcanivṛttiñcajanānaviduräsurāḥ* |
naśaucaṁnāpicācāronasatyaṁteṣuvidyate ||
魔性（阿修羅，Āsuras）不了解該做的和不該做的。他們不純潔，沒有適當的舉止，亦不誠實。

8. *asatyamapratiṣṭhaṁtejagadāhuranīśvaram* |
aparasparasambhūtaṁkimanyatkāmahaitukam ||
他們認為宇宙沒有任何真理、沒有任何道德基礎、沒有主，也並非透過進化而生成。那是什麼呢？僅僅是出於激情的欲望。

9. *etāṁdṛṣṭimavaṣṭabhyanaṣṭāmāno 'lpabuddhayaḥ* |
prabhavantyugrakarmāṇaḥkṣayāyājagato 'hitāḥ ||
堅持這種觀點的這些人，由於才智淺薄和其殘酷、邪惡的行動而迷失了自己，成為毀滅世界的敵人。

10. *kāmamāśrityaduṣpūraṁdambhamānamadānvitāḥ* |
mohādgṛhītvā 'sadgrāhānpravartante 'śucivratāḥ ||
執著於未實現的欲望，滿是狡詐的虛偽，自大，沉迷貪淫，接受不正確的觀念，他們的作為玷污誓言和規範。

11. *cintāmaparimeyāñcapralayāntāmupāśritāḥ* |

kāmopabhogaparamāetāvaditiniścitāḥ ||

執著於無盡的心智焦慮，至死方休，毫不懷疑地認為欲望的享樂是最高目標。

12. *āśāpāśaśatairbaddhāḥkāmakrodhaparāyaṇāḥ* |

īhantekāmabhogārthamanyāyenārthasañcayān ||

他們被一百個由欲望組成的枷鎖所束縛，盲目地獻身於欲望和憤怒，他們以不道德的方式尋求財富的累積，以享受自己的欲望。

13. *idamadyamayālabhamidaṁprāpsyemanoratham* |

idamastīdamapi me bhaviṣyatipunardhanam ||

「今天我已得到這個，我將滿足另個欲求（心智的戰車）。而且這個和這個財富也是我的。」

14. *asaumayāhataḥśatrurhaniṣyecāparānapi* |

īśvaro 'ham ahaṁbhogīsiddho 'haṁbalavānsukhī ||

「我殺死了那個敵人，而我也將殺死其他人；我是主，我是享受者，我有成就、有勢力和快樂！」

15. *āḍhyo 'bhijanavānasmi ko 'nyo 'stisadṛśomayā* |

yakṣyedāsyāmimodiṣyaityajñānavimohitāḥ ||

「我非常富有，而且出身高貴。誰能與我相比？我會奉獻，我將施捨、我要慶祝。」他們如此迷惑於無知。

16. *anekacittavibhrāntāmohajālasamāvṛtāḥ* |

prasaktāḥkāmabhogeṣupatantinarake 'śucau ||

他們忘形於紛紛念頭，完全陷入了妄想之網，成癮於欲望的滿足，陷入骯髒的地獄。

17. *ātmasambhāvitāḥstabdhādhanamānamadānvitāḥ* |

yajantenāmayajñaistedambhenāvidhipūrvakam ||

他們自戀、頑固、充滿了財富的驕傲和自大，他們的奉獻僅為虛名，
帶有欺詐的偽善，而不遵循傳統常規。

18. *ahaṅkāraṁbalaṁdarpaṁkāmaṁkrodhañcasaṁśritāḥ* |

māmātmaparadeheṣupradviṣanto 'bhyasūyakāḥ ||

他們執著我慢、權勢、自大，以及貪淫和憤怒，這些憤世嫉妒的人
仇恨在自己和他人身體之中的「我」。

19. *tānahaṁdviṣataḥkrūrānsaṁsāreṣunarādhamān* |

kṣipāmyajasramaśubhānasurīṣvevayoniṣu ||

我不斷地將仇恨、殘酷、卑鄙和惡毒的人類扔進輪迴之中的魔性子
宮裡。

20. *āsurīṁyonimāpannāmūḍhājanmanijanmani* |

māmaprāpyaivakaunteyatatoyāntyadhamāṁgatim ||

他們墮落至魔性的子宮裡，生生世世，迷惑之人無法到達我，貢蒂
之子。他們從那裡走上了極惡之道。

21. *trividhaṁnarakasyedaṁdvāraṁnāśanamātmanaḥ* |

kāmaḥkrodhastathālobhastasmādetattrayaṁtyajet ||

欲望、憤怒和貪婪，是通往地獄的三道門，使自性墮落。因此，應
該斷除他們。

22. *etairvimuktaḥkaunteyatamodvāraistribhirnaraḥ* |

ācaratyātmanaḥśreyastatoyātiparāṁgatim ||

從這三重黑暗之門中解脫出來的人，噢，貢蒂之子，他從事對大我
（真我）最有益的言行，於是走上了至上的道路。

23. *yaḥśāstravidhimutsṛjyavartatekāmakārataḥ* |

nasasiddhimavāpnotinasukhaṁnaparāṁgatim ||

但是，若忽視經典的智慧，並遵照欲望的驅使，就不會獲得完美、幸福或至上的道路。

24. *tasmācchāstraṁpramāṇaṁtekāryākāryavyavasthitau* |

jñātvāśāstravidhānoktaṁ karma kartumihārhasi ||

因此，讓經典指引你的為與不為。瞭知經典所建議的教導，在世間為所應為。

第十七章

arjuna uvāca

1. *ye śāstravidhimutsṛjyayajanteśraddhayānvitāḥ* |

teṣāṁniṣṭhātukākṛṣṇasattvamāhorajastamaḥ ||

阿周納說：

噢！奎師納，拋開經文的禁令，而又充滿信念（śraddhā）地奉獻禮拜，這些人的立場（狀況）為何？是悅性、變性，或是惰性？

śrībhagavānuvāca

2. *trividhābhavatiśraddhādehināṁsāsvabhāvajā* |

sāttvikīrājasīcaivatāmasīcetitāṁśṛṇu ||

美麗的主說：

這些人的信念有三種類型，源於他們的內在本性：悅性、變性和惰性。現在聽我解釋它們。

3. *sattvānurūpāsarvasyaśraddhābhavatibhārata* |

śraddhāmayo 'yaṁpuruṣoyoyacchraddhaḥsaevasaḥ ||

信念密切地依循個體的特質。人類是由他們對形而上設想的信念所組成。一個人的信念為何，他即為何。

4. *yajantesāttvikādevānyakṣarakṣāṁsirājasāḥ* |

pretānbhūtagaṇāṁścānyeyajantetāmasājanāḥ ||

悅性之人禮拜諸真神；變性之人禮拜財神（Yakṣas）和惡鬼

（Rakṣas）。其他惰性之人，禮拜幽靈和鬼怪。

5. *aśāstravihitaṁghoraṁtapyante ye tapojanāḥ* ।
dambhāhaṅkārasaṁyuktāḥkāmarāgabalānvitāḥ ।।
那些執行不依經典規範的嚴厲苦行之人，帶著虛偽和我慢，並伴隨著欲望、激情和暴力。

6. *karśayantaḥśarīrasthaṁbhūtagrāmamacetasaḥ* ।
māṁcaivāntaḥśarīrasthaṁtānviddhyāsuraniścayān ।।
缺乏深思，折磨著體內的各種元素以及居住在體內的我，瞭知他們有惡魔般的意圖。

7. *āhārastvapisarvasyatrividhobhavatipriyaḥ* ।
yajñastapastathādānaṁteṣāṁbhedamimaṁṣṛṇu ।।
而人人都喜歡的食物也分為三種，奉獻、苦行和布施亦是如此。諦聽他們之間的區別。

8. *āyuḥsattvabalārogyasukhaprītivivardhanāḥ* ।
rasyāḥsnigdhāḥsthirāhṛdyāāhārāḥsāttvikapriyāḥ ।।
悅性（之人）珍愛的食物能滋養生命，帶來和諧、力量，免於疾病，令人幸福和滿足（快樂），並且味道鮮美、順口、紮實而令人愉悅。

9. *kaṭvamlalavaṇātyuṣṇatīkṣṇarūkṣavidāhinaḥ* ।
āhārārājasasyeṣṭāduḥkhaśokāmayapradāḥ ।।
變性所欲求的食物會引起疼痛、悲傷和疾病，並且帶著苦、酸、過鹹、燙、刺激性、澀味和灼熱感。

10. *yātayāmaṁgatarasaṁpūtiparyuṣitañcayat* ।
ucchiṣṭamapicāmedhyaṁbhojanaṁtāmasapriyam ।।
腐敗、走味、腐爛、餿食，被捨棄與不潔的，是惰性珍愛的食物。

11. *aphalākāṅkṣibhiryajñovidhidṛṣṭoyaijyate* |

yaṣṭavyamevetimanaḥsamādhāyasasāttvikaḥ ||

不渴望成果，著眼於經典方向的奉獻，全心全意專注於所奉獻的，即是悅性。

12. *abhisandhāyatuphalaṁdambhārthamapicaivayat* |

ijyatebharataśreṣṭhataṁyajñaṁviddhirājasam ||

但是，企求成果或出於作秀的目的，噢，婆羅多族後裔之佼佼者，瞭知那種奉獻是變性。

13. *vidhihīnamasṛṣṭānnaṁmantrahīnamadakṣiṇam* |

śraddhāvirahitaṁyajñaṁtāmasaṁparicakṣate ||

毫無信念的奉獻，不遵循經典的指示，沒有奉獻食物、沒有持咒，也沒有給祭司酬勞，都被視為惰性。

14. *devadvijaguruprājñapūjanaṁśaucamārjavam* |

brahmacaryamahiṁsā ca śārīraṁ tapa ucyate ||

禮敬諸神、重生之人、老師和智者；潔淨、美德、禁欲和不傷害等，被稱為身體的苦行。

15. *anudvegakaraṁvākyaṁsatyaṁpriyahitañcayat* |

svādhyāyabhyasanaṁcaivavāṅmayaṁ tapa ucyate ||

誠實、令人愉悅、有益，不造成困擾的話語，以及對聖詩的唱頌，都是言語的苦行。

16. *manaḥprasādaḥsaumyatvaṁmaunamātmavinigrahaḥ* |

bhāvasaṁśuddhirityetattapomānasamucyate ||

平靜、心智清明、溫柔、沉默、對自我的細心關注、深層心念的純淨，稱為心智的苦行。

17. *śraddhayāparayātaptaṁtapastattrividhaṁnaraiḥ* |
aphalākāṅkṣibhiryuktaiḥsāttvikaṁparicakṣate ||
以最深刻的信念練習此三種苦行，不渴望成果且穩定於瑜伽中的人們，被視為悅性。

18. *satkāramānapūjārthaṁtapodambhenacaivayat* |
kriyatetadihaproktaṁrājasaṁcalamadhruvam ||
在這個世界上，為了獲得喜愛、榮譽和尊敬而苦行，帶著虛偽的練習，是變性，搖擺無定且不穩固。

19. *mūḍhagrāheṇātmanoyatpīḍayākriyatetapaḥ* |
parasyotsādanārthaṁvā tat tāmasamudāhṛtam ||
帶著自我妄念的競爭心與折磨自己，與為了摧毀他人的苦行，謂之惰性。

20. *dātavyamitiyaddānaṁdīyate 'nupakāriṇe* |
deśekāle ca pātre ca taddānaṁsāttvikaṁsmṛtam ||
在適當的時間和地點施予禮物，只想到「要送出這個」給值得的人，而並非回禮，被認為是悅性的。

21. *yattupratyupakārārthaṁphalamuddiśyavāpunaḥ* |
dīyate ca parikliṣṭaṁtaddānaṁrājasaṁsmṛtam ||
但是，為了獲得喜愛或又是為了有所求而勉強送出的禮物，被認為是變性的。

22. *adeśakāleyaddānamapātrebhyaścadīyate* |
asatkṛtamavajñātaṁ tat tāmasamudāhṛtam ||
在錯誤的時間、錯誤的地點或沒有尊重和智慧的情況下，送禮給不值得的人，被稱為惰性。

23. *auṁ tat sat itinirdeśobrahmaṇastrividhaḥsmṛtaḥ* |
brāhmaṇāstenavedāścayajñāścavihitāḥpurā ||
「Oṁ tat sat」被視為是梵的三聖音。在古代這般尊崇婆羅門、吠陀經和祭獻。

24. *tasmādaumityudāhṛtyayajñadānatapaḥkriyāḥ* |
pravartantevidhānoktāḥsatataṁbrahmavādinām ||
因此，梵的老師們總是以唱頌 Oṁ 開始，進行獻祭、布施和執行依經典規範的苦行。

25. *tadityanabhisandhāyaphalaṁyajñatapaḥkriyāḥ* |
dānakriyāścavividhāḥkriyantemokṣakāṅkṣibhiḥ ||
渴望獲得自由（mokṣa）的人們便以 tat 和無所求，進行獻祭和苦行以及各種布施。

26. *sadbhāvesādhubhāve ca sadityetatprayujyate* |
praśastekarmaṇitathāsacchabdaḥpārthayujyate ||
Sat 的含義是「真實」，也是「善」。因此，sat 這個詞用於令人讚頌的行動，普爾嗒之子。

27. *yajñetapasidāni ca sthitiḥsaditicocyate* |
karma caivatadarthīyaṁsadityevābhidhīyate ||
堅定地奉獻、苦行和布施也被稱為 sat，為服務該目的而做的任何行為活動都稱為 sat。

28. *aśraddhayāhutaṁdattaṁtapastaptaṁkṛtañcayat* |
asadityucyatepārthana ca tatpretya no iha ||
任何祭獻的祭品、實行的苦行或無信念的儀式被稱為 asat，噢，帕爾塔。對我們來說，這在今生或來世都沒有意義。

第十八章

arjuna uvāca

1. *saṁnyāsayamahābāhotattvamicchāmiveditum* |

tyāgasya ca hṛṣīkeśapṛthakkeśiniṣūdana ||

阿周納說：

威武之師，我想知道遁世（saṁnyāsa）和放棄行動成果（tyāga）之間真正的區別，噢，Hṛṣīkeśa，噢，Kesin 的屠殺者。

śrībhagavānuvāca

2. *kāmyānāṁkarmaṇāṁnyāsaṁsaṁnyāsaṁkavayoviduḥ* |

sarvakarmaphalatyāgaṁprāhustyāgaṁvicakṣaṇāḥ ||

美麗的主說：

詩人知道放下追求欲望的行動，即遁世。有遠見之人宣誓釋放所有行動成果，即放棄行動成果。

3. *tyājyaṁdoṣavadityeke karma prāhurmanīṣiṇaḥ* |

yajñadānatapaḥkarmanatyājyaiticāpare ||

有些學識淵博的人說：「應該把行動視為邪惡而捨棄。」其他智者說：「不應放棄奉獻、布施和練習的行動。」

4. *niścayaṁśṛṇu me tatratyāgebharatasattama* |

tyāgo hi puruṣavyāghratrividhaḥsamprakīrtitaḥ ||

諦聽我對於放棄行動成果的結論，婆羅多族裔之佼佼者。放棄行動成果確實被分為三種。

5. *yajñadānatapaḥkarmanatyājyaṁkāryameva tat* |
yajñodānaṁtapaścaivapāvanānimanīṣiṇām ||
奉獻、布施和練習的行動不應該被拋棄，而應執行。奉獻、布施和練習是那些智者的淨化方式。

6. *etānyapitukarmāṇisaṅgaṁtyaktvāphalāni ca* |
kartavyānīti me pārthaniścitaṁmatamuttamam ||
但是，這些行動必須徹底完成，放下對成果的執著。這絕對是我的最終看法，普爾嗒之子。

7. *niyatasyatusaṁnyāsaḥkarmaṇonopapadyate* |
mohāttasyaparityāgastāmasaḥparikīrtitaḥ ||
但是放棄必要的行動是不妥的。由於迷惑而放棄它，謂之惰性。

8. *duḥkhamityevayat karma kāyakleśabhayāttyajet* |
sakṛtvārājasaṁtyāgaṁnaivatyāgaphalaṁlabhet ||
僅僅因為困難或出於害怕身體痛苦而放棄行動的人，所做的是變性的放棄。他們不會得到放棄的成果。

9. *kāryamityevayat karma niyataṁkriyate 'rjuna* |
saṅgaṁtyaktvāphalaṁcaivasatyāgaḥsāttvikomataḥ ||
放棄行動成果是悅性的，噢，阿周納，因為應做而採取行動，放棄對成果的執著。

10. *nadveṣṭyakuśalaṁ karma kuśalenānuṣajjate* |
tyāgīsattvasamāviṣṭomedhāvīchinnasaṁśayaḥ ||
放棄者——智者——他的疑慮已斷除，充滿了光明的和諧，他不排斥討厭的行為，也不執著於愉快的行為。

11. *na hi dehabhṛtāśakyaṁtyaktuṁkarmāṇyaśeṣataḥ* |
yastukarmaphalatyāgīsatyāgītyabhidhīyate ||
的確，那些具肉體的生命無法放棄行動而不留下任何痕跡。放棄行動成果的人，就可稱之為真正的放棄者。

12. *aniṣṭamiṣṭaṁmiśrañcatrividhaṁkarmanaḥphalam* |
bhavatyatyāgināṁpretyanatusaṁnyāsināṁkvacit ||
對於那些還沒有放下的人，其行動的成果分為三種類型：不想要的、想要的和混合的。但是對於真正的遁世者（saṁnyāsīn）來說，以上皆無。

13. *pañcai 'tānimahābāhokāraṇāninibodha me* |
sāṁkhyekṛtānteproktānisiddhayesarvakarmaṇām ||
噢，臂力非凡的人，向我學習原始數論中教導的五種要素，以圓滿所有行動。

14. *adhisthānaṁtathākartākaraṇañcapṛthagavidhaṁ* |
vividhāścapṛthakceṣṭādaivañcaivātrapañcamam ||
行動的場域，然後是行動者，感知和行動的各種方式及努力，以及第五項之天命（眾神）。

15. *śarīravāṅmanobhiryat karma prārabhatenaraḥ* |
nyāyyaṁvāviparītaṁvāpañcaitetasyahetavaḥ ||
一個人從身、語或意所生的任何行動，無論好或壞，都有這五種因素。

16. *tatraivaṁ sati kartāramātmānaṁkevalaṁtuyaḥ* |
paśyatyakṛtabuddhitvānnasapaśyatidurmatiḥ ||
在這種情況下，無知的愚者將自己視為唯一的行動者。他們沒有真正看到真相。

17. *yasyanāhaṅkṛtobhāvobuddhiryasyanalipyate* |

hatvāpisaimāṁllokānnahantinanibadhyate ||

一個不處於自我中心狀態的人，即使殺戮世上所有的人，其智慧亦無所染，他既無殺人，也不受行動的束縛。

18. *jñānaṁjñeyaṁparijñātātrividhākarmacodanā* |

karaṇaṁ karma karte 'titrividhaḥkarmasaṁgrahaḥ ||

知識、所知和能知，是促使行動的三成分。工具、行動和行動者是構成任何動作的三成分。

19. *jñānaṁ karma ca kartā ca tridhaivaguṇabhedataḥ* |

procyateguṇasaṁkhyāneyathāvacchṛṇutānyapi ||

根據數論屬性理論的教導，知識、行動和行動者此三取決於屬性。你也聆聽這些。

20. *sarvabhūteśuyenaikaṁbhāvamavyayamīkṣate* |

avibhaktaṁvibhakteśutajjñānaṁviddhisāttvikam ||

瞭知悅性的知識，使人看到萬物的恆存，在分別中的無分別。

21. *pṛthaktvenatuyajjñānaṁnānābhāvānpṛthagvidhān* |

vettisarveṣubhūtesutajjñānaṁviddhirājasam ||

但是，瞭知變性的知識，使人看到眾生中各種不同類型與種類。

22. *yattukṛtsnavadekasminkāryesaktamahetukam* |

atattvārthavadalpañca tat tāmasamudāhṛtam ||

但是，那種（知識）僅抓住單一的影響，彷彿它就是全部，而對緣由沒有興趣，也沒有明確的目的，謂之惰性。

23. *niyataṁsaṅgarahitamarāgadveṣataḥkṛtam* |

aphalaprepsunā karma yat tat sāttvikamucyate ||

一項必須做、無所執的行動，沒有愛或憎，不希求成果的行動，謂之悅性。

24. *yattukāmepsunā karma sahaṅkarenāvāpunaḥ* |
kriyatebahulāyāsaṁ tad rājasamudāhṛtam ||
但是，出於自尊自大以滿足欲望的行動，或者，再說一次，用過度的努力，謂之變性。

25. *anubandhaṁkṣayaṁhiṁsāmanapekṣya ca pauruṣam* |
mohādārabhyate karma yat tat tāmasamucyate ||
出於妄想所採取的行動，不計後果與傷害，或不考量他人甚至自己的能力，謂之惰性。

26. *muktasaṅgo 'nahaṁvādidhṛtyutsāhasamanvitaḥ* |
siddhyasiddhyornirvikāraḥkartāsāttvikaucyate ||
那些不執著、不自誇的人，伴隨著勇氣和明確的決心，不受成敗的影響，謂之悅性。

27. *rāgīkarmaphalaprepsurlubdhohiṁsātmako 'śuciḥ* |
harṣaśokānvitaḥkartārājasaḥparikīrtitaḥ ||
衝動熱情的人，希望獲得行動的成果、貪婪、天生暴戾、不純真，並因苦樂而搖擺不定，普世謂之變性。

28. *ayuktaḥprākṛtaḥstabdhaḥśaṭhonaikṛtiko 'lasaḥ* |
viṣādīdīrghasūtrī ca kartātāmasaucyate ||
那些行為不當、虛偽、頑固、欺騙、懶惰、沮喪和拖延的人，謂之惰性。

29. *buddherbhedaṁdhṛteścaivaguṇatastrividhaṁśṛṇu* |
procyamānamaśeṣeṇapṛthaktvenadhanañjaya ||

基於兼具智慧和毅力之三種屬性的區分，諦聽我完整、逐一的詳述，噢，阿周納，財富征服者。

30. *pravṛttiñcanivṛttiñcakāryākāryebhayābhaye* |
bandhaṁmokṣañcayāvettibuddhiḥsāpārthasāttvikī ||
噢，普爾嗒之子啊，悅性智慧能瞭知靜中之動、該為和不該為、恐懼和無懼、束縛和解脫。

31. *yayādharmamadharmañcakāryaṁcā 'kāryameva ca* |
ayathāvatprajānātibuddhiḥsāpārtharājasī ||
噢，普爾嗒之子，變性智慧無法正確地分辨對錯、該為和不該為。

32. *adharmaṁdharmamitiyāmanyatetamasāvṛtā* |
sarvārthānviparītāṁś ca buddhiḥsāpārthatāmasī ||
蒙蔽於黑暗中的惰性智慧，顛倒是非（把不義當正法），誤導所有目的和目標之方向，普爾嗒之子。

33. *dhṛtyāyayādhārayatemanaḥprāṇendriyakriyāḥ* |
yogenāvyabhicāriṇyādhṛtiḥsāpārthasāttvikī ||
當氣、意和感官活動透過堅定專注的瑜伽達到穩定，維持修持的堅定平穩便是悅性，普爾嗒之子。

34. *yayātudharmakāmārthāndhṛtyādhārayate 'rjuna* |
prasaṅgenaphalākāṅkṣīdhṛtiḥsāpārtharājasī ||
堅持緊抓責任、自私的享樂和財富，並執著與渴望獲得成果，是變性，帕爾塔。

35. *yayāsvapnaṁbhayaṁśokaṁviṣādaṁ madam eva ca* |
navimuñcatidurmedhādhṛtiḥsāpārthatamasī ||
愚昧之人堅持不願放下貪睡、恐懼、悲傷、憂鬱和自大，則是惰性，

帕爾塔。

36. *sukhaṁtvidānīṁtrividhaṁśṛṇu me bharatarṣabha* |

abhyāsādramate yatra duḥkhāntañcanigacchati ||

但是，現在聽我闡述，噢，婆羅多族的公牛，透過長久的練習可使人們享受到的三種快樂，並且終結痛苦。

37. *yattadagreviṣamivapariṇāme 'mṛtopamam* |

tat sukhaṁsāttvikaṁproktamātmabuddhiprasādajam ||

它在開始時如同毒藥，但後來轉為甘露，謂之悅性，其乃源於自己的清明智慧。

38. *viṣayendriyasaṁyogādyattadagre 'mṛtopamam* |

pariṇāmeviṣamiva tat sukhaṁrājasamsmṛtam ||

連結感官對境而有的快樂，一開始如同甘露，然後轉為毒藥，是謂變性。

39. *yadagrecānubandhe ca sukhaṁmohanamātmanaḥ* |

nidrālasyapramādotthaṁ tat tāmasamudāhṛtam ||

睡眠、懶惰和迷亂所帶來的幸福，它由始至終都使真實的自我更加迷惑，謂之惰性。

40. *na tad astipṛthivyāṁvādivideveṣuvāpunaḥ* |

sattvaṁprakṛtijairmuktaṁyadebhiḥsyāttribhirguṇaiḥ ||

世上眾生或甚至天界眾神，皆受制於源於創造勢能的三屬性。

41. *brāhmaṇakṣatriyaviśāṁśūdrāṇāñcaparantapa* |

karmāṇipravibhaktānisvabhāvaprabhavairguṇaiḥ ||

噢，敵人的征服者，婆羅門、剎帝利、吠舍（Vaiśyas）和戍陀羅（Śūdras）的行動（努力）是由其源於各自天生的屬性而定。

42. *śamodamastapaḥśaucaṁkṣāntirārjavameva ca* |

jñānaṁvijñānamāstikyaṁbrahmakarmasvabhāvajam ||

平靜、自制、苦行和潔淨，以及智慧、知識和信任，是婆羅門天職。

43. *śauryaṁtejodhṛtirdākṣyaṁyuddhecāpyapalāyanam* |

dānamīśvarabhāvaścakṣātraṁ karma svabhāvajam ||

英勇、尊嚴、勇氣、敏捷、不臨陣脫逃、慷慨和高尚的精神，是剎帝利天職。

44. *kṛṣigaurakṣyavāṇijyaṁvaiśyakarmasvabhāvajam* |

paricaryātmakaṁ karma śūdrasyāpisvabhāvajam ||

務農、放牧和經商，是吠舍天職。為所有人服務是戍陀羅天職。

45. *svesvekarmaṇyabhirataḥsaṁsiddhiṁlabhatenaraḥ* |

svakarmaniratahsiddhiṁyathāvindatitacchṛṇu ||

透過獻身於符合天性的行動，人類達到圓滿，圓滿者樂於自己的本職。現在，聆聽人們如何達到對對本職的工作全然滿意的狀態。

46. *yataḥpravṛttirbhūtānāṁyenasarvamidaṁtatam* |

svakarmaṇā tam abhyarcyasiddhiṁvindatimānavaḥ ||

萬有都從祂化現，透過祂而萬有遍存，透過欣賞自己本分的工作，人們就達到了圓滿。

47. *śreyānsvadharmoviguṇaḥparadharmātsvanuṣṭhitāt* |

svabhāvaniyataṁ karma kurvannāpnotikilbiṣam ||

履行自己的法性職責，即使不完美，也勝過履行他人的法性職責。依照一個人的真實本性和情況而履行責任，就不會遭致罪惡。

48. *sahajaṁ karma kaunteyasadoṣamapinatyajet* |

sarvārambhā hi doṣeṇadhūmenāgnirivāvṛtāḥ ||

噢，貢蒂之子，即使有瑕疵，也不應放棄天職和因應實際情況而產生的行動。確實，所有的行動都有其缺陷，如同火被煙遮蔽。

49. *asaktabuddhiḥsarvatrajitātmāvigataspṛhaḥ* |
naiṣkarmyasiddhiṁparamāṁsaṁnyāsenādhigacchati ||
具智慧地無所執著，戰勝自我，了無貪執，透過真正的遁世達到了自在行動的大圓滿。

50. *siddhiṁprāptoyathā brahma tathāpnotinibodha me* |
samāsenaivakaunteyaniṣṭhājñānasyayāparā ||
向我學習，噢，貢蒂之子，如何獲得此圓滿，接著達到梵，即至上的智慧。

51. *buddhyāviśuddhayāyuktodhṛtyātmānaṁniyamya ca* |
śabdādīnviṣayāṁstyaktvārāgadveṣauvyudasya ca ||
連結最純淨的智慧，堅定地專注於真我，捨棄所有分離的感官對境（從聲音開始），並將愛憎拋在一邊。

52. *viviktasevīlaghvāśīyatavākkāyamānasaḥ* |
dhyānayogaparonityaṁvairāgyaṁsamupāśritaḥ ||
離群索居、飲食清淡，以及調整身、語、意，持續致力於冥想和瑜伽，並堅持無掛念。

53. *ahaṅkāraṁbalaṁdarpaṁkāmaṁkrodhaṁparigraham* |
vimucyanirmamaḥśāntobrahmabhūyāyakalpate ||
放下我執、權勢、傲慢、欲望、憤怒和占有欲——無私與平靜，他就成為梵的存在。

54. *brahmabhūtaḥprasannātmānaśocatinakāṅkṣati* |
samaḥsarveṣubhūteṣumadbhaktiṁlabhateparaṁ ||

成為梵和自我平靜，他就不會悲傷和有欲求；平等對待眾生，他達到對我至高無上的愛。

55. *bhaktyāmāmabhijānātiyāvānyaścāsmitattvataḥ* |
tatomāṁtattvatojñātvāviśatetadanantaram ||
透過奉獻，他開始了解我的無遠弗屆以及真實身分。然後，真正認識我之後，他就與我合一。

56. *sarvakarmāṇyapisadākurvāṇomadvyapāśrayaḥ* |
matprasādādavāpnotiśāśvataṁpadamavyayam |
在我的庇護下從事所有的行動，因我的慈悲，他們達到了永恆、不朽的境界。

57. *cetasāsarvakarmāṇimayisaṁnyasyamatparaḥ* |
buddhiyogamupāśrityamaccittaḥsatataṁ bhava ||
全心全意，一切行動皆奉獻給我，視我為至高存有，依止智慧瑜伽，不斷地憶念我。

58. *maccittaḥsarvadurgāṇimatprasādāttariṣyasi* |
athacettvamahaṅkārānnaśroṣyasivinaṅkṣyasi ||
隨著所有念頭沉浸於我，憑藉我的恩典，你將克服所有困難。但是，如果因自大的自負而不願聆聽，你將會滅亡。

59. *yadahaṅkāramāśrityanāyotsyaitimanyase* |
mithyaiṣavyavasāyasteprakṛtistvāṁniyokṣyati ||
沉迷於自大的考量（自負、顛倒的名譽），你想：「我不戰鬥。」這個是迷惑的意圖。你自己的緣業將迫使你行動。

60. *svabhāvajenakaunteyanibaddhaḥsvenakarmaṇā* |
kartuṁnecchasiyanmohātkariṣyasyavaśo 'pi tat ||

受到迷惑而不想做的事情，噢，貢蒂之子，它束縛於你的物質本性，即使違背你的意願，你還是會做。

61. *īśvarasarvabhūtānāṁhṛddeśe 'rjunatiṣṭhati* |
bhrāmayansarvabhūtāniyantrārūḍhānimāyayā | |
噢，阿周納，主立於眾生的心中，透過幻影（māyā ）之力使所有這些眾生轉動，彷彿乘車（yantra）般。

62. *tamevaśaraṇaṁgacchasarvabhāvenabhārata* |
tatprasādātparāṁśāntiṁsthānaṁprāpsyasiśāśvatam | |
全心全意地尋求祂的庇護。透過這種恩典，你將獲得至高無上的平靜與永恆的居所。

63. *itītejñānamākhyātaṁguhyādguhyataraṁmayā* |
vimṛśyaitadaśeṣeṇayathecchasitathā kuru | |
因此，我向你揭示了這個智慧，它是祕密中的無上密。沉思於此，以確保沒有雜質，並依照你的選擇來行動。

64. *sarvaguhyatamaṁbhūyaḥśṛṇu me paramaṁvacaḥ* |
iṣṭo 'si me dṛḍhamititatovakṣyāmitehitam | |
再聽一遍我的終極之言，這是一切最終的祕密。你是我的摯愛。因此，為了你的福祉，我將告訴你。

65. *manmanā bhava madbhaktomadyājīmāṁnamaskuru* |
māmevaiṣyasisatyaṁtepratijānepriyo 'si me | |
全然地念我、愛我、奉獻於我、向我禮敬。如此一來，你將千真萬確地走向我。我宣誓這點，因為你是我的珍寶。

66. *sarvadharmānparityajyamāmekaṁśaraṇaṁvraja* |
ahaṁtvāsarvapāpebhyomokṣayiṣyāmimāśucaḥ | |

放下所有塵世的職責，只依止我。我會使你免於一切罪業。別擔心。

67. *idaṁtenātapaskāyanābhaktāyakadācana* ∣
nācāśuśrūṣavevācyaṁnacāmāṁyo 'bhyasūyati ∣∣
你不應該將此祕密告訴不事苦修、沒有奉愛、不願傾聽之人，或者妒忌我的人。

68. *yaidaṁparamaṁguhyaṁmadbhakteṣvabhidhāsyati* ∣
bhaktiṁmayiparāṁkṛtvāmāmevaiṣyatyasaṁśayaḥ ∣∣
不論誰向我的虔敬者宣說這個至高無上的祕密，即是對我最大的虔敬，將毫無疑問地達到我。

69. *na ca tasmānmanuṣyeṣukaścinmepriyakṛttamaḥ* ∣
bhavitāna ca me tasmādanyaḥpriyataṛobhuvi ∣∣
在所有人中，無人能對我做出比他更令我歡喜的。對我來說，世上沒有人比他更為我所鍾愛。

70. *adhyeṣyate ca yaimaṁdharmyaṁsaṁvādamāvayoḥ* ∣
jñānayajñenatenāhamiṣṭaḥsyāmiti me matiḥ ∣∣
一起學習、探究和深思我們的對話之人，也將以知識作為奉獻來愛我，這是我的意向。

71. *śraddhāvānanasūyaścaśṛṇuyādapiyonaraḥ* ∣
so 'pi muktaḥśubhāṁllokānprāpnuyātpuṇyakarmaṇām ∣∣
滿懷信任、沒有惡意的聆聽者也將獲得解脫，並到達那些行動最純淨之人所在的歡樂世界。

72. *kaccidetacchrutaṁpārthatvayaikāgreṇacetasā* ∣
kaccidajñānasaṁmohaḥpraṇaṣṭastedhanañjaya ∣∣
注意聽，噢，普爾嗒之子。你是否聚精凝神的聽到這個訊息？噢，

財富的征服者，是否消除了因無知引起的迷惑？

arjuna uvāca

73. naṣṭomohaḥsmṛtirlabdhātvatprasādānmayācyuta |

sthito 'smigatasandehaḥkariṣyevacanaṁtava ||

阿周納說：

迷惑消失了。您的恩寵使我獲得見地和記憶（smṛti），噢，Ācyuta。我堅定不移，毫不懷疑。我會遵循您的教誨來修持。

sañjayauvāca

74. ityahaṁvāsudevasyapārthasya ca mahātmanaḥ |

saṁvādam imam aśrauṣamadbhutaṁromaharṣaṇam ||

薩尼亞說：

一路來，我聆聽了奎師納、瓦蘇德瓦之子，以及普爾嗒之子的絕妙對話，使我的毛髮豎立。

75. vyāsaprasādācchrutvānetadguhyamahaṁ param |

yogaṁyogeśvarātkṛṣṇātsākṣātkaṭhayataḥsvayam ||

因為詩人維亞薩的恩典，我由瑜伽之王奎師納那裡聽到了這門無上密瑜伽，由他本人親臨開示。

76. rājansaṁsmṛtyasaṁsmṛtyasaṁvādam imam adbhutam |

keśavārjunayoḥpuṇyaṁhṛṣyāmi ca muhurmuhuḥ ||

噢，國王，當我一次又一次地沉思著奎師納和阿周納的這種非凡而神聖的對話時，我時時刻刻、周而復始地，都激動不已。

77. taccasaṁsmṛtyasaṁsmṛtyarūpamatyadbhutaṁhareḥ |

vismayo me mahānrājanhṛṣyāmi ca punaḥpunaḥ ||

並持續有意識地憶起起 Hari（奎師納）不可思議的聖像（rūpa），我非常讚歎，一次又一次地深受感動，噢，國王。

78. *yatra yogeśvaraḥkṛṣṇo yatra pārthodhanurdharaḥ* |

tatraśrīrvijayobhūtirdhruvānītirmatirmama ||

我認為，只要瑜伽之王奎師納和弓箭手普爾嗒之子所在之地，即有美麗、勝利、幸福和必然的道義。

第三部

實修

建立穩定的基礎，連結內心深處的真我

實修

圓滿抵達本書的尾聲，當我們應邀尋覓一條合宜的覺醒之途，可能再次問自己：「身而為人的意義為何？」從奎師納對相互連結之闡述所汲取的啟示，伴隨著因阿周納之勤學好問所激發的靈感，我們距離找到答案又更近了一步。而此時此地，我們依舊陷在自己對生活之獨特的講究與細節、我們的觀點、感知、想法、覺受，以及具體的表達。我們該何去何從？當面對不確定性、或出現衝突和危機時，我們如何利用這些教導，採取與認知中的真我一致的行動？在這個複雜的世界中，我們如何以良心、慈悲和喜悅行事？

Gītā 告訴我們，穿越這種困惑與擺脫苦難的關鍵，在於心智的安定與平穩。因此，我們就從這裡開始：逐步地訓練自己不斷地回歸中心，從體現的層面潛入身體的感知，並看穿我們心智的傾向——以絢麗幻相編撰小我的故事。當我們終於開始信任並在生命過程中找到依止，直至能直覺地從身體、意識和潛意識中都了解這一點：我們永遠無法脫離整體的存在，然後，我們才可以真的放心，因為在無限愛之海的支持中，我們都竭盡所能地因應一切危機。穩定於這種明晰的狀態，我們的行動會自發地以包容、慈悲和慷慨的精神為動力。

在本篇當中提供了一些練習，可以搭配第一部，由內而外地訓練我們，幫助我們留意當下的體驗，擺脫成見和執著，讓我們不僅相信自己對生命所下的結論，也信任生命的過程。這些練習是逐步架構而立的，因此最好至少依序練習前四個練習，再接續發展，這些工具有益於維繫身體、心智和情緒的平靜與穩定。藉由每周反覆練習幾次，甚至在一個月左右，你會發現自己已經建立了穩定的基礎，使你能迅速進入當下並採取行動，甚至在危機來臨之時！其他練習旨在啟發善良、慈悲的身體覺受，並連結內心深處的真我。

一、透過聲音體現
搭配第一章

在 Gītā 的故事中，當奎師納和阿周納上戰場並吹響他們的海螺時，阿周納猶豫了——直覺著不對勁，無知的殺戮和無意識的破壞一觸即發。此處正是 Gītā 的故事和教導的起始。於此之際，隨著覺知聲音的振頻、綿長且平順的吐氣（即瑜伽調息法的吐氣）所帶來的自然穩定，多半能讓我們回到當下，以便盡可能地辨別出最善巧、慈悲的行動。

如果你附近沒有任何海螺，則可以練習典型的調息法（prāṇāyāma，瑜伽呼吸）bhramarī，如同吹海螺一般，可以透過音頻的振動來集中精神。bhramarī 的意思是「蜜蜂」或「大黃蜂」，在練習中，你發出嗡聲，延長吐氣並發出類似於飛行中蜜蜂的振動聲。只需要幾分鐘，並且可以在心思混亂或頭腦模糊時隨時練習，幫助你回到當下的體驗。

1. **找到舒適的坐姿或站姿**，使脊椎可以輕鬆地立於骨盆之上，而臀部、頸部、肩膀或頭部不緊繃。
2. **花一點時間留心體內的覺知**。將意識帶到身體的根基、坐骨和大腿或腳掌，任何接觸坐或站之表面的部位。感受該部位下方的支撐。

3. **柔和你的舌頭和下顎，並放鬆臉部、嘴唇和上顎（口腔內部）的緊繃**。你的眼睛可以閉或開，感覺輕鬆舒適就好。
4. **深吸氣**。吐氣時，保持雙唇輕閉，開始發出單音調的嗡聲，任何音高皆可。在吐氣的整個過程中維持該音調。然後，鼻孔吸氣，此時不發出嗡聲，保持舌頭柔軟和下顎放鬆。吸氣到頂時，再次發出嗡聲（吐氣），音調與前一次相同或不同。
5. **繼續這種呼吸模式幾分鐘**，每次吐氣都發出聲音，然後柔和地轉成順暢、無聲的吸氣。
6. 在結束練習時，花一點時間注意你的心智狀態和體內餘留的覺受。

二、隨著呼吸的浪而動

搭配第四章

Gītā 的教導中一再提醒，我們所體驗的一切都是不斷變化的模式——依緣相生。要體驗這種體現的覺受，我們可以同步結合動作、凝視和呼吸。透過數次的重複，我們就能開始體驗屬性的本質，即變化的過程。假以時日，概念化的心智會自動放鬆，而身體本具的智慧就能成為我們經驗的主旋律。一旦練習了這種動作方式，並感受到身體、心智，與呼吸的和諧，在發現自己處於失衡之際，就可做為「速解」。

1. **雙腳分開站立約二十五至三十公分，膝蓋微彎**。掃描身體，檢查頸部、肩膀、喉嚨或舌頭是否緊繃。慢慢將意識往下帶到軀幹、手臂、腹部、腿和足，只是留意是否有緊繃感。

2. **現在將注意力帶到呼吸**，留意吸氣和吐氣，發出柔和的氣音，彷彿在雙唇輕閉的呢喃「啊」。
3. **現在睜開眼睛，凝視前方的物品，也許是地板、地毯或瓷磚等上的圖案。**數五回的呼吸（吸氣和吐氣），如果可以的話，只是單純地看，不去辨識物品的名稱。
4. **現在，吸氣時，手臂向上舉起並向前伸出，轉動手掌，使手臂朝向天花板舉起時掌心相對。**也許手臂可以高舉，也許不能。也許雙手合十，或不合十，都沒關係。只需與吸氣同步移動手臂，並在手臂抬起時試著脖子不緊繃。讓手和手臂向上的動作同步一個深吸氣。
5. **慢慢吐氣，手臂下降回到身側。**重複幾次這種模式，在吸氣時手臂上舉，在吐氣時將手臂向下帶回身側。延長呼吸的兩端，並協調手臂的動作，使其與呼吸一致。
6. **接下來，將凝視加入模式中。**吸氣舉起手臂時，頭部後傾並凝視雙手。吐氣時，手臂向下帶回身側，頭部恢復中立並輕輕凝視前方。重複此模式三次，吸氣，手臂上舉，轉動手臂並凝視拇指。當吸氣、手臂向上延伸時，留意腳掌穩定扎根的感覺。然後，當吐氣並將手臂帶回身側時，留意胸部和心中央的輕盈覺受。
7. **靜止片刻，將你的意識回到當下的覺受、念頭和感知中。**注意你的整體心智狀態，以及練習一開始時感到緊繃的部位。

若要延長練習，可以增加四個協調呼吸的動作。

1. 如上述，吸氣時，手臂上舉，轉動手臂。
2. 吐氣時，彎曲膝蓋，向前看並保持脊椎伸直，從髖關節向前折，將前臂置於大腿上。向前看。吐氣結束時，頭朝下捲曲，看著腳。
3. 在下一次吸氣時，抬頭，並再次拉直脊椎，然後吐氣並再次看著腳。
4. 在下一次吸氣時，抬頭，開始伸直脊椎和雙腿，用手臂推大腿，回到站立。站起來的過程中，約於吸氣的中點，像之前一樣轉動雙臂並向上延伸，凝視雙手。
5. 在吐氣的頂端，眼神柔和，手臂回到身側。隨著呼吸的浪、慢慢地重複此模式幾次。

回顧一下在練習中所體驗的覺受、想法和感知。你可能會注意到，經過幾輪呼吸後，動作、呼吸和凝視彷彿是自發性的同步模式。你的身心或情緒狀態可能有些變化，而你沒做任何事來改變它。這是一種真正的體驗方式，雖然你的確有在操控動作，但發生的許多狀況（情緒轉變、靈活度的變化、心智的平靜）僅是自發的，依緣而生。

三、為心智創造空間：簡單的靜坐冥想

搭配第三章

Gītā 描述「智者」為那些透過瑜伽修持心智穩定的人。聽起來很簡單，但正如阿周納所說，心智如風一般難以駕馭，它創造接二連三的理論，綿延不斷的故事，無盡地極速竄流。念頭似乎不知從何而來，最終又消失於無形，使我們的心智狀態和情緒隨之起舞。

冥想練習讓我們明白，儘管敏捷思考的能力具有無數的價值，但在我們面對危機或其他挑戰性情境時，心智不穩定的本質會阻礙清晰度。在壓力之下，若要採取善巧地行動，非常重要的是能夠清晰地集中注意力，不讓念頭和情緒扭曲我們的判斷力。

有助於心智穩定的冥想形式之一，是選擇一個意識的領域，如呼吸，當我們發現意識散漫時，便將其帶回此領域。這聽起來很簡單，但是即使對經驗豐富的禪修者而言，這也極具挑戰性。然而，即便只是立下意圖，以這種溫和的方式來收攝心智，也都能在散亂、壓力、焦慮和困惑之際，帶來顯著正面的影響。

最好容許足夠的時間來做這個練習，以建立習慣。從每天簡短開始（也許五分鐘），然後慢慢增加到十分鐘或更多。規律地設定並堅持一天中的特定時間進行冥想，以建立模式並訓練心智。相較於練習的時或地，設定規律練習的意圖是更加重要的。

1. **首先，撥出大約五分鐘（或更長時間）不受干擾的時間**。確保房間的溫度舒適，光線不過強，衣服舒適、不緊繃。
2. **準備好計時器**。練習冥想時，時間感可能失真，因此，再移除一個分心的來源是有益的。設定你練習的時間。
3. **找到舒適的坐姿**。以最適合身體的方式，坐在地板或椅子上。最重要的是，調整身體，使骨盆中立，坐骨向下扎根。坐在毯子折疊的邊緣來墊高骨盆能有幫助。
4. **如果坐在椅子上，請讓腳掌平放在地板上**，也許在背後放一個墊子支撐或在腳底放一個紮實的枕頭，使大腿與地面平行。**若坐在地板上，確保膝蓋和雙腿折疊於舒適的位置**，需要時，以輔具支撐膝蓋下方。
5. **閉上眼睛，注意根基的支持**。然後將注意力帶到上半身，並調整姿勢，使脊椎自然地從骨盆中向上延伸。放鬆肩膀，讓身體舒適地放鬆。當骨盆正立並能夠放鬆時，你應該感覺自己不費力地坐直！

6. **放鬆頸部、下巴和舌頭。**保持嘴唇柔和，雙脣幾乎沒有觸碰彼此，舌頭自然地放鬆。頭保持在中立位置，下巴既不下收也不上抬，頸部保持中立。
7. **手臂自然地垂在身側，放鬆肩膀。**彎曲手肘，手掌向下自然落於大腿。上臂應保持垂直地面，不向前或向後。
8. **現在，睜開你的眼睛，溫柔地向下凝視**，眼神輕柔地落在前方約數十公分。
9. **將意識帶到呼吸上**：吸氣，自然間隙，吐氣，另一個自然間隙。十次呼吸中，只需注意此模式，無需改變呼吸。也許你的呼吸是均勻的，也許不是。也許綿長，或是粗短。不要試圖改變呼吸；只需觀察自然發生的事情。
10. 當你發現分心了，邀請心智回到專注於呼吸上。
11. 練習的目的不是要強迫心智停止製造念頭，而是要你在留意於注意力分散時，學會將心智再次回到選定的領域（此時為你的呼吸）。因此，若注意到自己分心，是非常好的，因為你覺知當下的情況。分心時，不要責備自己或想：「我是糟糕的冥想者」。若十分鐘內，你只發現一次從呼吸分心到別的地方，是很棒的！甚至，你只是在聽到計時器響起時才注意到已經分心了，你想：「噢，對了！我應該注意呼吸。」那也很好。你正在訓練自己的心智專注當下發生的情況。

每天坐下來觀察呼吸十分鐘左右，這是鍛煉心智安定和平穩的極佳方法。保持簡單，對自己仁慈點。漸漸的，它會變得愈來愈容易。

一旦你習慣了觀察呼吸模式，你可能會想做其他的坐姿與呼吸練習。不論選擇哪種坐姿練習，均應如上述均衡地調整身體。例如，你可以專注於簡單的呼吸覺受——感覺氣息進出鼻孔，或是感覺胸口隨著呼吸的浪而起伏。設定意圖於發現自己分心時，就回到所選的意識焦點，然後計時開始。

上述的坐姿練習，以及有意識地結合與呼吸同步的動作，是可以維持多年練習的絕佳基礎，在此之上繼續擴展或保持簡單的練習。

四、身心平衡

搭配第六章

「平衡」蘊含了一切，但不能被公式化的套用。它需要專注，根據回饋快速地回應，而或許最重要的是，要信任且放下所有你對平衡的理論。這個簡單的體現練習，演繹了清晰的視覺、概念心的執取、與未知間不穩定的相互作用。

1. **站立時，雙腳分開與臀部同寬。**透過幾次呼吸，使意識回到身體，安定心智，並感覺雙腳與地板的連結。
2. **視線穩定**，稍稍向下聚焦在約二公尺遠的物體或點。
3. **吐氣**，將重量轉移到左腳上，彎曲右膝將右腳抬離地面，確保不要鎖住左膝。右腳回到地面。
4. **保持凝視穩定，左腿有力且微彎，然後再次將右腳抬離地面。**若可保持平衡，則可以轉右腳，使右腳底朝向左腿內側。將右腳置於左小腿或大腿內側。勿將腳置於膝關節上。

5. **以這種方式保持單腳平衡，約一分鐘的時間**。若失去平衡並需要將右腳放回地上，也完全沒關係。就順勢而為。在幾次呼吸之後，重試。
6. **呼吸幾回後，換邊**。以右腿保持平衡，同時右膝微彎，然後將左腳抬起，置於右腿上。**重複至少兩次，左右輪流保持平衡**，觀察身心間細微之相互作用、理論、平衡的渴望，以及你的心智如何放鬆於應該做什麼的結論，直到你忘記了自己正在做！

回顧經驗，你可能發現，若心智散亂、凝視不穩定，或者你太強調吸氣而非吐氣，平衡會是困難的。培養體現的扎根感和穩定性將有所幫助，雖然並非總是如此。有趣的是，若你認為自己有精確的公式來平衡，並使用它，而非本能地對情況做出回應，那將幾乎不可能平衡。這項練習，展示了保持醒覺而不僵化或執著於概念的重要性。

五、生命如露

搭配第二章

佛教的經典──《金剛經》，揭示了世界的本質為相互連結和不斷變化的無常。這兩個基本真理或普世主題，在 Gītā 中也至關重要。儘管它們字面簡單，並且理論上也容易認同，但是當我們將其應用於自身的故事或世俗的日常關係中，就可能成為困惑和恐懼的根源。

若我們理解相互連結性是生命的基礎，那麼我們在世上的互動（從定義上來說就是我們自身的延伸），無論是夢想和理念，亦或是行動和溝通，都必須是公開的、生動的和真實的。

從相互連結的前提下了解無常，當事物變化之際，我們能更加樂於觀察其美麗和相連性，而無常的概念也開始變得比較有趣。

在開始練習前，準備一杯熱茶、熱咖啡、熱巧克力或任何適合你的飲品。如果你打算蒸煮或攪打一些食物，可能需要較多時間，但是也可以只是泡杯熱茶，加入任何一種奶。

1. **準備好桌子或檯面前的座位。**
2. **飲料備好後，檢查以確保飲料表面上漂浮著少量氣泡。**若無，輕輕攪拌一下飲料，直到出現氣泡。
3. **將飲料放在面前，全神貫注地觀察氣泡**：多少個，有多大，以及大小的差異。注意它們的表面顏色和光澤，並留意它們是否看起來都一樣，或者某些氣泡更亮或更彎或更平滑。
4. **花幾分鐘只是觀察氣泡的變化與律動。**
5. 當一個氣泡或幾個氣泡破掉時，你看到什麼？其他氣泡如何受影響或不受影響？氣泡破掉時，表面有沒有發生什麼變化？
6. 片刻後，一邊細細品味熱飲，一邊回想你的觀察。

儘管這些泡泡是無常且完全獨立的，你仍目睹了在相連性的脈絡下的變化。從太陽升起到你的情緒和心情的轉變，這種情況持續發生，遍布你的周遭——始終維持穩定的模式，全然融入背景脈絡。

六、培養幸福感

搭配第七章

人云，萬有的基本權利就是幸福。事實上，達賴喇嘛尊者甚至說我們的人生目的是幸福。然而，我們許多人生活在不滿足的陰影中。世界充滿了太多的苦難！正如阿周納在戰場上所發現的，除了明顯的外在苦難來源之外，我們似乎很擅長製造一種受苦的心智狀態，餵養對苦難的我見。

當我們放下該如何得到幸福的理論，放下找尋自認為需要或想要的事物，我們最終將在最被忽略的地方找到了它：內心深處。其實它一直都在，而幸福（慈悲的種子）親密地讓我們與眾生心心相連。這份洞見也根植於不執著的教導：放下行動的果實，甚至連同智慧本身也放下，並將其奉獻於意識之火。

以下練習互為根基並豐富彼此。若先在冥想練習中遵循其簡單的說明，就能獲益匪淺。它們是讓意識之光照亮心智狀態上的方法，可以幫助我們培養幸福感。一旦熟悉了這個轉變心態的效果，你就可以在任何日常情況下「練習」幸福。

正面的心態，如善良、寬恕、慷慨、信任和愛，能產生由衷的幸福感。另外，也有一些負面的心理狀態，例如憤怒、嫉妒、不耐煩、仇恨或懶惰，會造成不快樂。我們每個人都有與正面和負面心態相關的特定內在覺受，但我們可能沒有留意到它們。透過有意識的覺察身心和情緒流動之內在體驗，我們可以開始培養持久的幸福感。

1. **找到一個舒適的坐姿，調整身體，感覺放鬆，彷彿準備進行冥想一樣。**覺察呼吸進出身體的模式。
2. **現在，覺察你的身體，從頭到腳快速掃描一次。**若感受到身體任何緊繃或壓力的部分，暫停並專注在呼吸上，也許緊繃或壓力會消散，也許不會。不論如何都好，只需觀察體內的感覺。
3. **現在將注意力帶到胸口中央，即我們所說的「心」。**當注意力集中到身體的此部分時，留意所感受的情緒與身體的感知。
4. **回想你曾經為他人所做過的小善行。**也許在地鐵上看到一個感覺很累的陌生人，你選擇讓座。或是你也許餵了一隻流浪貓。

5. **詳細地觀想那個時刻或情況，看看是否可以回憶起身體和情緒上的感受。**也許你記得細節，也許不記得；不論如何都好。簡單地回想真誠的善行，是一個很好的起點，使自己熟悉在不期望任何回報的情況下給予的感覺。
6. **一兩分鐘後，回到感知呼吸進出身體的覺受。**然後，花點時間回想這個練習。

重複一、兩次這個練習，然後把冥想的氛圍帶入日常生活中，將是很有助益的。在一周內，設下了無所求的善行願心。有時候，比起為親近的人而做，為陌生人而做會比較容易些。當你行善時，暫停並覺知心中央的內在感知。你感到快樂、不快樂還是無動於衷呢？不論感覺到什麼，留意後也就放下了。

七、轉變心智狀態

搭配與第五章

在你不快樂、壓力大或情緒失衡時，這是培養與幸福相關之正向特質的練習。在此練習中，你可以觀察到自己傾向於執著於美好的幸福感（例如，你為他人做了些好事，然後發現自己執著於這種感覺，而非為更多的人做更多的好事）或是執著於因憂慮失望的害怕感覺。這項練習不僅可以幫助你釋放心智狀態和執著，更可以平等地看待正面和負面的心理狀態。假以時日，你平靜泰然的心智狀態，將有助於清晰、心平氣和地看待他人。

1. **當你注意到諸如憤怒之類的負面心理狀態時，利用片刻有意識地覺知呼吸的品質**。不要試圖改變它，注意它即可。
2. **現在，覺知你的心**。你注意到什麼身體感覺？你感到開闊、緊繃、沉重、發熱、清涼、遲鈍，或其他感受？
3. 然後問自己：「以一到十的等級（一是完全沒有，十是非常多），我有多快樂？」

這項練習，讓你開始留心體現的幸福感和心智狀態之間的連結。我們可以轉變心智狀態——延伸至你的具體經驗、見解和行動，從不安和不快樂轉移到舒服和快樂。

1. **下一步，重新掃描你的身體**。如果你一開始的若干不適感已經改變，不需驚訝。這很可能發生，也是正常的，因為通常只要能覺知不適感，身體就會釋放緊繃的模式。
2. **當掃描到身體不舒服的地方時，暫停**，呼吸一次或兩次並覺知該部位，然後繼續下去。
3. **接著，想像注視著一個非常純真之生物的眼睛**，例如：小嬰兒或小貓。想像你直視其眼，而他好奇又天真無邪地看著你。你們都沒有期望獲得回報，而且雙方都完全沉浸於當下。盡可能詳細地想像，將意識帶到你的心，注意浮現的感知。
4. 或許你的感覺很微緲，但它仍是幸福的種子，而幸福又是慈悲的泉源。
5. **提醒自己，透過保持開放和歡迎的意願**，發掘心中深處開闊的覺受（心也是與他人親密連結之處），你就會找到本自俱足的幸福感。
6. **再次的，問自己感覺多快樂**。相較於被惱怒完全的席捲，你可能感到快樂些。

回想這個練習，問自己對體內快樂或不快樂之感知的偏好。選擇快樂——甚至在困難的情況下——是一種行持。如果你真的想要快樂、為持久的幸福付出努力行動，和培養減輕世上苦難的能力，那就設下願心，竭盡所能地培養快樂的、開放的心，與其體現的覺受。

八、滋潤幸福的種子

搭配第九章

1. **起始於憶起深刻的、無條件的幸福感**，如同注視純真善良雙眼的覺受。日常生活中可以隨時做這個練習，暫停片刻，迴響與他人的連結，注意到內在具體之幸福與愛的覺受。
2. **然後，當你注意到負面情緒狀態（如憤怒和嫉妒）升起時，有意識地決定對自身與世界的祈願。**你想要緊抓心中不悅的感覺、負面故事情節，澆灌消極的心智狀態的種子？還是你想將內心的覺受轉為一種愉悅感，與其帶來與他人之友善與慈悲的連結？無論選擇哪種方式，瞭知所選。

基本上，我們每個人每天都有數不清的（有意識或無意識地）決定，無論快樂與否。我們的感覺會影響他人，而這些人的快樂或不快樂又會影響更多人。我們唯一能控制這個方程式的部分就是自己的感覺。培養幸福感的簡單抉擇，不僅增益了你的幸福感，也增益了他人的幸福感。

九、無緣大慈，同體大悲

搭配第八章

如果我們看到哭泣的嬰兒，內心會有一股衝動，想幫助減輕他的痛苦。如果我們遇到一個快樂的人，或是一個對生命充滿無限活力的人，我們幾乎不可能不感到喜樂，也很歡迎他們進入我們的內心。但是，當我們遇到憤怒、暴力、卑鄙和對他人有害的人時，就很難與之建立連結，更別提邀請他們靠近內心。而正如我們從 Gītā 中瞭知的，擺脫苦難的道途是將所有眾生放在心中。

這種簡單的練習，可以幫助我們在看到他人痛苦時不會不知所措。如此一來，我們不僅可以將他們放在心中，而且我們將更加清楚有益於他人或整體局勢的行動。當我們面對危機時，保持將他人安置於心，是極為重要的。

在你生活中遊走的接下來幾天，有意識地留意到似乎在受苦的人。這個練習並非在於尋求有助於減輕痛苦的方法，而是利於培養清明的洞見與巧善的行動，以面對未來可能的緊張局勢或危機時刻。當然，如果你碰巧遇上需要幫助的情況，而你可以做些什麼，不要猶豫。

1. **當你注意到某人受苦時，仔細觀察整個情況。**然後轉移注意力至身體的覺知，吐氣時，感覺雙腳扎根入地。
2. **將覺知帶到心，並回答以下問題**：「我注意到什麼身體感覺？我感到快樂、悲傷還是中立？我想幫忙嗎？我知道該怎麼做才能減輕痛苦？」如果感到有必要採取行動，問自己：「我是為了得到回報嗎？」（若行動了，就不要期望結果）
3. **讓這個練習和思考保持簡單扼要。**不論是否願意提供幫助，只要注意在見證痛苦的片刻中，所升的感覺。而如果願意相助，你所希冀的獲得為何？

4. **接下來，立即提醒自己，愛和幸福是人類本具天性的一部分。**回憶起上一個練習中與他人連結的內在覺受。灌溉和他人之間的深厚連結，與幸福息息相關。

顯而易見，下一步是在適當的時機提供幫助。

5. **如果你決定提供幫助，放下一切的期望是至關重要的。**真正的幫助是支持和服務。如果你利用愛和幸福來交換某種東西（甚至僅僅是句謝謝），那麼你將延續這個痛苦的輪迴。例如，如果看到水槽中有蟲子在掙扎而爬不出來，也許你找了一張紙並將牠移至安全的地方。在這種情況下，如果牠沒有轉頭並懷著感激之情跟你揮手致意，我們不會在意。但是，當涉及到人的情況，我們通常很難放下被肯定的需求或成果（我們行動的成果）。只要留意這點。
6. 無論你的善行是否得到別人的感謝，留意簡單而無條件的付出所帶來的滿足感。
7. **多多練習**——提供幫助，不期望回報。

十、循序漸進：正法、意圖和動機

搭配第十章

常言道，瑜伽和冥想並非是學習新的生活方式，而是在剝除層層疊疊的慣性行為，因為它們使我們感到迷惑、陷入困境，並且與存在深處的真我脫節。具冥想品質的練習，不是「學習」，而是反學習——

忘記所學。然而，我們很容易受控於蒙蔽真實本性（本初善）的行為。隨著在身體層面上所剝落的分離感和負面心智狀態，我們的真正本質將開始自動浮現。然後有一天，我們突然覺醒，就像戰場上的阿周納一樣，我們問：「我到底是誰，為什麼我在這裡？」

無論我們時不時地感到多麼分離和孤獨，我們都有這些感受。事實上，我們是比自己更大整體的一部分。苦難的根源在於，我們不斷地忘記與所有一切（他人、動物、海洋和閃電，甚至公園裡葉子上的露珠）的親密連結，是何等的神奇和美妙。一旦我們品嘗到了這點，事情就永遠不同了。在我們意識的背景中，當我們落入慣性模式，將自己與環境和他人等背景隔離，總會帶來一股不對勁的感覺。面對困難或危機時，如果我們不記得相互連結的真相，我們就無法依循身心靈本具的全然智慧來行事。

以下的練習是一系列的冥想，旨在讓你深入洞察自己是生命大藍圖的一部分。完成練習後，將其放在一邊，然後適時地用新的觀點重新審視問題，這將很有幫助，讓你能夠與時俱進的加深領悟。

1. 找到舒適的坐姿，沉浸在呼吸進出鼻子時，具體的覺受。專注於呼吸的感知，讓你的心智和神經系統安定下來。
2. 現在問自己以下的問題，從第一個問題開始，然後慢慢回答它們。你可能會想要寫下答案，或者只是在腦中思考它們；兩者都好，但不要著急。對於每個問題，留意第一個浮現的念頭。然後深呼吸，讓答案沉澱下來。然後再次問同樣的問題，並在回答後暫停。對每個問題重複此過程五次。
3. 這項完整的練習可以在一天之內分段完成。或者在醞釀與沉思幾天之後，再回應未完成的問題。重要的是在得到答案後，讓它先沉澱些許時間，然後再看一遍，你或許會有不同的、意想不到的或更詳細的觀點。

問題如下：

◎ 我是誰？超越表相之見，然後再次地觀。

◎ 我擅長什麼？超越你的工作或生命中的角色，想想你讓他人產生共鳴的特質。不只是你所做的事情，也包含你天生的性格特徵，例如幽默感、正直、忠誠等等。

◎ 賦予我生命意義的為何？超越生活中膚淺的物質收藏，是什麼真正激勵了你或使你感到滿足的？

◎ 深蘊於我生活的意圖為何？例如，幫助他人、誠實或減輕痛苦。

◎ 我的人生目的為何？從小處著眼，然後再次地觀。

◎ 激勵我的為何？

一旦你建立了洞悉自己本質的基礎，包括你是誰、人生目的為何，此一穩定的根源，將能幫助你度過危機。你可以，而且應該，持續地琢磨你的答案，而此時此地正是個好的開始。你會發現，當面臨危機時，如果你讓覺知潛入身體，從而變得沉穩與鎮定，感覺到雙腳與大地穩定的連結，你就可以快速評估所面臨的情況。

回想你的人生目的。它是一個指導原則，可以幫助你選擇該採取的行動。行動後，自始至終都要尋求回饋並相應地調整你的行動。在行動的整個過程中，至關重要的是要審視你的動機，與你認為行動「理當有」之果報的執著，然後將它們放在一邊。誠實、開放，讓幸福感鮮活地在心中，持續不斷地、一而再再而三地觀，將幫助你度過任何複雜的難關。

致謝

寫書總是充滿挑戰的。寫一本關於 Gītā 的起心動念，讓我們望而卻步。在很多層面上，我們都知道自己不夠資格，但是這個想法反覆再三地浮現。我們捲入了此文本所需的研究和提問過程，然後決定試試看。這本書就這樣產生了：窺見這部永恆經典的浩瀚無垠。我們希望我們的文字能獻給 Gītā 所蘊含的持續對話、溝通和洞見，帶來持續的啟發。

我們深深感謝此書撰寫過程中，透過各種方式鼓勵、協助和支持我們的人。首先，當然是香巴拉（Shambhala）出版社高度的支持。感謝我們摯友和同修 Sara Bercholz，再次感謝妳！妳不僅為此書中許多概念帶來生命和熱情，也激勵了共事的人，讓思想化為文字。非常感謝我們的編輯 Beth Frankl，耐心的協助，並明確地在一路上幫助我們。感謝副主編 Audra Figgins、文稿編輯 Jill Rogers 和校稿員 Emily White 的銳眼。我們還要特別感謝出版社的設計團隊，以及行銷和宣傳團隊，他們耐心的聆聽與回應我們對美學可能有的獨特觀點。

同時，有很多學生分享上課錄音，貢獻了本書的早期構架，並持續提供回饋，特別是 Michele Loew、Sascha 和 Romana Delberg、OlleBengtström，以及 Julia Naiper。感謝 Callie Rushton 率先投入抄寫。最後，我們要感謝我們摯友和導師 Robert Thurman，他總是對從字面詮釋 Gītā 的許多不同流派表達異議，並深刻地傾聽我們對奎師納之寓意所描述的觀點。

瑜伽與愛的真相
引領《博伽梵歌》之智融入現代生活
When Love Comes to Light: Bringing Wisdom from the Bhagavad Gita to Modern Life

作者　理察·福禮縵（Richard Freeman）
　　　瑪麗·泰樂（Mary Taylor）
譯者　湯乃珍、陳薇真
選書　紀雅菁（Alice Chi）

編輯團隊
封面設計　Rika Su
內頁排版　高巧怡
特約編輯　徐詩淵
責任編輯　何韋毅
總編輯　陳慶祐

行銷團隊
行銷企劃　林瑀
專案統籌　林芳吟
行銷統籌　駱漢琦
業務發行　邱紹溢

出版　一葦文思／漫遊者文化事業股份有限公司
地址　台北市松山區復興北路331號4樓
電話　(02) 2715-2022
傳真　(02) 2715-2021
讀者服務信箱　service@azothbooks.com
漫遊者書店　www.azothbooks.com
漫遊者臉書　www.facebook.com/azothbooks.read
一葦文思臉書　www.facebook.com/GateBooks.TW
劃撥帳號　50022001
戶名　漫遊者文化事業股份有限公司
發行　大雁文化事業股份有限公司
地址　台北市松山區復興北路333號11樓之4
初版一刷　2021年4月
定價　台幣480元

ISBN　978-986-99612-2-6

國家圖書館出版品預行編目（CIP）資料

瑜伽與愛的真相：引領《博伽梵歌》之智融入現代生活／理察・福禮縵（Richard Freeman），瑪麗・泰樂（Mary Taylor）作；湯乃珍，陳薇真譯. -- 初版. -- 臺北市：一葦文思，2021.04
320 面；17×23 公分
譯自：When love comes to light: bringing wisdom from the Bhagavad Gita to modern life
ISBN 978-986-99612-2-6（平裝）
1. 瑜伽　2. 印度哲學　3. 靈修
137.84　　110004396